Verloren – gewonnen

Lily Pincus

Verloren – gewonnen

Mein Weg von
Berlin nach London

Mit einem Nachwort von
Bernd H. Stappert

Deutsche
Verlags-Anstalt

CIP-Kurztitelaufnahme
der Deutschen Bibliothek

Pincus, Lily:
Verloren – gewonnen:
mein Weg von Berlin
nach London / Lily Pincus.
Mit. e. Nachw. von Bernd
H. Stappert. – Stuttgart:
Deutsche Verlags-Anstalt,
1980.
ISBN 3-421-01931-2

Verantwortlicher Lektor:
Ursel Locke
Typografische Gestaltung:
Brigitte Müller
Satz und Druck:
Brönner & Daentler KG,
Eichstätt
Bindearbeit: Hans Klotz
GmbH, Augsburg

Inhalt

Meinen beiden Brüdern gewidmet

Kapitel 1

Frühe Kindheit

Karlsbad – damals und jetzt

Bald bin ich zweiundachtzig Jahre alt. Verglichen mit dieser langen Zeit, kann der Rest meines Lebens nur ein winziger Bruchteil sein, ein Punkt am Ende eines langen Kapitels. Aber wie begrenzt immer meine Zukunft sein mag, ich hoffe, daß sie bis zum Schluß sinnvoll verbunden bleibt mit meiner Vergangenheit und mit der Gegenwart, in der ich versuche, die Geschichte meines Lebens zu schreiben.

Eine solche Verbindung anzustreben erscheint mir sehr wichtig, denn je mehr ich vom Alt-Werden verstehe, von alten Menschen und von denen, die für sie sorgen, desto klarer wird mir, daß Alter meist ganz abgetrennt beurteilt wird von dem Leben, dessen Erfüllung es sein sollte. Man versucht Alterserscheinungen als physisch oder bestenfalls als von der Umgebung bedingt zu verstehen, und eine solche Einstellung macht es unmöglich, den alten Menschen als ein lebendiges Wesen in einem wichtigen Teil seiner menschlichen Entwicklung zu sehen. Nur weil ich meine Gegenwart, meine Zukunft und meinen Tod als einen untrennbaren Teil meines Lebens empfinde, ist es mir möglich zu versuchen, diese Lebenserinnerungen zu schreiben.

Ich weiß natürlich, daß meine Lebensspanne, die Zeit von 1898 bis heute, eine sehr aufregende und interessante war, in der unendlich viel geschehen ist, und in der die Welt sich sehr verändert hat. All das hat mein Leben beeinflußt, aber mein Lebensbericht soll kein historischer, sondern ein persönlicher sein, unvermeidlich natürlich gegen den Hintergrund der geschichtlichen Ereignisse gesehen, und als solcher Wechselwirkungen meiner inneren und meiner äußeren Welt aufzeigend.

Damit stelle ich mir eine schwere Aufgabe, denn was geschehen ist, und wie es mich beeinflußt hat, läßt sich nicht in Kapitel oder Kategorien einteilen, noch in bestimmte Zeitspannen. Vergangenes spukt in Zukünftigem herum, und späte Erlebnisse machen nicht nur manche früheren lebendig, sondern sind von diesen beeinflußt. Mein Alter, jedes Menschen Alter, ist weitgehend das Endresultat des vorangegangenen Lebens.

Mein Schicksal unterscheidet sich wohl nicht wesentlich von dem vieler Altersgenossen, die, wie ich, durch Krieg oder Verfolgung ihre Heimat verlassen und in eine unbekannte Zukunft gehen mußten. Aber trotz der vielen Ereignisse, die bedrohend, traurig, schwer zu bewältigen waren, sehe ich mit dankbarem Erstaunen zurück auf ein Leben voller Wunder.

Geboren wurde ich im März 1898 in Karlsbad, das damals zu Österreich gehörte. Ich war das erste Kind nicht mehr ganz junger, jüdisch-liberaler Eltern aus dem Mittelstand, und wurde sehr freudig erwartet. Meine Eltern stammten beide nicht aus Karlsbad. Meine Mutter kam aus dem nahen Franzensbad, wo ihr Vater Kurarzt war, und mein Vater aus Colmar in Posen. Er zog nach Karlsbad, weil seine beiden Schwestern dort lebten und einer der Schwäger sein Geschäftspartner in einem Exportgeschäft mit Australien war, das dort vom einzigen Bruder meines Vaters geleitet wurde. Es war also eine sehr verbundene Familie.

Mein Vater war dreizehn Jahre älter als meine Mutter, und die Ehe war arrangiert worden – wie wohl alle jüdischen Ehen zu dieser Zeit. Die beiden hätten bestimmt darauf bestanden, daß sie sehr glücklich miteinander waren, obwohl sie grundverschieden waren. Meine Mutter hatte die Anlage zu Frohsinn und Lebenslust, aber mit ihrem still zurückgezogenen Mann und in dem beschränkten Milieu, in dem sie lebten, hatte sie keine Chance, diese zu entfalten.

Sie war eine gute, fürsorgliche Hausfrau, die wunderbar kochte, und eine unendlich liebevolle Mutter. Ihre Kinder waren für sie die schönsten und besten in der Welt, und sie umhegte und umsorgte sie.

Mein Vater war wohl ein Träumer. Er lebte zurückgezogen für sich in einem kleinen Zimmer, das er sein Büro nannte und wo er sein Geschäft führte. Ich glaube nicht, daß er ein begeisterter Geschäftsmann war, und obwohl er viele Stunden in diesem Büro verbrachte, war wohl nur ein Bruchteil dieser Zeit der Arbeit gewidmet. Ich glaube auch nicht, daß er viel las, und er hatte keine offensichtlichen Interessen und keinerlei Hobby. Er träumte wohl so einfach vor sich hin. Er war ein liebevoller, stolzer Vater, aber in jeder Beziehung außerstande, seine Gefühle zu zeigen. Ich erinnere mich an seine grenzenlose Verlegenheit, die mich schon damals, trotz meiner mißlichen Lage, amüsierte, als er mich einmal auf Verlangen meiner Mutter verprügeln mußte, weil ich mein Mittagessen nicht aufessen wollte. Sie hatte von ihrer sehr energischen Wäschefrau gelernt, daß man das Kindern nicht durchlassen dürfte.

Bei uns im Haus herrschte nie Unfriede oder Zank. Als mein jüngster Bruder einmal den Vater zu meiner Mutter »dumme Gans« sagen hörte, lief er verstört zu unserer Nachbarin, um ihr das zu melden.

Aber ich habe auch nie gesehen, daß meine Eltern zärtlich miteinander gewesen wären, und schon als junges Mädchen fragte ich mich manchmal, ob jeder von ihnen mit einem anderen Partner nicht ganz anders hätte werden können. In dieser Ehe hat sich wohl keiner der beiden richtig entwickeln können. Vielleicht war es diese Erfahrung, die für mich Selbsterfüllung zu einer der wichtigsten Lebensaufgaben machte. Vielleicht ist das aber einfach das veränderte Klima unserer Zeit, der Einfluß von Freud, zum Beispiel.

Die Familie in Karlsbad bestand durchweg aus jüdischen,

liberalen Mittelstandsbürgern, nicht arm, nicht reich – ohne jede jüdische Tradition und in keiner Weise außergewöhnlich – außer dem Vater meines Vaters.

Dieser Großvater väterlicherseits ging mit einem Bruder 1840 – also lange vor dem »gold-rush« – auf Goldsuche in die Rocky Mountains. Der Bruder fiel Indianern zum Opfer, aber mein Großvater fand genügend Gold, um in Colmar ein Geschäft zu kaufen und die Frau zu heiraten, die er liebte, eine praktische, tüchtige Frau aus einer guten Familie (ihr Bruder wurde später in England geadelt). Sie beklagte sich allerdings bitterlich, denn das Geschäft schien ihren Mann wenig zu interessieren, er spielte lieber Klavier. Und es gefiel ihr auch nicht, daß er Gefangene im Gefängnis besuchte, Geld ausgab, um sie zu rehabilitieren, und sie zu sich ins Haus nahm, wenn sie nach der Entlassung kein Zuhause hatten.

Vielleicht fühlte er sich diesen Männern verbunden durch seine Erfahrung in den Rocky Mountains, die für ihn das wichtigste Erlebnis blieb.

Ich habe oft darüber nachgedacht, was wohl aus seinen Karlsbader Nachkommen geworden wäre, wenn sie die Judenvernichtungen überlebt hätten; die meisten starben in Konzentrationslagern. Obwohl sie als Familie so solide wirkten, war diese Solidität einer sich verändernden Welt nicht gewachsen. Dies wurde schon in der nächsten Generation deutlicher.

Am liebsten in der Familie waren mir Onkel Gustav, ein leidenschaftlicher deutscher Turner, der mich sehr gern hatte und mich verwöhnte, und seine gemütliche, kleine dicke Tante Jenny. Sie hatten drei Töchter. Paula, die älteste, heiratete zur Zufriedenheit aller einen Hochschullehrer. Wir lebten damals schon in Berlin – wo wir hingezogen waren als ich fünf und mein Bruder Oscar drei Jahre alt war, und wo mein Bruder Max 1905 geboren wurde. Wir fuhren alle, mit neuen Kleidern ausgestattet, zur Hochzeit nach Karlsbad. Es war die erste Hochzeit, die ich erlebte, und ich war eine der Brautjungfern; aber ich erinnere mich, daß ich fast die ganze Zeit weinte. Ich weiß nicht warum ich so traurig war. Ich erinnere mich auch, daß Paula – ich war damals so etwa zwölf Jahre alt – mir vor der Hochzeit stolz ihre Aussteuer zeigte, und ich betroffen war, daß sie und ihr Mann sich je einen Anzug und ein Kostüm in genau dem gleichen Stil und aus dem gleichen Stoff hatten machen lassen: grauem Flanell mit weißen Streifen, und weißem Flanell mit grauen Streifen. Das kam mir schon damals seltsam vor, diese »unisex«-Aussteuer. Dann fuhr das junge Paar zur Hochzeitsreise nach Heringsdorf. Mein Vater blieb in Karlsbad zur Kur, und wir Kinder fuhren mit unserer Mutter nach Hause.

Etwa eine Woche später kam ein Telegramm meines Vaters mit der Mitteilung, daß Paula tot sei und Jenny auf dem Wege nach Heringsdorf bei uns übernachten würde. Man habe ihr nur gesagt, daß Paula krank sei. Wir versteckten daher das Telegramm in einem der vielen Schübe unserer »Ritterburg«, einem gräßlich altmodischen Büffet, und gingen zum Bahnhof, Tante Jenny abzuholen. Sie spürte sofort, daß wir ihr etwas verheimlichten, und als wir in unsere Wohnung kamen, ging sie ohne Zögern auf die richtige Schublade zu und zog das Telegramm heraus.

Diese erste Begegnung mit Gedankenübertragung ist mir unvergeßlich geblieben. Sie war ja leicht genug zu erklären, denn wir hatten nur den einen Gedanken: hoffentlich geht sie nicht auf diese Schublade los. Aber es war doch eine wichtige Erfahrung, denn später sind mir in Momenten großer Anspannung sehr oft ähnliche Dinge begegnet. Besonders in der Nazizeit, wo man wohl immer unter Anspannung stand, selbst wenn einem das nicht so bewußt war.

Die Geschichte mit Paula beschäftigte mich noch lange, und ich zerbrach mir den Kopf, was da wohl passiert war, was Paula veranlaßte, vom Aussichtsturm in Heringsdorf herunterzuspringen.

Der verstörte Ehemann kam nach der Beerdigung zu uns und blieb zwei oder drei Nächte. Das Drama seiner Hochzeitsreise war für ihn völlig unfaßbar, und ich war, wie gesagt, ein kleines Mädchen und konnte doch nicht fragen, ob dies traurige Geschehen vielleicht etwas mit den »unisex«-Kostümen zu tun hatte. Konnte es sein, daß für Paula in der Hochzeitsnacht und den darauf folgenden Tagen oder Nächten das »unisex«-Ideal zusammengebrochen war? Ich weiß, daß ich versuchte, mit meinen Eltern darüber zu sprechen. Aber die sagten: Paula hat zu viel philosophische Bücher gelesen – was mich nicht recht befriedigte.

Die zweite Tochter von Jenny und Gustav war Elsa, und sie war der Liebling von uns Kindern; sie war so komisch und voller verrückter Ideen. Sie hatte sich in einen tschechischen Ingenieur verliebt, der bei der Staatsbahn angestellt war. Er sah sehr gut aus und hatte ausgezeichnete Manieren. Otto, so hieß ihr Auserwählter, war ein Jude, der nicht im geringsten jüdisch wirkte; viel später hörte ich, daß seine Familie, ursprünglich tschechische Hussiten, zum Judentum übergetreten war, um den Hussiten-Verfolgungen zu entgehen. Elsas Eltern und die übrigen Familienmitglieder bekämpften erbittert diese Beziehung; wieso, verstand ich damals überhaupt nicht. Aber es war wohl so, daß Tschechen in den sudetendeutschen Gebieten vor 1918 als minderwertig galten und von höheren Staatsstellungen ausgeschlossen waren. Die Familie war überzeugt, daß Otto es nie zu etwas bringen würde, und nie genügend Geld verdienen würde um eine Familie zu ernähren. Die deutsch-böhmischen Juden waren hundertprozentig deutsch, und das Vorurteil gegen Tschechen war vielleicht in Elsas Familie besonders stark, weil ihr Vater ein so begeistertes Mitglied des deutsch-nationalen Turnvereins war. Dieser, ebenso wie der »Deutsche Kultur-Verband« wurde sehr weitgehend von Juden finanziert und geleitet. Wie merkwürdig, daß in dem schon damals so antisemitischen Österreich so viele Juden eifrige Träger des Deutschtums waren. Jedenfalls machte die Familie Elsa und ihrem Otto das Leben unerträglich, und sie kam und lebte für ein paar Monate mit uns. Unsere Mutter war sehr viel großzügiger und immer bereit, Verliebtheit zu unterstützen.

Für uns Kinder war das eine herrliche Zeit. Ich, ein Backfisch, teilte ein Schlafzimmer mit Elsa und nahm aufgeregt Anteil an dieser Romanze. Trotz allen Unglücks und aller Spannungen gab es mit Elsa immer Spaß. Zum Beispiel war unser damals einziges Transportmittel ein Pferdebus, dessen Endstation fast unmittelbar vor unserm Haus lag. Elsa verbrachte Stunden mit diesen Pferden und war entschlossen, sie so zu trainieren, daß sie nicht die ihnen vorgeschriebene Fahrroute, sondern eine von ihr gewünschte gehen sollten. Es kostete uns viel Zucker und hatte sehr wenig Erfolg, machte aber viel Spaß.

Langsam, ich glaube ein wenig durch den Einfluß meiner Mutter, gab die Familie dann ihren Widerstand auf, und Otto und Elsa heirateten. Als dann nach dem Ersten Weltkrieg das Sudetenland tschechisch wurde, war Otto natürlich innerhalb der Familie derjenige, der in der besten Situation war. Da er fleißig und begabt war, machte er eine hervorragende Karriere und wurde ein hoher Beamter innerhalb der tschechischen Eisenbahnverwaltung. Zunächst blieb die Familie in Karlsbad wohnen, später zogen sie nach Prag, und obwohl die Eltern und die anderen Angehörigen ihren Widerstand etwas aufgaben, sind sie nie darüber hinweggekommen, daß ihre Tochter einen Tschechen geheiratet hat und daß ihre Enkelkinder tschechische Schulen besuchten.

Zu der dritten Tochter, Lisl, ein gutes Verhältnis zu finden, war für mich etwas schwierig, denn sie war sehr eifersüchtig auf die Zuneigung ihres Vaters zu mir. Onkel Gustav war sehr komisch. Als er Fritz, meinen Mann, und mich das erste Mal besuchte, hatten wir wenig Geld. Er versuchte, uns das Leben finanziell leichter zu machen – obwohl er uns oft nicht verstehen konnte. Zum Beispiel sagte er einmal: »Warum stellst du eigentlich Blumen auf den Tisch, wenn so wenig Essen auf dem Teller ist?«

Lisl war während des Krieges als Krankenschwester ausgebildet worden, und als mein Vater 1916 im Sterben lag, kam sie, um uns in den letzten Monaten bei der Pflege zu helfen.

Leider irritierte mich so vieles an ihr; zum Beispiel war ich entsetzt, daß sie lange schwarze Schleier für die Beerdigung mitgebracht hatte, obwohl ich ja wußte, daß mein Vater sterben mußte.

Auch 1918/19 war Lisl viel bei uns. Ich hatte Fritz, den ich später heiratete, kennengelernt und war sehr beschwingt. Das konnte sie nicht ertragen, und so verlobte sie sich Hals über Kopf mit einem viel jüngeren, netten, aber völlig ungeeigneten entfernten Verwandten, so daß sich also zwei Romanzen in unserem Haushalt abspielten. Sie hatte mit der ihren wenig Glück. Der Mann war krank, ihr ging es auch nicht gut, sie gingen zusammen in das wärmere Klima Ägyptens, hatten zwei Söhne, und dann ließen sie sich scheiden. All das war sehr traurig und bestärkte mein Gefühl, daß es mit der Stabilität dieser Familie trügerisch war.

Durch ihren tschechischen Mann überlebten Elsa und ihre Kinder dann später das Konzentrationslager, da sie dort besondere Positionen erhielten, in denen sie relativ weniger gefährdet waren und es auch relativ gut hatten. Die anderen Mitglieder der Karlsbader Familie starben entweder im Konzentrationslager oder sind vergast worden. Aus der Familie meiner Mutter sind, soweit ich weiß, alle umgekommen.

Im Jahre 1977 fuhr ich noch einmal nach Karlsbad – jetzt Karlovivary – als Gast meines Bruders Max, der mich, meinen Bruder Oscar und dessen Frau zu dieser Reise einlud. Max war 1921 im Alter von sechzehn Jahren nach Karlsbad zurückgegangen, um Onkel Gustav zu helfen, das Geschäft meines Vaters zu erhalten. Für ihn blieb Karlsbad immer die Heimat, und das war wohl auch so für unsere Mutter gewesen, die 1926 nach Karlsbad zurückgezogen war. Für sie war es ein Nach-Hause-Kommen. Vier Jahre später starb sie in ihrer gemütlichen kleinen Wohnung, umgeben von ihren drei Kindern. Ihr Grab auf dem jüdischen Friedhof ist einer der Gründe, weshalb es Max nach Karlsbad zurückzieht.

Mit bedeuten Gräber im allgemeinen nicht viel, aber es ist erschütternd, dort die zahllosen Gräber zu sehen, die die

Inschrift tragen: Hier liegt Soundso und seine Frau, und dann darunter andere Namen von Familienmitgliedern mit der Bemerkung: In dem oder dem Lager umgekommen. Ich wußte es ja alles schon, und trotzdem war diese Häufung von Namen ermordeter Menschen überwältigend für mich. Es gibt auch Gräber, die nur zwei oder drei Namen auf dem Grabstein eingraviert haben, aber darunter die Inschrift: »Haben sich erschossen« oder »Haben sich vergiftet, als sie zur Deportierung abgeholt wurden«. Keine Beschreibung der Judenvernichtung hat mir das jüdische Schicksal so nahegebracht wie diese steinernen Dokumente auf dem Karlsbader Friedhof.

An meine frühen Jahre in Karlsbad erinnere ich mich kaum. Obwohl ich schon fünf war, als wir wegzogen, weiß ich aus dieser Zeit nur eine Geschichte, die man mir erzählt hat. Mit drei Jahren ging ich einmal auf einem Spaziergang verloren und war dann stundenlang vermißt: der Schah von Persien, der in Karlsbad zur Kur war, hatte mich aufgelesen und fuhr mit mir spazieren, ohne irgend jemanden zu benachrichtigen.

Aber obwohl ich an diese allererste Kindheit so wenig Erinnerungen habe, ist Karlsbad für meine Jugendzeit sehr wichtig geworden, denn wir waren immer willkommene Gäste bei den Verwandten. Einer der Onkel war ein Kurarzt, und die beiden Tanten hatten Kurhäuser, die allerdings in nichts dem glichen, was man heute unter einem Kurhaus versteht. Es waren einfach große Häuser, mit etwa zwanzig Gästezimmern, in denen jedem Kurgast auch sein Essen serviert wurde, denn es gab keinerlei Wohnräume. Als mein Bruder Oscar und ich alt genug waren, um alleine zu reisen, verbrachten wir viele glückliche Ferientage in Karlsbad. Wir strolchten mit den Vettern und deren Freunden in den Wäldern umher, oder wir spielten Ball auf den Wiesen, die die Kurhäuser der Tanten umgaben. Wir hatten einen eigenen Klub, den wir »Amicitia« tauften und für den wir Abzeichen entworfen hatten.

Für uns Kinder, die wir aus Berlin kamen, war es auch aufregend, die stark gemischte Bevölkerung zu erleben. Zunächst waren da die Kurgäste. Viele von ihnen waren reiche, übergewichtige Amerikaner oder Russen, die in ein paar Wochen all das abnehmen wollten, was sie dann sehr schnell wieder zunahmen. Auf der Geschäftsstraße des Kurortes, auf der »Alten Wiese«, gab es Filialen der exklusivsten Geschäfte aus allen europäischen Hauptstädten, die dem kleinen Karlsbad ein kosmopolitisches Gesicht gaben, dem Lebensstandard der Einwohner allerdings kaum entsprachen. Daneben gab es die vielen Schwerkranken, deren Bedürfnisse überschattet waren von den Ansprüchen der ostentativ Reichen. Ich fühlte mich eine Zeitlang sehr angezogen von einer jungen Diabetikerin. Insulin gab es damals noch nicht, und diese schöne, kluge, liebenswerte junge Frau war eine Todeskandidatin und starb dann auch bald.

Die meisten Kurgäste waren sehr nett zu uns Kindern. So nett, daß wir es ihnen nicht einmal übelnahmen, daß das ganze Leben in den Kurhäusern der Tanten, in denen wir ja wohnten, von ihnen beherrscht wurde. Es war gar nicht ungewöhnlich, daß ein besonders guter Nachtisch uns vor der Nase weggenommen wurde, weil der Herr in Nummer sieben noch eine zweite Portion haben wollte. Überhaupt war alles im Leben dieser Verwandten den Wünschen der Kurgäste völlig untergeordnet. Im Winter hatten sie in ihren Häusern den größten Komfort, im Sommer wohnten sie in den Dachkammern. Denn wenn ein Kurgast noch ein Zimmer wollte, wurde es für ihn freigemacht. Kam ein Zug, saßen die Tanten schön angezogen im Vorgarten, in der Hoffnung, durch ein freundliches Lächeln Kurgäste anzulocken.

Ich erinnere mich auch lebhaft an eine andere interessante Menschengruppe in Karlsbad: die Hausangestellten. Dies waren meist richtige Landleute, denen es oft schwerfiel, sich in Hausangestellte zu verwandeln, und ihre Ursprünglichkeit sprach mich sehr an. Einen besonders nachhaltigen Eindruck machte 1914 ein russischer Kriegsgefangener auf mich, der im Haus und im Garten half. Er war ein Riese und so stark, daß er einen Zentner Kartoffeln in der Hand und einen zweiten Zentner mit seinen Zähnen tragen konnte. Aber trotz dieser Riesenhaftigkeit und Stärke war er mit uns Kindern sanft wie ein Lamm. Er stahl Äpfel für uns, sang uns russische Lieder vor und sagte uns Gedichte auf, von denen wir kein Wort verstanden.

Durch meine jüdische Familie kam ich hauptsächlich, aber nicht ausschließlich, mit jüdischen jungen Leuten zusammen. Trotz meines gedankenlosen Vor-mich-hin-Lebens wurde mir in meiner späteren Kindheit langsam klar, daß die Karlsbader Jugend, unter der ich Freunde gefunden hatte, in ihren Ansichten sehr widersprüchlich war. Manche von ihnen akzeptierten das von ihren Eltern gegebene Leitbild, und wollten erfolgreiche Kurärzte oder Kurhausbesitzer werden. Andere waren von dem ostentativen Reichtum vieler Kurgäste abgestoßen, und wohl auch von der Aussicht, ihr eigenes Leben den Anforderungen dieser Kurgäste unterordnen zu müssen. Sie wandten sich entweder zionistischen Jugendbewegungen oder sozialistischen Ideen zu.

Unter den letzteren war Bruno Adler (er schrieb unter dem Namen Urban Roedl), der Sohn eines jüdischen Schneiders in Karlsbad, der schon vor und auch während des Ersten Weltkrieges von den Kurhausbesitzern als Kommunist betrachtet und als »der rote Schneider« stadtbekannt und verpönt war.

Nach dem Ersten Weltkrieg entwickelte sich Karlsbad zu einem wichtigen Treffpunkt für Zionisten, und mein Bruder Max engagierte sich zu dieser Zeit sehr in dieser Bewegung. Mehrere der großen zionistischen Kongresse zwischen den Kriegen wurden in Karlsbad abgehalten. Selbst wenn man annimmt, daß während der Wintermonate die vielen leeren Kurhäuser die Wahl des Ortes bestimmten, stellt sich doch die Frage, warum ein so kleiner Ort, der so viele an nichts als an materialistischen Dingen interessierte Menschen beherbergte, ein solches Zentrum für idealistische Bewegungen werden konnte. Ein Grund mag sein, daß die Jugend solche Bewegungen förderte, um ihrer Rebellion gegen die widerspruchsvolle Atmosphäre des Ortes Ausdruck zu geben. Die Mehrzahl der jüdischen Bevölkerung fühlte sich allerdings als Träger deutscher Kultur, und konnte gar nicht deutsch genug sein. Die tschechische Bevölkerung fühlte sich verachtet und benachteiligt. Das war Karlsbad, ein sehr schöner Ort mit einer uneinheitlichen Gesellschaft, voller Konflikte und Unzufriedenheit.

Als ich 1977 mit meinen Brüdern wieder nach Karlsbad fuhr, wohl auf der Suche nach unserer Kindheit, waren sowohl die eleganten Geschäfte wie auch die reichen internationalen Kurgäste verschwunden. Statt ihrer marschieren nun Arbeiter aus Rußland und anderen Ländern des Warschauer Pakts ernsthaft ihren Brunnen trinkend auf der Mühlbrunn-Promenade. Der Gesundheitsdienst ist in der Tschechoslowakei kostenlos, und sowohl die Kurhäuser wie manche elegante Hotels werden nun von den Gewerkschaften geleitet. Autos sind kaum zu sehen, dafür sind öffentliche Verkehrsmittel gut und spottbillig. Das Staats-Reisebüro, mit dem wir reisten, holte uns vom Flugplatz mit seinem einzigen Wagen ab, der aber so klein war, daß nur zwei Leute samt Gepäck auf einmal befördert werden konnten. Wir waren leider fünf, so daß der Wagen zwei Fahrten unternehmen mußte, bevor wir alle im Hotel abgeliefert waren. Dafür aber gehört nun der größte Teil der Stadt nur den Fußgängern, und wir fühlten, daß Karlsbad jetzt einen sehr viel wichtigeren Zweck erfüllt als früher. Die Wälder sind so schön wie immer. Die Bevölkerung hat sich natürlich sehr verändert. Alle Deutschen mußten 1945 verschwinden und wurden durch Tschechen oder Slowaken ersetzt, die sich nun anscheinend für die jahrzehntelange Verachtung rächen und Leuten, die nicht aus den Warschauer-Pakt-Ländern stammen, gegenüber recht unfreundlich sein können.

Jede allgemeine Frage, zum Beispiel die nach den politischen Parolen auf den zahllosen goldbedruckten roten Spruchbändern, die die Stadt jetzt ausschmücken, schien Mißtrauen zu erwecken und wurde selten beantwortet. Aber das Hotel Pupp, in dem wir wohnten, einst eines der elegantesten Hotels

Europas, hatte, obwohl nun weniger elegant, immer noch viel von seiner alten, gepflegten Atmosphäre.

In mir hinterließ der Besuch, trotz mancher nostalgischen Erinnerung, ein gutes Gefühl; da war die Freude über das Wiedersehen mit der vertrauten kleinen Stadt und ihrer herrlich schönen Waldlandschaft. Alles Negative verschwand in der Gewißheit, daß diese Schönheit und die Heilquellen jetzt von vielen Menschen genossen werden können, denen im alten System die Möglichkeit dazu niemals gegeben worden wäre.

Kapitel 2

Berlin

Schuljahre, Kriegsjahre, Berufsprobleme

Als ich fünf Jahre alt war, zogen wir, wie schon erwähnt, aus geschäftlichen Gründen nach Berlin, denn der europäische Teil des Exportgeschäftes meines Vaters sollte vergrößert werden. Mein Vater fuhr erst allein und fand dann für uns eine geeignete Wohnung an der Spree. Das war für uns Kinder sehr aufregend, denn obwohl Karlsbad ebenfalls einen Fluß hat, die Eger, war die Spree doch viel größer. Da gab es Dampfer und Schleppkähne, auf denen Menschen lebten, die irgendwelche Sachen verkauften oder brachten, und wo sich auch manchmal jemand ertränkte. Die Wohnung war nicht weit vom Großen Tiergarten entfernt, so daß wir die herrlichen Wälder Karlsbads nicht zu sehr entbehrten. Es war eine gutbürgerliche Gegend, in der es auch viele Juden gab, aber keineswegs ein jüdisches Viertel.

Ich glaube nicht, daß mich die Trennung von den Verwandten und der gewohnten Umgebung sehr bekümmert hat. Ich war voll Vertrauen zum Leben, und bereit, alles Neue willkommen zu heißen. Diese Gabe, die ich wohl der uneingeschränkten Liebe meiner Eltern verdanke, hat mir später im Leben geholfen, in den vielen wechselnden Situationen auch in oft schmerzlichen Verlusten Gewinn zu finden.

Ich ging dann sehr bald zur Schule und wurde eine sehr schlechte Schülerin, teilweise deshalb, weil unser Deutsch anders war als das der Berliner Kinder. Meine Mutter hat es zum Beispiel nie gelernt, Blumenkohl statt Karfiol zu sagen, und ihr hat auch nichts in Berlin geschmeckt. Sie hat sich jahrelang die Butter aus Karlsbad schicken lassen. Das war ein Witz in unserer Familie, denn da schickte man immer zwei Stückchen Eis mit einem Stückchen Butter dazwischen, und man kann sich ja vielleicht vorstellen, wie das ankam. So blieb das Verhältnis zu Karlsbad sehr lebendig, und die Verwandten kamen uns häufig besuchen. Aber ich glaube, für meine Mutter war die Übersiedlung sehr schwer, denn sie fühlte sich fremd. Sie wurde viel anfälliger und hatte sehr oft, besonders nachts, nervöse Herzanfälle. Von meiner frühesten Kindheit an war ich es gewohnt, nachts an ihr Bett geholt zu werden, weil sie dachte, sie müsse sterben. Damals habe ich wohl gelernt, in Notfällen schnell wach zu werden, aber auch schnell wieder einzuschlafen. Eine Gabe, die mir später im Leben, besonders in den langen Jahren der Krankheit meines Mannes, sehr nützlich gewesen ist. Unser Hausarzt, der natürlich auch Jude war und in einer Equipage angefahren kam, in der wir manchmal auf dem Bock ein Stückchen mitfahren durften, schlug vor, meine Mutter solle ein drittes Kind haben, in der Hoffnung, daß das ihren Nervenzustand verbessern würde. Daß diese Medizin geholfen hat, bezweifle ich. Sie konnte das Kind, meinen kleinen Bruder Max, nicht stillen, er hatte ziemlich stark Gelbsucht und wurde deswegen nicht beschnitten. Und obwohl er das Familienglück erhöhte, besonders, als er später goldblonde Locken bekam, haben sich die nervösen Zustände meiner Mutter nicht verändert. Meine erste bewußte Erinnerung war übrigens die Geburt von Max. Wir, Oscar und ich, wurden früh von unserem Vater geheimnisvoll zu einer alten Bekannten geführt, und als wir abends nach Hause kamen, war der kleine Bruder da. Obwohl ich schon sieben Jahre alt war, hatte ich weder die Schwangerschaft meiner Mutter noch die Vorbereitungen auf das Baby bemerkt. Zu dieser Zeit wurden ja solche Beobachtungen bei Kindern entmutigt.

In dem Haus an der Spree, in dem wir lebten, wohnte eine

Familie Ginsburg. Der Vater war Russe, und sie hatten eine Tochter meines Alters, Lotte. Sie ging in die gleiche Schule und wurde vom ersten Tag an meine beste Freundin. Wir verbrachten unsere ganze Zeit miteinander, obwohl wir sehr verschieden waren. Im Gegensatz zu mir war Lotte still, brav und arbeitete fleißig. Wir hatten unsere eigene Post mit einer Strippe von einem Fenster zum anderen, trugen gerne die gleichen Kleider, und quälten unsere Mütter, daß das so sein müsse. Meine Mutter sorgte immer dafür, daß wir nahrhafte Mahlzeiten hatten, die hauptsächlich aus von ihr selber Zubereitetem bestanden; aber mir schmeckte alles bei Ginsburgs, wo es fast nur fertig gekaufte Dinge gab, besser. Auf unserem langen Schulweg gingen Lotte und ich immer zusammen, oft mit anderen Freunden. Diese Schulwege, durch die häßlichsten Stadtteile, waren ein reines Vergnügen. Heutige Kinder, die auch nur fünf Minuten von ihrer Schule entfernt wohnen, werden oft hingefahren und abgeholt, und so bringt man sie um den Spaß, den ein solcher Schulweg bietet. Unser Weg führte durch den Kleinen Tiergarten, und da machten wir immer irgendwelchen Unsinn. Unmittelbar neben der Schule war ein kleines Süßwarengeschäft, das wir auf dem Rückweg immer aufsuchten – wo wir das Geld her hatten, weiß ich nicht mehr. Auf alle Fälle, einer hatte immer Geld, und das teilte man sich eben. Geld war überhaupt damals, glaube ich, für Kinder nicht so wichtig.

Die Dorotheenschule war eine sogenannte Höhere Töchterschule, für die man etwas Schulgeld zahlen mußte. Sie galt als eine sehr gute Schule. Ich habe wenig gelernt, war aber sehr glücklich und hatte viele Freunde. Unser Direktor, Professor Hamann, hatte in England studiert, und gab uns englischen Unterricht – und bei ihm lernte ich sogar etwas. Er war eine charmante Persönlichkeit, und in die meisten Mädchen verliebt. Er pflegte zu sagen, sogar zu Schulinspektoren, daß es ihm wichtiger sei, daß seine Schülerinnen glücklich und liebevoll seien, als daß sie viel lernten. Auch die Verliebtheiten der Mädchen untereinander oder zu einigen der Lehrerinnen hat er sehr unterstützt, und so blühten solche Schwärmereien in unserer Schule. Ich bin diesem Mann unendlich dankbar, denn ich bin überzeugt, daß er für meine eigene Sicherheit als weibliches Wesen und für die vieler meiner Schulkameradinnen die Grundlage gelegt hat. Auch einige andere der männlichen Lehrer, vor allem Herr Sorg, hatten eine ähnliche Einstellung zu den Schülerinnen wie unser Direktor – und ich glaube, es gelang ihnen auch, uns mehr für die Schule zu interessieren als die unverheirateten Lehrerinnen, die fast alle typische »alte Jungfern« waren. Ich habe eine lebhafte Erinnerung an Fräulein Pufahl, die wir »Puh« nannten, und als meine Mutter einmal zu ihr befohlen wurde (sie wollte sich über mich beklagen) und sie auch »Fräulein Puh« nannte, verbesserte das nicht gerade mein Ansehen bei ihr. Sie war übrigens die einzige, die mich nicht leiden konnte, alle anderen sahen freundlich über meine Faulheit hinweg. Die »Puh« führte uns einmal ins Museum. Sie trug unendlich viele und lange Röcke, und als wir auf den Treppen vor dem Museum standen, wurde sie plötzlich furchtbar verlegen und fing an, ihre Taschentücher in einem dieser vielen Röcke zu suchen. Wir warteten und wußten überhaupt nicht, warum wir nicht hineingehen durften. Endlich sagte sie unter viel Stottern und Räuspern: »Also nun, meine lieben Mädchen, vielleicht habt ihr schon einmal Brüderchen in der Badewanne gesehen« – das war unsere Vorbereitung auf die griechische Kunst.

Obgleich wir uns über die alten Jungfern lustigmachten, lernten natürlich viele Mädchen, auch meine Freundinnen, vieles – nur ich eigentlich nicht. Ich bin manchmal ganz erschüttert über mein Unwissen. Wenn ich mich zum Beispiel mit meinem Bruder Oscar unterhalte, sieht der mich oft erstaunt an und sagt: »Das mußt du doch einmal gelernt haben ...«

Als ich zehn Jahre alt war, hatte ich eine Nierenreizung und wurde für ein Semester von allen Nebenfächern – Musik, Handarbeit, Zeichnen, Turnen – dispensiert. Dies Attest ist nie erneuert worden, denn ich erholte mich schnell; trotzdem habe ich bis zu meinem Schulabgang an keinem dieser Fächer teilgenommen, niemand hat nach mir gefragt, und meine Eltern haben es nicht gewußt, oder sie wollten es nicht wissen. In den letzten Schuljahren hatte ich nie die notwendigen Schulbücher. Trotzdem bin ich mit Müh und Not durch die Examen gekommen und war todunglücklich, als ich 1914 die Schule verließ.

Was ich mit meiner Freizeit tat, weiß der Himmel. Ich ging gern spazieren, mit Freunden, aber auch mit meinen Brüdern, besonders mit Oscar. Wir gingen oft zu Fuß in den Grunewald, das war schon mehr als ein Spaziergang, beinahe ein Ausflug. Unsere Mutter gab uns immer das Fahrgeld mit, aber wir benutzten es nie. Wir liefen, um im Grunewald Limonade trinken und Kuchen essen zu können, und dann kam immer die große Frage: Sollen wir »die Brücken hinter uns abbrechen«, so nannten wir es, wenn wir auch das Rückfahrgeld verbrauchten, und also wieder nach Hause laufen mußten. Habe ich Sport getrieben? Etwas Tennis, so zum Spaß und ohne Ehrgeiz. Dasselbe gilt für Schwimmen, das ich zwar gelernt habe, aber nie richtig. Von Sport konnte auch nicht die Rede sein, wenn wir auf dem Neuen See im Tiergarten ruderten – es machte nur Spaß. Und danach tranken wir im dortigen Restaurant begeistert unsere Limonade. Noch mehr aber liebte ich es, auf dem Neuen See Schlittschuh zu laufen. Ich habe auch das nur mäßig gelernt, aber ich genoß selbst das häufige Hinfallen, denn immer hob mich irgendein Junge auf. Und das Schönste war immer die heiße Schokolade nach dem Schlittschuhlaufen.

Die Schule hatte eine Wandervogelgruppe, und ich war ein eifriges Mitglied. Solche Schulwandervögel waren damals ganz neu. Es gab natürlich auch jüdische Wandergruppen, und mehrere von den bewußter jüdisch erzogenen Kindern gehörten ihnen an, und es gab auch schon ein paar Wandervogelgruppen, die eine ausgesprochen nationalistische Ideologie förderten. Mit unserer harmlosen Schulwandervogelgruppe fuhren wir mit der Bahn in eine schöne Gegend, gingen den ganzen Tag spazieren, kochten etwas ab, sangen Wanderlieder, machten sehr viel Unsinn und freuten uns des Lebens.

Ich kann nicht sagen, was für Interessen ich in dieser Zeit hatte. Ich habe nichts gesammelt, was doch die meisten Kinder tun. Aber ich habe mich bestimmt nie gelangweilt. Gelesen habe ich sogar viel, hauptsächlich Liebesgeschichten, besonders so romantische wie »Die Heilige und ihr Narr« von Agnes Günther. Meine Freundin Lotte Ginsburg las ganz systematisch, zum Beispiel alle historischen Dramen von Shakespeare hintereinander. Dafür habe ich sie zwar sehr bewundert, hatte aber nie den geringsten Ehrgeiz, das gleiche zu tun. Soweit ich mich erinnere, gab es keine Schulbibliothek und sicherlich nicht die Art von öffentlichen Bibliotheken, die ich dann in England schätzen lernte. Bücher schenkte oder borgte man sich gegenseitig. In unserer Familie hatten wir zwar einen Bücherschrank, der hauptsächlich von dem Karlsbader Onkel Alfred, der Arzt war, mit schön gebundenen Klassikern gefüllt wurde. Ich bezweifle, daß ich sie je gelesen habe, aber ich weiß, daß ich mit Vorliebe Gedichte las, besonders Rilke, der mir viel bedeutete. Die Liebe zu ihm teilte ich mit meinem Bruder Oscar, der sogar einmal in seiner Schule einen Vortrag über ihn hielt.

In den bürgerlichen jüdischen Familien der damaligen Zeit erhielten die meisten Kinder Musikunterricht. Ich hatte elf Jahre lang Klavierstunden ohne etwas zu lernen, und erst viel später, durch meinen Mann, habe ich Freude an Musik gewonnen.

Unser jüdischer Religionsunterricht war sehr schlecht, und über Fräulein Jacobson, die Religionslehrerin, machten wir uns nur lustig. Eine Schulkameradin, Elsa, ernsthafter als wir, die aus einer jüdisch-orthodoxen Familie stammte, versuchte, den interessierten Mädchen einen besseren Religionsunterricht zu bieten, aber obwohl ich sie sehr schätzte, habe ich nie daran teilgenommen. Ihre Familie hat übrigens später eine große

Rolle beim Aufbau Israels gespielt. Einer ihrer Brüder wurde der erste Finanzminister im Staat Israel.

Antisemitismus ist mir zum erstenmal begegnet, als ich vierzehn und mein Bruder Oscar elf Jahre alt war. Eines Tages, als ich aus der Schule nach Hause kam und den Fahrstuhl aufschloß, saßen Oscar und sein bester Freund, ein Junge aus einer adligen Familie, schluchzend und in enger Umarmung zusammen. Die Eltern dieses Freundes hatten ihm verboten, einen jüdischen Jungen zu seinem Geburtstag einzuladen, und beide waren verzweifelt. Ich war sehr traurig mit ihnen, es war auch für mich ein persönlicher Schock, denn bis dahin war ich nie auf den Gedanken gekommen, daß so etwas möglich sei.

Vielleicht war ich zu unaufmerksam, um den Antisemitismus zu bemerken, den es in Deutschland zu dieser Zeit gab. Eine Geschichte, die mich später sehr beeindruckt hat, erzählten mir Freunde, die aus Holland stammten. Ihr Großvater war Pelzhändler, und seine vier Söhne wollten auch gerne Pelzhändler werden, aber Amsterdam war zu klein, um allen eine Existenz zu bieten. So gingen die Söhne in verschiedene europäische Länder, der Vater meines Freundes nach Berlin. Dort verliebte er sich in ein jüdisches Mädchen und wollte sie gerne heiraten, aber ihr Vater machte seine Bewilligung davon abhängig, daß er sich um die deutsche Staatsangehörigkeit bewerbe. Das tat er auch, 1910. Als Antwort kam ein Brief, handgeschrieben, und mit der Unterschrift »Wilhelm II.« in enormen Buchstaben. Der Inhalt war: »Der holländische Staatsbürger mosaischen Glaubens ... hat sich um die deutsche Staatsangehörigkeit beworben, die wir ihm nicht bewilligen können. Wenn er aber ein deutsches Mädchen heiratet und zwei Söhne hat, die das Alter von siebzehn Jahren erreichen, raten wir ihm, seinen Antrag zu wiederholen, und dann wird er bewilligt werden.« Die Familie war von der Bedingung, deutsches Kanonenfutter zu produzieren, so abgestoßen, daß sie glühende holländische Nationalisten wurden.

Aber nicht nur ich wollte damals solche Konflikte nicht

bemerken. Deutsche Juden fühlten und handelten mit Idealismus als Deutsche, lebten aber gleichzeitig fast ausschließlich in jüdischen Kreisen.

Meine Eltern hatten nur jüdische Freunde, und fast alle Leute, mit denen sie zu tun hatten, wie Ärzte, Zahnärzte, Schneider, waren Juden, obwohl mein Vater uns manchmal mit Stolz von seiner Freundschaft mit dem Sohn des Historikers Mommsen erzählte. Wir Kinder, ich besonders, brachten oft nichtjüdische Freunde nach Hause, die gastfreundlich aufgenommen wurden. Trotzdem machte uns unser Vater, sobald sie weggegangen waren, klar, daß er sich mit solchen »Goyim« nicht richtig wohl fühlen könne. Aber ein religiöses Bewußtsein gab es nicht in unserer Familie, und auch keinerlei jüdische Tradition. Meine Eltern gingen zwar, weil man das eben so tat, an den hohen Feiertagen in den Tempel, und als wir ein wenig älter waren, durften wir sie dort besuchen. Aber nur auf der Galerie, wo die Frauen saßen, fein angezogen und weit entfernt von dem, was unten um die Thora herum vor sich ging, wo sich die Männer hin und her bewegten, sich verbeugten, und in einer Sprache, die wir nicht verstanden, vor sich hin sangen. Wir hatten keine Ahnung, was das alles bedeutete, und niemand hat sich die Mühe gemacht, uns etwas zu erklären. Mit Gott hatte es jedenfalls für uns nichts zu tun.

Eine Erinnerung aus meiner Backfischzeit, das muß so um 1910 herum gewesen sein, war eine Rundfahrt des Zeppelins. Unsere Wohnung im vierten Stock hatte einen Balkon, auf den wir alle Freunde einluden, um das große Ereignis zu beobachten. Da standen wir nun dicht gedrängt, und als der Zeppelin über uns schwebte, fiel auf einmal ein Tier, wie ein großer Maikäfer, aber in der Farbe des Zeppelins, auf die Schulter meiner Mutter. Das war natürlich atemberaubend aufregend. Mein Bruder nahm das Himmelsgeschenk am nächsten Tag mit in die Schule. Aber was für ein Tier das eigentlich war, haben wir nie herausgefunden. Und daß der Zeppelin, der aufregende Zeppelin, ein Vorbote des Krieges war, der ja dann vier Jahre später ausbrach, war uns damals natürlich nicht klar, und noch weniger konnte ich wissen, daß dies das Ende meiner glücklichen und gedankenlosen Kindheit sein würde.

Im Sommer 1914 hatten wir Besuch von unseren australischen Verwandten, die bis in den Herbst bei uns bleiben wollten. An die politischen Ereignisse dieser Zeit kann ich mich nicht erinnern, obwohl ich doch sechzehn Jahre alt war. Aber ich sehe uns noch Ende Juli in einem Gartenrestaurant im Tiergarten sitzen, voll ängstlicher Erwägungen, die mein Vater mit der Nachricht unterbrach, er habe gerade den Kaiser vorbeifahren sehen, und: »Der Kaiser sah sehr ernst aus. Also ist es wohl besser für euch, zurück nach Australien zu fahren.« Das taten sie dann auch, und der Krieg brach wenige Tage später aus.

Das Ende meiner Schulzeit folgte fast unmittelbar dem Kriegsausbruch. Ich kann mir eigentlich nicht bewußt gewesen sein, wie sehr sich mein Leben durch diese beiden Ereignisse verändern würde; trotzdem sehe ich mich noch am letzten Schultag unter dem altmodischen, hoch an der Mauer angebrachten Wasserhahn im Schulkorridor, an dem ich vergeblich versuchte, mein verheultes Gesicht zu kühlen.

Ein Universitätsstudium kam für mich nicht in Frage, und andere Berufspläne hatte ich nicht. Während der letzten Schulwochen bearbeiteten uns Berufsberater, deren Hauptinteresse es war, uns für kriegsdienliche Arbeit anzuwerben. Dazu gehörte auch ein dreijähriger Kurs im Lettehaus (eine Art Polytechnikum für Mädchen) für wissenschaftliche Fotografie, mit Röntgenarbeit und Mikrofotografie als Hauptfächern. Meine Freundin Lotte entschied sich für diesen Kurs, und da ich keine Ahnung hatte, was ich wollte oder konnte, entschloß ich mich, aus Freundschaft, ebenfalls dafür.

Leider wurde Lotte nach wenigen Wochen von dem für den Kriegsdienst wichtigen Kurs ausgeschlossen, weil ihr Vater

Russe war, und so blieb ich ohne sie bei einer Arbeit, die ich nur ihretwegen gewählt hatte, die für mich denkbar ungeeignet war, denn ich war – und bin es immer noch – ein technischer Idiot.

Schließlich war es dann nicht so schlimm, denn ich hatte sehr nette Kommilitoninnen (übrigens war ich die einzige Jüdin), darunter auch Käthe von Virchow, die Enkelin des berühmten Pathologen, deren medizinisch so hoch qualifizierte Familie damals auch noch nicht wußte, wie gefährlich Röntgenstrahlen waren. Wir arbeiteten ohne jeden Schutz, es gab weder Schutzschirme noch trugen wir Schürzen, und waren stundenlang den Röntgenstrahlen ausgesetzt. Das hatte zur Folge, daß wir alle unfruchtbar wurden – aber das hat man ja erst viel später bemerkt. Einer unserer Nachbarn, der als Röntgenarzt arbeitete und durch die Strahlen einen Arm verloren hatte, beschwor meine Mutter, mich aus dem Kurs zu nehmen. Das war allerdings erst im Sommer 1916. Zu der Zeit hatte ich sowieso beschlossen, aufzuhören, um meinen sterbenden Vater zu pflegen.

Zu Kriegsanfang hatte ich anderes im Kopf, vor allem eine sehr romantische Liebesbeziehung. Emil Levy war der Freund eines Mädchens gewesen, das ich leidenschaftlich umschwärmt hatte. In unserer Schule wurden ja solche Beziehungen sehr gefördert. Nach einiger Zeit wurde dieses heißgeliebte Mädchen dem Emil untreu (und mir auch), und in dieser gemeinsamen Trauer fanden wir uns. Ich war siebzehn, er neunzehn, wir gingen zusammen in eine Konditorei, aßen viel Kuchen, und trösteten uns gegenseitig. Emil, ein großer, gut aussehender, blonder junger Mann, wohnte auf der einen, ich auf der anderen Seite der Spree, und um uns nachts näher zu sein, beschlossen wir beide, auf unseren Balkons zu schlafen. Mein Vater trug mir treu und brav jede Nacht die Matratze auf den Balkon, half mir, das Bett zu machen, gab mir dann einen Gute-Nacht-Kuß und sagte: »Schlaf gut, Du dumme Lise«. Das ging so viele Wochen – zum Glück für uns war der erste Kriegssommer schön, mit warmen, trockenen Nächten.

Anfang 1916 wurde Emil eingezogen, ging aber nicht an die Front, und so brauchte ich mich nicht um ihn zu ängstigen. Ich sah ihn erst nach dem Tod meines Vaters wieder, und es schien, als seien Jahre vergangen. Die Beziehung wurde viel intensiver, obwohl meine Gefühlsausbrüche die Realität weit übertrafen. Jedenfalls wurde meine Mutter ängstlich, sprach ein ernstes Wort mit Emil, und nach seinem Urlaub sah ich ihn nicht wieder. Viele Jahre später traf ich ihn einmal, als ich mit Fritz, meinem Mann, im Theater war, und ich war sehr froh, Emil immer noch liebenswert zu finden. Es war schön, ohne Scham und ohne Bedauern meinem Mann meine erste Liebe vorstellen zu können.

Es ist nicht leicht zu sagen, inwieweit meine Familie vom Krieg betroffen war. Radio gab es noch nicht, wir hatten auch kein Telefon. Manchmal gingen wir nach dem nah gelegenen Bahnhof Tiergarten, wo abends die Kriegsnachrichten angeschlagen und vorgelesen wurden. Wenn die Deutschen gesiegt hatten, brüllten alle Hurra, und wenn sie verloren hatten, oder etwas Schlimmes geschehen war, stand man betreten herum.

Obwohl meine Familie sich nicht mit der nationalen Begeisterung identifizierte, war es doch unmöglich, sich nicht von dem allgemeinen Kriegsjubel anstecken zu lassen. Mit dem großen Schlagwort »Sieg um jeden Preis« vereinigte der Krieg das deutsche Volk – ein Volk der Helden – gegen die feigen und verachteten Feinde. Männer, die zu alt oder zu jung waren, um eingezogen zu werden (wie auch mein späterer Mann Fritz), konnten sich gar nicht schnell genug freiwillig melden, und die Bevölkerung jubelte den Soldaten zu und überschüttete sie mit Geschenken.

Weder wir noch unsere nahen Freunde hatten Angehörige im Krieg, die gefährdet waren. Bei Familien, die Söhne oder Väter an der Front hatten, sah es wohl anders aus. Die Verluste im Ersten Weltkrieg waren ja in Deutschland (und wie ich dann später lernte, auch in England, Frankreich, Rußland) entsetzlich; Millionen Tote, furchtbare Verkrüppelungen, zahllose Nervenzusammenbrüche, die schrecklichen Schocks, bei Menschen, die monate- und manchmal jahrelang dem Granatengewitter im Schützengraben der Westfront ausgesetzt waren, was es in dieser Form im Zweiten Weltkrieg ja fast gar nicht gab.

Das Leben in unserem Haushalt war durch die Geschicklichkeit meiner Mutter und die Ausdauer meines kleinen Bruders Max, der stundenlang Schlange stand, um etwas Fleisch oder ein paar Eier zu bekommen, verhältnismäßig wenig betroffen. Meine Mutter machte Knödel, Nudeln und andere Mehlspeisen, und ich kann mich nicht erinnern, je gehungert zu haben. Gefroren haben wir schon manchmal. Einmal, im Winter 1917, ging unsere Mutter mit einem Schlitten, auf dem ein Wäschekorb befestigt war, einen weiten Weg zu einem Bahnhof, wo Kohle verteilt werden sollte. Sie kam nach vielen Stunden mit einem einzigen Brikett in ihrem großen Korb zurück.

Die Familie meiner Freundin Lotte war auf eine andere Weise betroffen, da Vater Ginsburg Russe war. Sie mußten sich täglich bei der Polizei melden. So viel ich weiß, erhielten sie aber ihre Rationen wie jeder andere.

Anfang 1916 erkrankte mein Vater an Leberkrebs. Sein Exportgeschäft mit Australien war durch den Krieg zum Stillstand gekommen, das Geld wurde knapp, und die Sorge, was aus uns allen werden sollte, hat wohl zu seiner Krankheit beigetragen. Er war sehr beherrscht und zeigte uns so wenig wie möglich von seinen Schmerzen und seinen Sorgen. Solange er konnte, ging er allein in den Tiergarten, wo ich ihn einmal auf meinem Weg zum Lettehaus auf einer Bank ausgestreckt fand. Er war furchtbar verlegen und versuchte mich zu überzeugen, daß er sich nur eben mal für ein paar Minuten hingelegt hatte.

In den letzten Monaten seines Lebens pflegten wir ihn zu Hause. Da mir meine Arbeit so unwichtig war, ging ich einfach ein paar Monate vor einer entscheidenden Prüfung weg. Ich glaube, ich wäre sowieso durchgefallen. Wie uninteressiert ich war, geht wohl daraus hervor, daß, obwohl Fotografie eines unserer Hauptfächer war, ich später im Leben auch nicht auf den interessantesten Reisen eine Kamera mitgenommen habe – im Gegensatz zu fast allen meinen Freunden, die begeisterte und gute Fotografen sind. Wie gesagt, mein Vater lag krank zu Hause, und wir pflegten ihn, in den letzten Wochen mit der Hilfe von Kusine Lisl, die eine ausgebildete Krankenschwester war. Leberkrebs ist bekanntlich sehr schmerzhaft, aber mein Vater hat selten gezeigt, daß er Schmerzen hatte, und wenig von seiner Trauer, uns zu verlassen, drang zu uns durch. Ein einziges Mal, als wir drei Geschwister allein bei ihm saßen, und der elfjährige Max ihm eine Geschichte vorlas, sagte er mit liebevollem Lächeln: »Das ist nicht leicht, von solchen Kindern wegzugehen.« Wir sorgten für ihn so gut wir konnten; es war entspannend, fast gemütlich, an seinem Bett zu sitzen. Auch meine Mutter war während dieser Zeit ganz vernünftig. Trotzdem hatten wir Kinder immer das Gefühl, daß wir sie beschützen mußten, daß sie diejenige sei, die Hilfe brauchte. Es war ja auch für sie am schwersten.

Am letzten Tag war meiner Mutter nicht wohl, und Oscar und ich saßen allein beim Vater, bis er ruhig einschlief. Wir waren voller Dankbarkeit, daß nichts geschehen war, was für ihn hätte erschreckend sein können. Ich fühlte schon damals, wie wichtig die Atmosphäre um den sterbenden Menschen ist, wie schwer es sein muß, nicht von Liebe umgeben zu sein oder umgeben von Menschen, deren eigene Schmerzgefühle das Sterben erschweren.

Daß dieses erste Todeserlebnis so wenig erschreckend war, hat sicher mein Leben sehr beeinflußt. Vor einem solchen Tod mußte sich niemand fürchten. Obwohl mein Vater erst neunundfünfzig Jahre alt war, und wir Kinder achtzehn, fünfzehn und elf, hatte ich das Gefühl, daß ein erfülltes Leben zu Ende gegangen war, vielleicht, weil mein Vater ein so stiller anspruchsloser Mensch gewesen war.

Max war nicht mit uns in der Sterbestunde. Schon damals,

wie immer in seinem späteren Leben, fühlte er sich für unser materielles Wohlbefinden verantwortlich – das trug ihm später den Namen »Joseph, der Ernährer« ein. An dem Tag, an dem der Vater starb, hatte Max um ein paar Eier, mit denen er dann strahlend am Abend nach Hause kam, stundenlang Schlange gestanden. Nie werde ich sein entsetztes Kindergesicht vergessen, als er hörte, der Vater sei gestorben.

Oscar war damals fünfzehn Jahre alt. Er war zwei Jahre zuvor durch die Bar-Mizwa-Feier ein volles Mitglied der jüdischen Gemeinde geworden und mußte nun all die Pflichten, die von einem jüdischen Mann erwartet wurden, alleine erfüllen. Wir hatten keine männlichen Verwandten in Berlin, und kein Vertreter der jüdischen Gemeinde stand uns bei. Dazu kam noch unser Gefühl, die Mutter so viel wie möglich schonen zu müssen. So beschlossen Oscar und ich zum Beispiel, so spät wie möglich mit ihr zur Beerdigung zu kommen, um ihr diese zu erleichtern. Wir kamen fast zu spät, und der Rabbiner war sehr ärgerlich.

Obwohl Oscar alle seine Pflichten ruhig und gut erfüllte, waren diese Anforderungen und die Trauer um den Vater zu viel für den Fünfzehnjährigen. Einen Monat nach meines Vaters Tod erkrankte er an einer Nierenentzündung.

Nachdem mein Vater gestorben war, stand ich nun wieder vor der Berufsfrage. Ins Lettehaus wollte ich nicht mehr zurückgehen, nahm aber auf Empfehlung eines Bekannten eine Stellung in der Neuen Fotografischen Gesellschaft an. Da hatte ich nun mit meinen nicht vorhandenen technischen Fähigkeiten irgend etwas mit der Entwicklung von fotografischen Papieren zu tun. Zu meinem allergrößten Erstaunen entdeckte ich ein neues Papier, das wirklich auch später hergestellt wurde. Ich konnte jedoch die Formel kaum wiederholen, als ich danach gefragt wurde. Aber selbst dieser unerwartete Erfolg veranlaßte mich nicht, lange dort zu bleiben, zum Teil auch, weil die Arbeit sehr schlecht bezahlt und inzwischen ja die finanzielle Situation bei uns recht schwierig geworden war.

Meine Mutter hatte uns zwar alle in Erstaunen gesetzt mit einer unvermuteten finanziellen Begabung. Wir hatten immer das Gefühl gehabt, daß sie von Geld nicht die geringste Ahnung hätte, und sie selbst schien alles Finanzielle als Sache des Vaters anzusehen. Nach seinem Tod jedoch entwickelte sie die Gabe, das wenige, das da war, so geschickt anzulegen, daß wir ganz gut aus dem Krieg herauskamen. Wir verloren das Geld dann zwar in der Inflation, aber die paar Jahre dazwischen lebten wir passabel – und konnten sogar in eine bequemere Wohnung ziehen. Das war alles ihr Verdienst, genauso wie es ihr Verdienst war, daß wir nie Hunger litten. Aber trotz ihrer Kochkünste und trotz ihrer finanziellen Geschicklichkeit war unsere Mutter sehr hilflos und hatte oft beängstigende Anfälle von nervösen Herzbeschwerden. Wir hatten alle drei von jung an das Gefühl, daß man ihr alles Schwierige aus dem Weg räumen und sie stützen müßte. Die Rollen wechselten – sie wurde unser Kind; eine Rolle, die ich, trotz meiner gedankenlosen Jugend, bereitwillig übernahm und offenbar ganz gut erfüllte.

Trotz meiner »Erfindung« verließ ich also die Fotografische Gesellschaft und ging zur Deutschen Bank, in eine Abteilung für Kriegsgefangene. Da hatte ich nun etwas mit Menschen zu tun, denn wir mußten uns mit den Angehörigen dieser deutschen Kriegsgefangenen in Verbindung setzen, um Geld und Nachrichten an die Gefangenen ins Ausland zu senden. Ganz abgesehen von der Nützlichkeit dieser Arbeit, fühlte ich mich sehr wohl in dieser Abteilung, deren Leiter einige Ähnlichkeit mit meinem Schuldirektor hatte. Er war auch immer verliebt, und eine Zeitlang ganz romantisch in mich. Zu meinem zwanzigsten Geburtstag zum Beispiel kam jede Stunde ein Gruß oder ein Geschenk von ihm, und das war zu einer Zeit, in der wir alle mit jedem Pfennig knauserten, sehr aufregend.

Eine meiner Kolleginnen in dieser Abteilung war Anni Pincus, die Schwester meines späteren Mannes Fritz. Sie wohnte in unserer Nähe, und wir freundeten uns schnell an.

Sie kam ebenfalls aus einer jüdisch-liberalen Familie. Ihr Vater war Justizrat und hatte sein Büro direkt gegenüber unserer Bank, und manchmal trafen wir diesen liebenswürdigen Mann in der Mittagspause. Fritz war Offizier an der Front, und Anni sprach viel von ihm und war sehr stolz auf ihn.

Zu dieser Zeit erwachte mein soziales Gewissen. Ich wollte die Welt verbessern, und suchte etwas, was mir das Gefühl geben konnte, ein wenig dazu beizutragen. So fing ich an, in einem Heim für verwahrloste jüdische Kinder zu arbeiten. Das Heim, in das die Kinder tagsüber kamen, lag im Alexanderplatzviertel, einer armen, vorwiegend jüdischen Gegend, in der man noch Menschen in Lumpen sah. Es war von einer zionistischen Bewegung gegründet worden, wohl mit dem Gedanken, diesen Kindern zu helfen, irgendwann einmal nach Palästina auszuwandern. Junge Leute wie ich, ohne besondere Ausbildung, spielten mit den Kindern, lasen ihnen Geschichten vor und gaben ihnen etwas Freundschaft und Zärtlichkeit, die sie in ihrem Leben sonst vielleicht vermißten. Die Eltern der Kinder schienen Vertrauen zu mir zu haben. Einmal erschien der Vater von drei mutterlosen Kindern, um mir mitzuteilen, daß er nun auswandere und mir seine drei Kinder hinterlasse. Ich fühlte mich sehr geehrt, mußte aber ablehnen: was hätte ich damals mit drei Kindern anfangen sollen? Ich liebte diese Arbeit, obwohl es nicht leicht war, nach Arbeitsschluß mit schlechten Verkehrsmitteln auch noch die lange Fahrt zum Alexanderplatz zu machen. Die Gegend war mir schon etwas vertraut: Der jüdische Friedhof, auf dem auch mein Vater begraben war, lag dort. Ich habe überhaupt das Gefühl, daß mein allmähliches Erwachsenwerden, oder besser, mein Erwachen für intuitives Reagieren auf Not, das später mein Leben geprägt hat, mit seinem Tode zusammenhing.

Im Winter 1918/19 brach die furchtbare spanische Grippeepidemie aus. Um mich herum starben viele junge Menschen, oft die vitalsten und kräftigsten, wohl weil sie am stärksten unter der Unterernährung litten. Auch der einzige Schullehrer, den wir wirklich geliebt hatten, Herr Sorg, starb bei dieser Epidemie. Das war besonders tragisch, denn er hatte von einer bayerischen Bäuerin eine uneheliche Tochter, die er einmal auf einem Sommerurlaub gezeugt hatte. Er war so glücklich über dieses Kind, daß er es zu sich nahm und es alleine erzog; für uns Schulkinder war das natürlich eine Sensation. Als Sorg starb, war ich zwar längst aus der Schule, aber wir waren mit ihm und mit dem Kind in Verbindung geblieben. Nun saßen wir vier oder fünf Mädchen zusammen und überlegten, wie man diesem Kind – das damals sechs oder sieben Jahre alt war – eine Lebensbasis schaffen könnte. Schließlich boten die Eltern von Schulkameradinnen, die sehr reich und großzügig waren, an, das Kind zu sich zu nehmen und zu erziehen.

Im Frühjahr 1918 erkrankte meine Freundin Lotte Ginsburg an einem Magengeschwür, das operiert werden mußte. Ärzte gab es damals in Deutschland wenige, und die Krankenhauspflege war schlecht. Die Operation schien gelungen zu sein, aber wenige Tage darauf starb Lotte. Sie war ein begabter, schöner und in vieler Hinsicht starker Mensch, und ihr Tod war für mich ein furchtbarer persönlicher Verlust. Ich war sowieso schon erschüttert durch den Tod all der Freunde, die während der Grippeepidemie starben, und den Tod meines Vaters, der erst anderthalb Jahre zurücklag. Wie so oft bei Trauererlebnissen, verstärkte jedes neue den Schmerz des allerersten, von dem ich geglaubt hatte, es gut bewältigt zu haben. Mir scheint, als ob seit dieser Zeit Tod immer ein wichtiger Teil meines Lebens gewesen ist.

Kurz nach Lottes Tod starb Annis Vater an einem Darmverschluß, ganz plötzlich, am Pfingstsonntag. Fritz war an der Front, und kam zu spät zur Beerdigung. Ich sah ihn zum erstenmal ein paar Tage später, in dem Büro seines Vaters, das er auflösen mußte. Anni war krank zu Hause geblieben, und ich ging hinüber, um ihm einen Brief für sie zu geben. Obwohl wir uns überhaupt nicht kannten, konnte er seinen überwältigenden Schmerz über den Tod seines Vaters nicht verbergen. Er machte sich große Vorwürfe, nicht mehr Lebensmittel an die Familie geschickt zu haben, weil er überzeugt war, sein Vater hätte nicht zu sterben brauchen, wäre er nicht so unterernährt gewesen. Es war ihm wohl auch schon bewußt, wie grundlegend sich nun sein eigenes Leben nach dem Kriege verändern würde. Für uns beide stand diese erste Begegnung unter dem Zeichen von Tod und Trauer; aber gerade deshalb entstand ein unmittelbares Verständnis, und sie wurde zu einem bedeutsamen Ereignis.

Kapitel 3

Fritz

Ein paar Monate nach meiner ersten Begegnung mit ihm kam Fritz nach Hause. Der Krieg war nach viereinhalb Jahren mit schrecklichen Verlusten verloren. Das Land, die Soldaten, die Arbeiter waren in Aufruhr. Der Kaiser war nach Holland geflohen, und die Fürsten aller deutschen Länder verschwanden – man brauchte sie einfach nicht mehr. Führerschaft mußte in dieser schwierigen Zeit von den sozialistischen und sozialdemokratischen Parteien kommen, und im November 1918 wurde die Weimarer Republik ausgerufen.

In ein gedemütigtes, verwirrtes Deutschland und in eine völlig veränderte Welt zurückzukommen, war schwer für all die Heimkehrer von der Front, und besonders für jene Soldaten, deren persönliche Situation sich nun grundlegend verändert hatte.

Fritz war Offizier gewesen, ein begeisterter Soldat und Deutscher, aber auch ein überzeugter Sozialist. Seine Hauptsorge war jetzt die Berufsfrage. Er hatte drei Jahre in Freiburg studiert. Nun war es klar, daß er sein Jurastudium nicht würde fortsetzen können, denn Stipendien gab es damals nicht. Seinen Traum, Richter zu werden, mußte er aufgeben, und obwohl er später in einer internationalen Handelsbank, in der er klein anfing, eine sehr gute Karriere machte, hat er niemals, weder in Deutschland noch später in England, in seiner Arbeit wirkliche Befriedigung gefunden. Nach all den

Kriegsjahren zu einer verwitweten, hilflosen Mutter nach Hause zu kommen war sehr schwer für Fritz. Seine Mutter, die inzwischen gemerkt hatte, wie knapp Geld war, hatte Fritzens Zimmer vermietet, und er mußte in einem der Wohnzimmer schlafen. Er war aus seinen Vorkriegsanzügen herausgewachsen, hatte aber die Gabe, in der unmöglichsten Kleidung elegant auszusehen. Manchmal färbten wir seine Socken an den Stellen mit schwarzer Tinte, an denen er Löcher in seinen Schuhen hatte. Sein Nachhausekommen wurde noch dadurch erschwert, daß er seine Mutter dazu bewegen mußte, ihre Lebensweise zu ändern. Sie hatte zwar ihre Hausangestellten bis auf eine, ein altes Faktotum entlassen, aber weder sie noch ihre Töchter konnten kochen, und sie war schwer dazu zu bewegen, ihre zu teure und zu große Wohnung aufzugeben. Sie hatte gute Freundinnen und schöngeistige Interessen, malte, stickte und las Romane, aber vom wirklichen Leben hatte sie keine Ahnung. Ich habe mich manchmal gewundert, wie es ihr gelungen war, drei Kinder auf die Welt zu bringen. Sie war, wie zu dieser Zeit Frauen des Mittelstandes allgemein, von allem Praktischen ferngehalten worden. Von Geld hatte sie keine Ahnung. Einmal wurde Fritz von ihrem Bankier gebeten, seiner Mutter zu sagen, daß ihr Konto überzogen sei. Sie bestritt das energisch: Das konnte nicht sein, sie hatte noch so viele Schecks in ihrem Scheckbuch. Bei all ihrer Lebensfremdheit war sie eine sehr liebenswerte Frau, von der ich noch manches erzählen werde.

Die Jahre nach Kriegsende, der Zusammenbruch alles Gewohnten, die unsichere Hoffnung auf eine neue Ordnung waren schwierig und verwirrend für alle Deutschen, aber besonders für die assimilierten deutschen Juden. Jeder von ihnen mußte auf die ihm eigene Weise versuchen, sich in dieser Konfusion zurechtzufinden.

Fritz war, wie die meisten liberalen Juden, trotz seiner sozialistischen Sympathien ein überzeugter Deutscher und fühlte sich in dieser Einstellung von seinen Freunden unterstützt.

Anders mein Bruder Oscar, der kurz nach Kriegsende die Schule verließ. Sein Leben war von einer, vielleicht sehr typischen, Begebenheit beeinflußt worden. Als sein Lehrer ihn fragte, ob er sehr bekümmert sei, daß unser Geburtsort Karlsbad mit dem Friedensvertrag nun zur Tschechoslowakei komme (man hatte allgemein erwartet, daß das sudetendeutsche Gebiet zu Deutschland kommen würde), sagte Oscar, er glaube an den Völkerbund und hoffe, daß die Bedeutsamkeit nationaler Grenzen sich verringere. Darauf sagte sein Lehrer: »Das glaubst du, weil du Jude bist und nie ein wirklicher Deutscher werden kannst, der nationale Oberhoheit schätzen kann.« Oscar hatte geplant, Jura zu studieren, gab aber diesen Gedanken auf, weil er fühlte, er könne deutsches Recht nie vertreten.

Mein dreizehnjähriger Bruder Max war in der frühen Nachkriegszeit leidenschaftlich an Politik interessiert, ging zu allen kommunistischen Versammlungen, und war, wie wir alle, erschüttert, als Liebknecht und Rosa Luxemburg ermordet wurden. Er galt in seiner Schule als Spartakist und stand deswegen in hohem Ansehen. Bei den Wahlen für die Nationalversammlung im Januar 1919 aber arbeitete er für die Demokratische Partei. Gleichzeitig entwickelte er sich zu einem leidenschaftlichen Juden – er wurde später Zionist. Ich glaube, daß solche persönlichen Situationen die allgemeine Verwirrung widerspiegeln, die noch dadurch gesteigert wurde, daß trotz der großen Arbeitslosigkeit und allgemeinen Armut, trotz aller Sorgen und politischen Aufregungen, Berlin zu dieser Zeit eine ungemein lebendige und vergnügungssüchtige Stadt war. Überall wurden Nachtklubs und Kabaretts eröffnet, man ging von einem Maskenball zum anderen. Es war eine verrückte Welt, und es ist fast unbegreiflich, welche Höchstleistungen in Theater, Kunst, Literatur diese Zeit hervorbrachte.

Auf diesem Hintergrund entwickelte sich meine Beziehung zu Fritz: Ich glaube, beide wußten wir bald, wie sehr wir einander in dieser Zeit des Chaos und der Verwirrung brauchten. Unsere nähere Freundschaft fing – typisch für die Zeit – auf einem Kostümfest an. Fritz war erst einige Tage aus dem Krieg zurück, als ich eine Einladung zu einem privaten Maskenball erhielt mit der Anweisung, einen männlichen Partner mitzubringen – zu dieser Zeit waren Männer in Deutschland knapp. Ich fragte also Fritz, der ohne Zögern akzeptierte. Er holte mich als Apache verkleidet von zu Hause ab, und obwohl die Rolle des Apachen diesem eleganten Mann nicht so recht lag und er sie wohl nur aufgrund eines leeren Kleiderschrankes gewählt hatte, sah er so überzeugend aus, daß meine Mutter diesen ersten Eindruck nie völlig überwinden konnte. Für sie blieb Fritz, trotz aller Beweise des Gegenteils, immer ein wenig der Apache. Dieser erste gemeinsame Ball im November 1919, nach dessen Schluß wir beide noch stundenlang auf den Berliner Straßen tanzten, war der Anfang einer intensiven Freundschaft, obwohl wir erst 1922 heirateten. Wir hatten beide kein Geld, und zu dieser Zeit hatten selbst Sozialisten, wie wir es waren, die blödsinnige Idee, daß verheiratete Menschen sofort eine standesgemäße Wohnung haben müßten, komplett mit Dienstmädchen, und dies, obwohl verheiratete Frauen des Mittelstandes damals nicht arbeiteten und auch ich sofort nach meiner Hochzeit 1922 meine Stellung aufgab.

Die lange Wartezeit war für uns nicht allzu schwer, denn wir verbrachten all unsere Freizeit miteinander und machten sogar oft kurze Reisen. Überhaupt ließen uns unsere Mütter so viel Freiheit, wie wir nur wollten. Auch in dieser Hinsicht war damals die Konfusion zwischen starrer Konvention und sehr freizügigem Leben groß.

Im Winter 1920, an einem eiskalten Tag, beschlossen wir einen Ausflug zu machen. Wir fuhren aufs Land, gingen spazieren, und verbrachten einen schönen Tag zusammen. Ziemlich spät abends saßen wir dann in dem Zug, der uns nach Hause bringen sollte. Zu dieser Zeit waren die Züge ungeheizt, und unserer hatte zudem kein Licht. Es war stockdunkel und so kalt, daß unsere Handschuhe sofort an den Fensterscheiben anfroren. Um nicht selbst anzufrieren, saßen wir dicht beieinander und waren sehr glücklich. Nach einer ganzen Weile merkte ich, daß der Zug nicht fuhr, aber Fritz sagte: »Das ist nicht unsere Verantwortung, da soll sich der Lokomotivführer drum kümmern.« Wir saßen also weiter. Nach einiger Zeit geruhte er aber doch einmal aus dem Abteil auszusteigen und ging an den Trittbrettern entlang. Dann hörte ich seine Stimme von ganz weit weg: »Du, da ist kein anderer Mensch im Zug und eine Lokomotive ist auch nicht da.« Wir waren also mit dem Zug in sein Nachtlager gefahren. Was nun tun? Den Rest der Nacht in dem kalten Zug zu sitzen, war kein verlockender Gedanke. Außerdem wußten wir, daß sich unsere Mütter ängstigen würden. Also stiegen wir aus und gingen im Stockdunkeln eine lange Strecke an den Schienen entlang, bis wir schließlich an einen Bahnhof kamen. Inzwischen wurde es langsam hell, und die ersten Arbeiter standen oben auf der Plattform. Es gab ein großes Gelächter, als sie uns beide da unten stehen sahen, sie halfen uns dann aber auf den Bahnsteig, und wir konnten mit einem Zug nach Hause fahren. In dieser Nacht beschlossen wir, zu heiraten. Aber, wie gesagt, dazu kam es erst über zwei Jahre später.

Aber schon in der Zeit vorher wurde mein Leben sehr viel schöner und reicher. Ich kannte ja Fritzens Familie durch die Freundschaft mit seiner Schwester Anni schon ganz gut, und fühlte mich bei ihnen zu Hause. Dann lernte ich auch allmählich seine Freunde kennen, die mir sehr gefielen, vor allem sein engster Freund, Saul, der dann später in unserem Leben sehr wichtig wurde. Er hatte in Fritzens Leben immer eine große Rolle gespielt und betrachtete jede Frau mit Mißtrauen, aus Angst, sie könnte zwischen Fritz und ihn treten.

Wir heirateten am 1. Juni 1922 auf dem Standesamt – eine religiöse Zeremonie wurde weder von uns noch von unseren Familien in Betracht gezogen. Das war so bei allen unseren Freunden. Zur Hochzeitsreise fuhren wir nach Helgoland. Dort blieben wir fünf Wochen und segelten jeden Tag mit dem Fischer Bauch. Mit ihm gingen wir auch Makrelen fangen, was mir weniger gut gefiel als Fritz, der dann auch immer die Fische zum Räuchern brachte. Wir hatten sehr viel Spaß mit Herrn Bauch, und an einem unserer letzten Tage sagte er zu uns: »Nun waren wir so viel zusammen, und ich weiß noch immer nicht Ihren Namen.« »Pincus«, sagte Fritz. Da fing der Fischer Bauch an zu lachen und sagte, das glaube er nicht: »Ihr könnt nicht Pincus heißen, der Dorf-Idiot, der heißt Pincus!« Am Abend wurden wir dann in eine Fischerkneipe eingeladen, mit Pincus, dem Dorf-Idioten und vielen anderen Fischern, die inzwischen auch schon von dieser Geschichte gehört hatten. Es war ein lustiger Abend, und ich betrank mich so furchtbar an dem starken Seemannsgrog, daß man mich ins Oberland, wo wir wohnten, tragen mußte. Wir fanden es sehr interessant, daß eine Gruppe naturverbundener Menschen ein so deutliches Bild von einem Namen hatte, daß sie sich nicht vorstellen konnte, ein normaler Mensch könne auch Pincus heißen.

Sie waren trotzdem sehr begeistert von uns, nahmen feierlich Abschied und schenkten uns einen lebendigen Hummer in einer Blechschachtel, die Fritz an eine Strippe band und auf der Dampferfahrt nach Hamburg immer hinter uns herziehen ließ. Der Hummer kam auch noch lebendig in Berlin an und versorgte uns mit dem ersten Festessen in unserer neuen Wohnung.

Denn es war uns tatsächlich gelungen, eine Wohnung zu finden, eine richtige Wohnung, sogar mit einem Mädchenzimmer, obwohl damals große Wohnungsnot herrschte. Wir hatten vier Zimmer, die meine geschickte Mutter mit abscheulichen konventionellen Möbeln einrichtete – damals mußte ja die Familie der Braut die Einrichtung besorgen. Nachträglich kommt es mir unglaublich vor, daß zwei junge Leute mit wenig Mitteln nie auch nur auf den Gedanken kamen, daß man ohne Mädchen auskommen könnte. Und nicht nur, daß man ein Mädchen hatte, man ließ es zudem unbekümmert in den entsetzlichen kleinen Löchern schlafen, die man damals als Dienstmädchenzimmer in gutbürgerlichen Wohnungen baute. Dieses

Zimmer hatte keinerlei Heizmöglichkeiten und eine Luke statt eines Fensters – und wir beiden Sozialisten steckten da ein Mädchen rein. Zum Glück dauerte das aber nur zwei Jahre, denn wir waren von Anfang an ziemlich entschlossen, so kurz wie möglich in der Stadt zu bleiben.

Inzwischen war Fritz bei seiner internationalen Bank Rechtsberater und etwas später Direktor geworden. In den Jahren 1922 bis 1924 mußte er viel reisen, wahrscheinlich bedingt durch die Inflation, die ab 1921 mehr und mehr das Leben in Deutschland beherrschte. 1923 geriet sie völlig außer Kontrolle. Um ein Brot zu kaufen, oder einen Brief zu frankieren, brauchte man bald nicht mehr Millionen, sondern Milliarden. Gehälter wurden täglich frühmorgens ausgezahlt, und man stürzte in die Geschäfte, um einzukaufen, denn bis zur Mittagspause waren die gestern verdienten Millionen nichts mehr wert. Das Volk hungerte, und der Mittelstand – auch Fritzens und meine Mutter – verlor seine Ersparnisse. Spekulanten wurden reich.

Am 23. November 1923 wurde die Rentenmark eingeführt: eine Rentenmark war eine Billion, und die Währung stabilisierte sich über Nacht, wie durch ein Wunder. Die »Goldenen Zwanziger Jahre« konnten beginnen, obgleich die weitverbreitete Armut und Arbeitslosigkeit sich nur langsam und schließlich auch nur auf kurze Zeit verbesserten.

Manchmal nahm Fritz mich mit bei seinen Geschäftsreisen. Eine davon führte uns nach Warschau. Ein Bankkunde hatte Millionen Dosen mit Sardinen gekauft, hatte aber nicht das Geld, sie zu bezahlen, und irgendwie waren die Sardinen in Warschau gelandet. Fritz hatte die Aufgabe, sie zu verkaufen. Wir stiegen im besten Hotel ab – wo sofort nach unserer Ankunft das Telefon klingelte und der Rezeptionist Fritz fragte, wann er die junge Dame heraufschicken dürfe. Fritz erklärte mir, es sei in Warschau üblich, mit dem Hotelzimmer eine junge Dame anzubieten. Fritz lehnte höflich ab und machte sich daran, die Sardinen zu verkaufen, was er hauptsächlich auf den vielen Straßenmärkten Warschaus tat. Tausende von Sardinenbüchsen wurden so verkauft, Fritz ging sogar selbst hin, um Kostproben zu machen, und ich half ihm manchmal dabei.

Mein größtes Erlebnis in Warschau war ein Besuch im Getto, ein Erlebnis, das mich tief berührt hat. Hier schienen die Menschen miteinander und füreinander zu leben; sie gaben einem das Gefühl engster Zusammengehörigkeit. Diese Juden, die meist sehr jüdisch aussahen, waren auf eine besondere, jüdisch-traditionelle Art gekleidet. Offensichtlich fühlten sie sich in ihrer eigenen Welt wohl. Obwohl mir diese Menschen und ihre Sprache fremd waren, waren sie mir auch irgendwie sehr vertraut.

Außerhalb des Gettos war Warschau eine schöne, interessante und auch reiche Stadt, mit einem sehr viel ausgeprägteren Unterschied zwischen arm und reich als wir es von Berlin her gewohnt waren.

Fritz fuhr oft nach Polen. Da die Familie unseres Freundes Günther Löwenfeld dort irgendwo ein Gut hatte, bat Günther ihn, einmal danach zu sehen. In den kleinen polnischen Orten, wie in diesem Dorf, durften Juden damals nicht auf dem Fußgängerweg, sondern nur auf der Fahrstraße gehen. Fritz war furchtbar betroffen von dieser deutlichen Diskriminierung, die die Juden selbst aber gar nicht zu berühren schien. Wie auch die Juden im Getto schienen sie ihre Situation zu akzeptieren. Als Fritz das Gut zuerst nicht finden konnte, sprach er zwei respektable und gebildet aussehende Juden an, die sich anboten, ihn zu begleiten. Auf dem Weg fragten sie ihn, was denn aus dem Löwenfeld geworden sei. Als Fritz ihnen erzählte, er habe eine große Karriere gemacht und sei dann Anwalt beim Kaiser gewesen, blieben seine Begleiter entsetzt stehen: »Was kann das für ein Jude sein, der Anwalt wird beim deutschen Kaiser?«

Auch nach Italien mußte Fritz oft fahren, und er nahm mich manchmal mit, besonders wenn bei solchen Reisen Gruppen von Bankiers mit ihren Frauen mitkamen. Gerade zu dieser Zeit, Anfang der zwanziger Jahre, als wir viel in Italien reisten, hatte Mussolini die Diktatur der nationalen Revolution errichtet. Die deutschen Bankiers stellten anerkennend fest, wie wohlgeordnet nun alles in Italien sei; dabei wußte man zu dieser Zeit noch nicht einmal, daß im faschistischen Italien die Juden verhältnismäßig unbehelligt bleiben würden.

Auf einer dieser Reisen machten wir uns frei von unseren Begleitern und fuhren nach Venedig. Es war 1924, und Venedig war von Deutschen überlaufen, denn es waren die ersten Jahre nach dem Krieg, in denen Deutsche wieder frei reisen konnten, und sie reisten sehr laut. Man hörte ihre Stimmen überall. Als dann eine Stimme besonders laut beim Mittagessen durch den ganzen Speisesaal rief: »Das soll eine Kalbsbrust sein? Da sollten Sie einmal meine Kalbsbrust sehen«, sagte Fritz, nun habe er genug, und wir fuhren ab nach Triest. In Venedig hatten wir ein sehr schlechtes Hotel gehabt und in Triest ein wunderbares, und als erstes ließ ich mir ein Bad ein und stieg hinein, während Fritz zum Konsulat ging, um festzustellen, wann ein Schiff nach Ragusa fahre. Als ich gerade schön eingeseift im Bad saß, kam Fritz eilig zurück und sagte: »Komm, schnell, das Schiff geht in einer halben Stunde ... und dann geht keins mehr für eine Woche«. Wir rannten also los, und Fritz erzählte mir von seinem Erlebnis auf dem jugoslawischen Konsulat. Als er um ein Visum bat, hatte der kleine Beamte gesagt, der Konsul sei nicht vor drei Uhr zu sprechen. »Ja, und wann geht denn das Schiff?« »Um halb zwei Uhr«. »Dann muß ich den Konsul sprechen«, sagte Fritz. »Ausgeschlossen, der Konsul ist nicht zu sprechen«. Als aber Fritz dem Beamten eine größere Summe Geld in die Hand drückte, verschwand dieser lächelnd, und innerhalb von zwei Sekunden erschien der Konsul. Für uns, aus Deutschland kommend, war dies eine neue Erfahrung.

Wir erreichten also unser Schiff und fuhren drei Tage bis Ragusa. Der Ort war überwältigend schön: die Lage, die Landschaft, die schöne alte Stadt und überall freundliche, warmherzige Menschen, die uns willkommen hießen. Freunde, die dort leben, erzählten uns, daß Jugoslawien seinen alten, uns damals so sympathischen Charakter weitgehend bewahrt hat, sowohl unter der deutschen Besatzung als auch nach dem Zweiten Weltkrieg unter kommunistischer Regierung.

Nach Wien nahm mich Fritz mit, als er einmal glaubte, in seiner Bank viel Geld verdient zu haben und infolgedessen entschlossen war, mich wie eine Fürstin bei Drecoll, dem besten Geschäft Wiens, auszustatten. Als wir nach Berlin zurückkamen, stellte sich heraus, daß man in seiner Bank seine Anweisungen mißverstanden hatte, und er nicht nur kein Geld verdient, sondern sehr viel verloren hatte. Unsere Schulden für diese Wiener Reise hatten wir dann viele Jahre lang abzuzahlen. Aber meine herrlichen Kleider hielten auch lange.

Ein Erlebnis in Wien blieb mir besonders im Gedächtnis. Fritz hatte dort Verbindungen zu adligen Familien, wir waren oft in ihren Häusern zu Gast, und einer der jungen Grafen holte uns einmal vom Hotel zu einem Spaziergang durch die Stadt ab. Es war ein schöner Frühlingstag, und der Graf war von Kopf bis Fuß hellgrau gekleidet. Er ging, sich ständig verbeugend, an meiner Seite: »Sehen Sie einmal hier, gnädige Frau . . ., und sehen Sie einmal dort, gnädige Frau . . .« und plötzlich verschwand er, mitten in der »gnädigen Frau« war er weg. Er war in ein Schachtloch der Wiener Kanalisation gefallen, und stak nun schulterhoch im Wiener Abwasser. Die Arbeiter, die an diesem Schacht arbeiteten und gerade ihr zweites Frühstück verzehrten, kamen entsetzt herbeigeeilt, um ihm herauszuhelfen. Er stieg aus, und mit gräflicher Würde tat er, als sei nichts geschehen. Obwohl er tropfte und nicht eben gut duftete, war er entschlossen, die Führung fortzusetzen. Nach einer Weile erklärte Fritz, er habe eine andere Verabredung, und so befreiten wir den jungen Grafen von seinen noblen Pflichten. Vielleicht war dies ein Beispiel für eine spezifisch österreichisch-habsburgische Etikette. Wir hatten überhaupt überall in Österreich das Gefühl, daß es noch eine große und einflußreiche Aristokratie gab.

Gleichzeitig spürte man die überwältigende Armut und

Verzweiflung. Das Land war nach dem völligen Zusammenbruch des großen österreichisch-ungarischen Kaiserreiches in einer ungeheuer schwierigen sozialen und wirtschaftlichen Lage. Das immer noch großartige Theater, der scheinbar so entspannte Frohsinn in den Weinlokalen des Praters und anderswo, schienen, wie auch die uns bekannten Aristokraten, wie eine Fassade des Vergangenen, hinter der sich Gegenwärtiges, Verzweiflung, Angst und wachsender Antisemitismus versteckten. In diesem Klima entwickelte Freud seine Lehre von der Bedeutsamkeit des Unbewußten und verfolgte unbeirrt, als Wiener, Deutscher und Jude, sein Ziel, die Rätsel dieser Welt etwas besser zu verstehen und etwas zu ihrer Lösung beizutragen.

Berlinern wie Fritz und mir waren scheinbar unvereinbare Widersprüche zwischen Verzweiflung und größter Vergnügungssucht nicht unbekannt. Wir konnten nicht hoffen sie zu lösen, aber wir versuchten, dem unmittelbaren Druck etwas zu entgehen, und waren daher froh, als wir im Jahre 1925 aus dem Berlin, in dem diese Widersprüche ihren extremsten Ausdruck fanden, auf eine Insel bei Potsdam ziehen konnten.

Kapitel 4

Das Haus auf dem Küssel

Im Mai 1925 gaben wir unsere Wohnung in Berlin auf und zogen mit Claire und Günther Löwenfeld »aufs Land«. Mit Claire war ich von der Schule her befreundet. Sie war zwei Jahre jünger als ich, und ich war ihre »Flamme« gewesen; solche Schwärmereien waren in der Dorotheenschule sehr üblich. Claire war überaus intelligent, mit weitreichenden Interessen, hatte Kunstgeschichte studiert und war eine eindrucksvolle, dominierende Persönlichkeit. Sie hatte Günther Löwenfeld, einen jungen, erfolgreichen Anwalt geheiratet, und unsere beiden Männer wurden rasch gute Freunde. Wir sprachen oft von unseren Hoffnungen, aus der großen Stadt wegzukommen. Für die ersten zwei Sommer unserer Ehe mieteten wir eine gemeinsame Wohnung in Glienicke bei Potsdam, wo wir Freitag abends hinfuhren, bis Montag früh blieben, und uns so gut vertrugen, daß wir langsam daran dachten, gemeinsam unseren Traum vom Landleben zu erfüllen. Im Januar 1925 sahen wir eine Anzeige von einem kleinen Haus auf einer Insel bei Potsdam, die uns verlockend schien. Ich hatte mir gerade bei meinen ersten Skilaufversuchen im Erzgebirge ein Knie verstaucht und konnte nicht mitgehen, es mir anzusehen. Die drei anderen kamen hingerissen zurück: sie hatten ein kleines, bescheidenes Haus mit einem riesigen Garten direkt an der Havel gefunden, die Erfüllung unserer Träume.

Eigentlich war der Küssel, so hieß die Insel, keine regelrechte Insel, denn an der engsten Stelle des Sees verband ihn eine Brücke mit dem Festland. Das Haus war nicht zu verkaufen, sondern nur zu mieten, und wir mieteten es und zogen gemeinsam ein – übrigens ohne irgendwelche theoretischen Vorstellungen: Es kam uns gar nicht in den Sinn, dort etwa eine Kommune zu gründen oder ein Gemeinschaftshaus zu führen.

Wir teilten das Haus in zwei Wohnungen, mit je einer Küche und mit zwei Mädchen, Martha und Minna. Größenwahnsinnig wie wir waren, nannten wir das kleine Haus »Das Haus auf dem Küssel«, obwohl es dort viele und viel prächtigere Häuser gab. Unser Briefpapier, unsere Motorbootfahne und alles war so bezeichnet. Schon vor Ende des ersten Jahres war uns allen klar, daß die ursprüngliche Trennung in zwei Wohnungen unsinnig war. Wir machten aus der einen Küche einen Wasch- und Plättraum; in der anderen kochte Martha für beide Familien. In der Haushaltsführung wechselten Claire und ich uns ab. Die wöchentliche Abrechnung und Übernahme der Bücher war oft eine dramatische Affäre: »Um Gottes willen, ich habe ja viel zu wenig Geld«, und, kurz darauf: »Mein Gott, ich habe ja viel zu viel«. Wir teilten alle Ausgaben, obwohl Löwenfelds erheblich mehr Geld hatten als Fritz und ich.

Die beiden Kinder der Löwenfelds, Peter und Verena, waren jahrelang überzeugt, daß alle Kinder vier Eltern haben; so fühlte sich unsere Lebenseinrichtung für sie an. Claire trug die Hauptverantwortung für die Kinder, ich für den Garten, den ich liebte und trotz mangelnder Vorkenntnisse erfolgreich bearbeitete. Wir hatten schöne Blumen, unser eigenes Gemüse, viele Obstbäume und Beerensträucher. Hans, ein Bruder unseres Mädchens Martha, half mir im Garten, obwohl er größeren Wert auf seine Rolle als »Motorbootführer« legte; er ließ sich sogar Visitenkarten drucken: Hans Scholz, Motorbootführer. Das Boot, unser Haupttransportmittel nach Potsdam, zum Festland, gab uns zudem die Möglichkeit, auf der Havel und ihren Seen herumzufahren.

Unsere beiderseitigen Freunde waren häufige Gäste in dem bald zu engen Haus, und abends und an Wochenenden strömten sie zu Land und zu Wasser an. Löwenfelds wie auch wir hatten unsere persönlichen Freunde, aber mit wenigen Ausnahmen wurden sie bald alle »Hausfreunde«, die unser Leben bereicherten. Wir hatten auch unsere Familien: Fritz und ich unsere Mütter und Geschwister, Löwenfelds noch beide Eltern. Für alle wurde »Das Haus auf dem Küssel« sehr wichtig und oft eine Zuflucht, besonders für die Mütter.

Wir zwei Frauen waren wohl recht rücksichtslos, denn unsere Männer, die täglich nach Berlin zur Arbeit fahren mußten, hätten sich vielleicht oftmals ruhigere Sonntage und Abende gewünscht. Sie mußten täglich mit dem Boot nach Potsdam fahren, von Potsdam mit dem Zug zum Potsdamer Bahnhof in Berlin, und von dort aus mit der Stadtbahn oder mit dem Bus zu ihrer Arbeitsstelle. Trotz der langen Fahrt wäre keiner der beiden bereit gewesen, in der Stadt ein pied à terre zu halten oder gar den Küssel aufzugeben. Für beide wog der Friede des Lebens draußen an der Havel den weiten Weg auf.

Wir lebten fast sechs Jahre in dem kleinen Haus. Aber inzwischen brauchten die Kinder mehr Platz, die Gästezahl nahm zu, unsere Männer fingen an, mehr zu verdienen, und wir planten, das Haus zu vergrößern, ein Plan, der sich erst 1931 erfüllte. Die Jahre vorher schien mir mein Leben nicht genügend ausgefüllt, und als die Stiftung Hermannswerder, die nah bei unserem Haus lag, eine Sekretärin suchte, übernahm ich die Stellung, da es mich schon längere Zeit gelockt hatte, Hermannswerder näher kennenzulernen. Diese protestantische Stiftung bestand aus einem Krankenhaus, einer Ausbildungsanstalt für Krankenschwestern, einer Vorschule für Kinder, einer Kirche und der Verwaltung. Die Leiter der verschiedenen Stellen vertrugen sich nie; der Pfarrer stritt sich mit der Oberschwester, und sie sich wiederum mit den Leuten, die die Krankenschwestern ausbildeten. Alle kamen sie zu mir, so daß es meine Hauptbeschäftigung wurde, Krach und Streit wenn möglich zu schlichten. Der Geschäftsführer, mein direkter Vorgesetzter, war ein offensichtlicher Antisemit. Nach einer meiner erfolgreichen Friedensstiftungen sagte er jedoch anerkennend: »Ich habe das ja immer gewußt, die Juden sind das Salz der Erde.«

Ein Ergebnis meiner Arbeit war, daß wir uns mit Pastor Kühne befreundeten, der später eine große Rolle in der Widerstandsbewegung spielte. Er kam viel zu uns ins Haus und brachte auch manchmal junge Kollegen mit. Wir konnten manches für die Patienten im Hermannswerder Krankenhaus tun, zum Beispiel, sie zum Tee einladen, wenn sie ausgehen durften. Meine Halbtagsstellung wurde daher eine erhebliche Bereicherung für uns alle, und als die Löwenfeld-Kinder dann in die Schule nach Hermannswerder kamen, fühlten sie sich dort bald zu Hause.

Feste spielten eine große Rolle auf dem Küssel, und wir benutzten jede nur mögliche Gelegenheit zum Feiern. Günthers Vater, zum Beispiel, lud 1928 seine Studienfreunde zum 50. Jahrestag seines Doktorats in das Haus auf dem Küssel, das damals noch recht klein war, zu klein für die vielen Gäste und mit zu wenig Hilfskräften. Da unsere Räume für die Gesellschaft gebraucht wurden, kam Fritz auf die Idee, daß wir uns beide als Dienstpersonal verkleideten – um so zwei Fliegen mit einer Klappe zu schlagen. Er verschwand am Morgen mit einem Köfferchen, als ob er in die Bank ginge, und schlich sich bald danach ins Haus zurück – um sich als Butler, mit langen Seidenstrümpfen und Hosen, einer weißen Perücke und Seitenbart zu verkleiden. Der Butler erfüllte seine Pflichten standesgemäß: Jedes Glückwunschtelegramm wurde einzeln auf silbernem Tablett überreicht. Ich zog die gleichen Kleider wie unsere Mädchen an und wurde von ihnen im Servieren unterrichtet. Sie waren aber entsetzt, daß ich so offensichtlich mit dem fremden Butler flirtete, der seine Rolle so gut spielte, daß sie ihn nicht erkannten. Das trug zu unserem Vergnügen bei. Den Sekt, den Fritz und ich als Gäste hätten trinken dürfen, genossen wir heimlich in Ecken und

Verstecken. Es war uns ein besonderes Vergnügen, den alten Löwenfeld als ahnungslosen Mitspieler zu haben. Er hatte nie ganz die Verbindungen und die Einstellung, die für einen Anwalt des Kaisers angebracht waren, aufgegeben. Der Zeremonienmeister des Hofes kam immer noch zu allen Löwenfeldschen Festlichkeiten (allerdings nicht zu der Feier auf dem Küssel), und höfische Formen herrschten im Hause. Als Vater Löwenfeld gegen Abend das Komplott entdeckte, schüttelte er sich vor Lachen.

Das Weihnachtsfest auf dem Küssel wurde immer mit unseren Eltern und manchen Freunden gefeiert. Wir sorgten für schöne Weihnachtsbäume, die wir auf dem Markt in Potsdam kauften. Als wir 1930 unsern großen Baum von seiner Verschnürung befreiten, fanden wir an dem Stamm einen Brief befestigt: »Liebe Freunde, wir wünschen Euch ein schönes Weihnachtsfest, und wenn Ihr es feiert, dann gedenkt doch bitte des armen Baumfällers im Bayerischen Wald.« Wir schickten ein Paket, bekamen einen Dankbrief mit den Namen der sechs Kinder des Baumfällers, dem natürlich ein zweites Paket folgte, und daraus entwickelte sich eine Freundschaft. Jeden Sommer schickten die Kinder einen Korb selbstgepflückter Beeren, und jedes Jahr zu Weihnachten kamen die schönsten, extra für uns gefällten Tannenbäume. Das ging so bis 1938. Nach unserer letzten Weihnachtsfeier auf dem Küssel schrieb Fritz der Familie, daß wir nun aus Deutschland weggingen, und dankte ihnen für ihre Freundschaft. Prompt kam die Antwort. Die Familie schrieb, daß sie sich schon einige Zeit um uns gesorgt hätten, da ihnen der Name etwas fremd vorgekommen sei, und andere Bekannte Deutschland ebenfalls verlassen müßten. Sie baten um Fotos, damit sie uns in lebhafter Erinnerung behalten könnten. Durch den Krieg verloren wir dann leider den Kontakt mit ihnen.

Geburtstage der Hausbewohner und oft auch unserer Freunde wurden groß gefeiert. Für einen Geburtstag Günthers im Oktober wurde das Gartenhaus in »das Paradies«

verwandelt. Der Boden war moosbedeckt, Trauben hingen von der Decke, Bäume und Büsche verkleideten die Wände und auch Apfelbaum und Schlange fehlten nicht. Darunter standen die Kinder: Adam und Eva, noch ohne Feigenblatt. Der Geburtstag war an einem Wochenende, und wir lebten während dieser Tage »im Paradies«. Da Fritz sich manchmal beklagte, wie wenig Zeit er mit jedem von uns im einzelnen verbringen konnte, entwarfen wir für einen seiner Geburtstage ein sechsgängiges Menü, das ihn in diesem Punkt befriedigen sollte. Angefangen mit Melone, serviert am Bett der damals dreijährigen Verena, wurde jeder Gang von Fritz »en deux« mit dem für ihn für diesen Gang bestimmten Tischpartner in dessen geschmücktem Zimmer eingenommen. Den sechsten Gang genossen wir Erwachsenen gemeinsam, mit viel Wein und in entsprechend guter Stimmung.

Zum Geburtstag einer Tübinger Tante, die sich in alle Studenten, an die sie Zimmer vermietete, verliebte, verkleideten wir uns alle, einschließlich der Kinder und Mädchen, als Studenten. Im Winter hatten wir oft Hauskonzerte, bei Kerzenlicht. Frau Lindberg, die später in Holland als Sängerin bekannt wurde, sang oft und gerne bei uns.

Die Initiative für unsere Feste kam meist von Claire, die ein guter Regisseur geworden wäre. Später fragten wir uns, wo wir damals die Zeit und Energie für diese komplizierten Festlichkeiten (ich könnte Dutzende von weiteren Beispielen anführen) hernahmen, in einem Deutschland, dem die Katastrophe drohte. Wir hatten viele und weite Interessen und einen großen Kreis sehr verschiedenartiger Freunde, der unser Haus belebte.

Wohl der wichtigste Freund des Küsselhauses, vom ersten bis zum letzten Tag seines Bestehens, war Richard Joachim,* aus mir unbekannten Gründen Saul genannt. Er war Fritzens Jugendfreund, und obwohl dies immer die stärkste Beziehung

---

* Siehe »Bewährung im Untergang, Ein Gedenkbuch«, hrsg. von E. G. Lowenthal, DVA, Stuttgart 1965, S. 83–85.

blieb, hatte er uns alle sehr gerne, und auch wir liebten Saul. Er verstand sich auch gut mit unseren Gästen und war an allen und allem interessiert. Saul war groß und dick, aber seine ständigen Versuche abzunehmen, scheiterten immer an seiner Freude am Essen. Auf seiner großen Glatze war ein Gewächs, eine kleine Fistel, die der damals sieben- oder achtjährigen Verena große Sorge machte: »das Ding da« könne sich vielleicht erkälten. Sie kam eines Tages mit einer Puppenperücke an, setzte sie auf die Fistel, und von dem Tag an trug Saul bei uns im Haus treu und brav die Puppenperücke. Die Kinder liebten Saul, schon deshalb, weil er immer mit Süßigkeiten ankam – und zwar solchen, die sich schwer verteilen ließen. Er und die Kinder saßen dann stundenlang mit Briefwaage und Rasierklingen, um die Süßigkeiten möglichst gerecht zu verteilen. Fritz schrieb in dem Gedenkband »Bewährung im Untergang«, daß es Sauls Lebensaufgabe gewesen sei, »Ungerechtes gerecht zu machen«. So starb er auch, als Geisel für jemanden, der deportiert werden sollte.

Saul, der sehr klug und gebildet war, hatte eine großartige Karriere gemacht und war zur Zeit der Machtübernahme Senatspräsident beim Reichsversicherungsamt. Als hoher Beamter wurde er sofort verhört. Auf die Frage, wie er zum Sozialismus stünde, antwortete er: »Ich habe alles für ihn getan, was nur in meiner Macht lag.« Er wurde darauf sofort entlassen und vorübergehend in ein Konzentrationslager gesperrt. Dies war zu einer Zeit, in der man die späteren Schrecken dieser Lager noch nicht kannte, und Saul kam gelassen wie immer zurück, erfreut, daß es ihm zum ersten Mal in seinem Leben gelungen war, etwas abzunehmen. Obwohl er sich bis dahin wenig für das Judentum interessiert hatte, trat er sofort nach seiner Entlassung der Reichsvertretung der Juden in Deutschland bei und stand ab Ende 1938 an der Spitze ihres Ausschusses. Er hatte zahlreiche internationale Verbindungen und viele »Möglichkeiten« im Ausland. Aber er weigerte sich auszuwandern, er könne, wie er sagte, die Juden nicht im Stich lassen. So blieb Saul zurück und übernahm für auswandernde Freunde, darunter auch für uns, die Angelegenheiten, die in Deutschland zu regeln waren.

Trotz seiner eindeutigen politischen Überzeugung hatte Saul Verständnis für Menschen der verschiedensten Einstellungen. Er verbrachte viele Wochenenden auf dem Küssel und gab uns – was er »Idiotenstunden« nannte – informellen Unterricht in deutscher und internationaler Politik, eine große Attraktion für uns und unsere Freunde. Er führte ähnliche Gespräche, offen und auch nicht so offen, mit anderen Gruppen verschiedenster Art.

Als dann Paul Tillich ein häufiger Gast wurde, entstanden oft heftige Diskussionen, denn »Saulus und Paulus« liebten sich, aber sie stritten viel. Saul pflegte zu sagen: »Ich wünschte, der Paulus würde nur über die Dinge schreiben, von denen er viel weiß, und nicht über Politik; das ist nicht sein Gebiet.« Gerade zu dieser Zeit schrieb Paulus bei uns im Haus sein Buch »Die Sozialistische Entscheidung«.

Wir hatten Tillich durch den Kunstdienst kennengelernt – eine kleine Gruppe, die 1928 in Dresden gegründet wurde. In ihrem Programm beschrieben sie sich als »freie Arbeitsgemeinschaft, die durch lebendige Mittel der Veranschaulichung und Kundmachung und durch Einsatz für Einfachheit und Ehrlichkeit der Werkformen und Lebensformen innerhalb und außerhalb der Kirchen der kommenden religiösen Erneuerung und Neugestaltung zu dienen strebt«.

Einer der Gründer des Kunstdienstes war Oscar Beyer, der eine Schwester von Günther Löwenfeld geheiratet hatte, die 1944 in einem Konzentrationslager starb. Der Kunstdienst übersiedelte später nach Berlin, aber schon während der Dresdener Zeit nahmen wir alle lebhaften Anteil an seiner Arbeit. Einmal fuhr ich für ein paar Wochen nach Dresden, um den damals zehnjährigen Ralph Beyer, der Veitstanz hatte, pflegen zu helfen. Jetzt ist Ralph in England ein erfolgreicher Bildhauer und Schriftkünstler, der oft für Englands schöne Kathedralen arbeitet.

Während meines Dresdener Aufenthaltes hatte der Kunstdienst eine Ausstellung arrangiert, die von Martin Buber, dem prominenten jüdischen Philosophen, eröffnet werden sollte. Buber wohnte für diese Tage bei Beyers, und am Abend der Eröffnung gingen er und ich zusammen zu der Ausstellung. Buber war still und deprimiert. Als ich ihn fragte, was ihn bedrücke, erzählte er mir von einem jungen Mann, der ihn wenige Tage vorher aufgesucht hatte – viele und besonders junge Menschen suchten bei Buber Rat und Hilfe. Er hatte mit ihm über dessen Arbeit gesprochen. Am Tag darauf nahm sich der junge Mann das Leben. Buber konnte es sich nicht verzeihen, daß er die wirkliche Not des jungen Mannes nicht erkannt hatte. Jahre später, nach Bubers Tod, fand ich in seinen veröffentlichten Briefen einen Bericht über dieses Geschehnis, das zu einer Wende in Bubers Leben führte. Von diesem Moment an wurde für ihn die Bedeutsamkeit menschlicher Beziehungen und Begegnungen des »Ich und Du« entscheidender, der Mystizismus weniger wichtig. Später begegneten wir uns in Israel wieder. In unseren Küssel-Jahren war er uns nahe durch seine Arbeit und durch seine Freundschaft mit Paul Tillich.

Meine erste Begegnung mit Tillich geschah über den Rundfunk. Dort wurde eines Tages ein Gespräch zwischen Buber und Tillich über den religiösen Sozialismus gesendet. Ich war gerade vom Garten ins Haus gekommen, stand wie gebannt mit meinen verdreckten Händen und Schuhen und hörte den beiden zu. Da ich den Anfang des Gespräches verpaßt hatte, schrieb ich, zum ersten und letzten Mal in meinem Leben, an den Rundfunk und bat um das Manuskript. Als Antwort kam eine handgeschriebene Karte von Tillich. »Liebes Fräulein Pincus! Ich habe leider kein Manuskript, da ich immer frei spreche. Es gibt aber ein kleines Buch von mir, ›Der Religiöse Sozialismus‹.« Das war der erste Kontakt zu Tillich. Persönlich lernten wir ihn einige Wochen später kennen, anläßlich einer Ausstellung von religiösen Geräten aus allen möglichen Glaubensgemeinschaften, die der Kunstdienst in Berlin veranstaltet hatte. Ich habe Tillich später sehr oft sprechen hören, aber nichts hat mich so tief berührt wie der Vortrag zur Eröffnung dieser Ausstellung, in dem er sich leidenschaftlich dagegen wandte, das Religiöse vom Säkularen abzusondern.

Nach dieser ersten Begegnung kam Tillich viel zu uns ins Haus, besonders seit es 1931 vergrößert worden war. Wir hatten nun nicht nur vier Gästezimmer und ein in jeder Beziehung bequemeres Haus, sondern zusammen mit unseren Architekten, die zum Kunstdienst gehörten und Freunde wurden, hatten wir ein Haus geschaffen, das unserer Lebenssituation entsprach. Da das Grundstück aus zwei Parzellen bestand, mußten wir das neue Haus auf die zweite Parzelle bauen und die beiden Häuser mit einer Brücke verbinden – deren eine Seite unsere Bibliothek beherbergte. Die andere bestand aus einem einzigen, riesenhaften Fenster mit Blick über den Garten und auf die Havel.

Das Haus wurde Januar 1931 fertig, und Tillich sprach bei der Einweihungsfeier; seine Worte wurden für uns prophetisch. »Wir müssen wieder und wieder den Raum verlassen, der uns umfängt, um der Zeit, um der Zukunft willen. Wie wir ihn verlassen mußten, als wir geboren wurden. Das Wort an Abraham, das ihm gebot, hinauszugehen aus seinem Lebensraum in eine unbekannte Zukunft, ist symbolisch für Menschsein überhaupt. Es ist symbolisch auch besonders für den Geistes- und Gesellschaftskampf unserer Gegenwart, dessen tiefster Grund der ist, daß die Götter, die Mächte des begrenzten Raumes, sich wehren, herausgerissen zu werden in einen umfassenderen Raum, in einen Raum der Menschheit und eine Zukunft, in der menschliches Sein sich neu erfüllt.«

Die Brücke zwischen Altem und Neuem, zwischen Raum und Zeit wurde ein Symbol für unser Haus. Die schönen alten Möbel, die Löwenfelds und auch wir besaßen, vertrugen sich gut mit den neu gekauften Stücken. Unser Architekt Stefan Hirzel, einer der Freunde vom Kunstdienst, teilte unsere Vorliebe für die im Bauhaus entworfenen Möbel, die heute noch so zeitgemäß sind wie damals vor fast fünfzig Jahren.

Das vergrößerte Haus wurde zunehmend ein Zentrum für Freunde und deren Freunde. Besonders Tillich, der damals in Frankfurt wohnte, verbrachte viele Wochen bei uns, und brachte uns seine Freunde, zum Beispiel Bonhoeffer.

Wir trafen Tillich aber auch in den Sommerferien in dem von ihm und uns heiß geliebten Kampen. Er pflegte zu sagen, das Meer sei seine Heimat. Und er hatte den Ehrgeiz, immer die schönste Sandburg zu bauen. Abends saßen wir oft mit ihm in einer der gemütlichen Kneipen, bei viel Wein und guten Gesprächen. An einem dieser Abende, im Jahre 1932, saß eine Gruppe Hamburger Senatoren am Nebentisch. Einer von ihnen rief plötzlich Tillich zu: »Sagen Sie mal, Herr Professor, die Friesen (die Kampener Bevölkerung) – sind das eigentlich Christen?«. Tillich, schon leicht angesäuselt, rief zurück: »Nee, nee, die Friesen, das sind keine Christen, das sind Heiden. Gibt es denn heutzutage überhaupt noch Christen? Christen sind heutzutage bloß noch die Juden«. Etwa zur gleichen Zeit sagte er einmal: »Auf dem Potsdamer Platz werden die Schafe weiden ...« – eine prophetische Bemerkung, die uns damals ziemlich lächerlich vorkam.

Ende Januar 1933, einige Tage vor der Machtübernahme, hielt Tillich zusammen mit Eduard Heimann, Karl Mannheim und ein paar anderen Frankfurter Freunden an der Berliner Hochschule für Politik einen Vortrag mit dem Titel »Ist Sozialismus heute möglich?«. Alle Sprecher dieses Abends standen auf der schwarzen Liste der Nationalsozialisten; der Saal war überfüllt, und die Spannung war spürbar. Tillich wurde der erste nichtjüdische Professor, der seine Stellung in Deutschland (er war an der Frankfurter Universität) verlor – eine Tatsache, auf die er immer stolz blieb. Er bekam bald ein Angebot von der Columbia University und wanderte Oktober 1933 aus. Während der letzten Monate war er viel bei uns, auch am 1. April 1933, als zum ersten Mal jüdische Geschäfte zerstört und jüdische Menschen auf der Straße angepöbelt wurden. Zufällig erschien an diesem Tag ein Steuerbeamter bei uns, und Tillich sagte vor ihm empört zu uns: »Was, Ihr zahlt hier noch Steuern? Ihr müßt ja verrückt sein.« Saul war an diesem Tage auch bei uns. Abends kam der junge Pastor Winterhagen, der mit Pastor Kühne in Hermannswerder arbeitete, leichenblaß, am ganzen Körper zitternd, zu uns. Beim Abendessen rührte er keinen Bissen an. Er war ein kleiner, schmächtiger Mann, und der große, dicke Saul redete ihm gut zu, nahm ihn dann buchstäblich auf den Schoß und fütterte ihn. »An einem solchen Tag«, sagte er zu dem kleinen Pastor, »ist es besonders wichtig, gut zu essen. Sie müssen doch kräftig sein, damit Sie Widerstand leisten können.«

Zum Erntedankfest 1933 gingen wir alle in die Kirche unseres Freundes, Pastor Kühne, in Hermannswerder. Sie war liebevoll für das Fest geschmückt. Wir waren alle entspannt und fühlten uns wohl, bis eine Gruppe Hitlerjugend und SS-Männer mit Hakenkreuzfahnen einmarschierten. Tillich stand auf und verließ sofort die Kirche: Er hätte in Deutschland nicht überlebt.

Bruno Adler, der aus Karlsbad stammte, ein anderer wichtiger Freund, wurde uns von unserer Schulfreundin Ilse ins Haus gebracht, die ihn heiratete. Er hatte am Bauhaus gearbeitet und war in erster Ehe mit einer Kunstlehrerin und Malerin verheiratet gewesen. Er war und blieb zeit seines Lebens mit dem Bauhaus verbunden und brachte uns auch Leute von dort – zum Beispiel Schlemmer – ins Haus. Ich weiß nicht, ob Klee einmal bei uns war, aber bestimmt sein Sohn. Irgend jemand hatte Bruno Adler während des Ersten Weltkrieges gesagt: »Du mußt ja verrückt sein, an diesem Krieg teilzunehmen.« Das leuchtete ihm ein. Er simulierte einen Irren und verbrachte mehrere Monate in einer Irrenanstalt; irgendwie gelang es ihm da wieder rauszukommen. Von dort aus ging er nach Meran zu einer ihm lieben alten Tante, die sehr katholisch war, und unter ihrem Einfluß beschloß Bruno in ein Kloster zu gehen. Er verbrachte ein recht glückliches Jahr als Novize, doch als er sich am Ende dieses Jahres endgültig verpflichten sollte, bestand der Abt darauf, daß Bruno auf ein Jahr zurück in die Welt gehe. Er sagte: »Ich bezweifle, ob Sie je wiederkommen werden, aber das müssen wir beide riskieren.« Bruno war sehr betroffen von der Entscheidung seines Abtes. Er ging zunächst zu einem Zirkus, denn er war ein geborener Akrobat, und obwohl ihn der Zirkus nicht lange hielt, lernte er dort viele Kunststücke, die ihn dann später zum Liebling der Kinder machten. Dann aber wandte er sich seinem eigentlichen Studium als Kunsthistoriker zu und heiratete seine Frau vom Bauhaus. Bruno hatte nie Geld und war auch damals uninteressiert an Geld, was für seine Frau nicht leicht war; vielleicht verließ sie ihn auch deshalb.

Als Ilse ihn traf, arbeitete er bei Ullstein: das erste Mal in seinem Leben hatte er so etwas wie ein regelmäßiges Einkommen. Wir mochten ihn alle sofort, und er paßte wunderbar in unseren Haushalt, in dem er sich wie zu Hause fühlte.

Adlers lebten in einem großen Berliner Mietshaus, in dem viele andere politisch links stehende Menschen wohnten. Nach dem Reichstagsbrand am 27. Februar 1933 wurden viele der Bewohner verhaftet. Adlers, die zufällig nicht im Hause waren, kamen sofort zu uns. Unser Mädchen Martha ging zur Polizei und meldete das, weil sie, wie sie uns später erklärte, um uns besorgt war und uns schützen wollte. Wir bekamen daher Besuch von der Potsdamer Polizei, und obwohl wir spürten, daß sie Bruno lieber nicht gefunden hätten, fanden sie ihn und nahmen ihn mit ins Hauptquartier am Alexanderplatz. Sie fuhren mit der Stadtbahn, und auf dem Wege sagten die Polizisten zu Bruno: »Herr Doktor, wir haben Ihnen ja keine Zeit gelassen, mal durch Ihre Taschen zu sehen. Wir gehen jetzt eine Zigarette rauchen«, und so konnte er sich der Sachen entledigen, die er am Alexanderplatz lieber nicht bei sich gehabt hätte. Er war nur etwa eine Woche in Haft. Wohl weil er kein deutscher Staatsangehöriger war, wurde er entlassen, mit der Empfehlung, sich so schnell wie möglich aus Deutschland zu entfernen. Er zog mit Ilse innerhalb weniger Tage nach Karlsbad, und später nach Prag. Schon bevor deutsche Truppen die Tschechoslowakei besetzten, flohen Adlers nach England, wo Bruno zunächst als Lehrer an einer Schule arbeitete, in der auch viele Flüchtlingskinder waren. Immer aber war er mit seinen literarischen Arbeiten beschäftigt; er veröffentlichte Bücher über Matthias Claudius und eine bekannte Biographie Adalbert Stifters.* Während des Krieges entdeckte ihn das Foreign Office, und er leistete *top secret*-Arbeit an einem kleinen Ort, der so geheim gehalten werden mußte, daß alle Straßenschilder entfernt wurden. Nach einem Jahr entdeckte man, daß auf dem Dach des großen Schlosses der Fürstin von Bedford, die eine begeisterte Fliegerin war, mit riesenhaften Buchstaben der Name »Woburn« stand. Nach Kriegsende arbeitete Bruno für die BBC und wurde bekannt durch seine vielgehörten Sendungen nach Ostdeutschland, wie zum Beispiel die Serie »Zwei Kameraden« oder »Frau Wernicke«, die von Therese Giehse gesprochen wurden. Bruno Adler starb in der Nacht des zweiten Weihnachtstages 1968, als zum ersten Mal die amerikanischen Astronauten den Mond umflogen.

Ein Freund und ich, beide verwitwet, waren zum Abendessen bei Adlers, und es wurde ein lebendiger schöner Abend. Bruno war tief bewegt durch die Geschehnisse des Tages: »Den Mond von Matthias Claudius, den gibt's ja nun nicht mehr«, sagte er immer wieder. Der Abend verging rasch, und wir vergaßen, die Mitternachtssendung zu hören, so daß wir nicht wußten, ob es den Astronauten gelungen war, die Verbindung zur Erde wieder aufzunehmen. Zum Trost schlug Bruno vor, uns ein Gedicht vorzulesen, das er an diesem Tag für seine Enkelin geschrieben hatte, ein Gedicht, in dem er seine Resignation über die von nun ab völlig veränderte Welt aussprach. Er stand gegen den Bücherschrank gelehnt und las das Gedicht ruhig und gelassen. Die letzten Zeilen waren: »Und mein Leben, das der Dichtung und der Kunst gewidmet

* Die Stifter-Biographie wurde 1936 – also während des Dritten Reiches – vom Rowohlt-Verlag getarnt veröffentlicht.

war, wird nun übernommen werden vom Computer.« Bei dem Wort Computer fing seine Stimme an zu schwanken, er tat einen Schritt nach vorn, legte sich mit dem Gesicht nach unten auf ein nahes Sofa und war tot.

Bruno Adler und Paul Tillich waren die ersten unserer nahen Freunde, die Deutschland verlassen mußten, und ihnen folgten zahllose andere, bis auch Fritz und ich uns im Februar 1939 zu diesem Schritt entschlossen. Bevor ich aber von den dazwischenliegenden Ereignissen der Nazizeit erzähle, will ich noch einmal auf die verwirrenden »Goldenen zwanziger Jahre« zurückgreifen und auf die frühen Dreißiger, als die Wolken des Nationalsozialismus sich immer drohender über uns zusammenzogen. In diesen Jahren wurde Berlin – trotz oder besser wohl aufgrund der immer verzweifelter werdenden Situation – zunehmend zum Vergnügungs- und Kulturzentrum Europas, vielleicht sogar der Welt, eine Bewegung, die Anfang der zwanziger Jahre eingesetzt hatte, wohl als Reaktion auf den verlorenen Krieg, der Geister und Gemüter erregte, und auf die Inflation, in der die Menschen heute das Geld hinauswarfen, das morgen seinen Wert verloren hatte.

In dieser hochgespannten Situation entwickelte sich ein vitales kulturelles Leben auf fast allen Gebieten. Für viele, die die damalige Berliner Bühne, besonders unter dem Magier Max Reinhardt erlebten, stand jede spätere Theatererfahrung im Schatten dieser großen Berliner Zeit. Geistreiche Kabaretts, erregende Bewegungen in der Kunst, wie zum Beispiel das Bauhaus, die große Kreativität der zahlreichen und vielseitigen Dichter, Schriftsteller und Feuilletonisten machten in dieser kurzen Zeit von knapp zehn Jahren Deutschland und insbesondere Berlin zu einem der lebendigsten Kulturzentren der europäischen Geschichte.

Nachtlokale schossen wie Pilze aus dem Boden, und wir tanzten von Kostümfest zu Kostümfest. Die Räumlichkeiten, in denen die Maskenbälle stattfanden, wurden mit riesigem Aufwand und großer Kunst ausgeputzt und die Kostüme mit höchster Sorgfalt vorbereitet. In jener dunklen politischen und wirtschaftlichen Lage war es für die Menschen offenbar sehr wichtig, sich durch die Übernahme ungewohnter Rollen von diesem Leben abzusetzen. Eines Abends gingen Fritz und ich mit einer großen Gruppe Freunde zu einem Maskenball, bei dem sich schnell ein junger Mann an mich anschloß, der als Schlange verkleidet war. Er erzählte mir, daß er bei einem Schlächter arbeite, der Würste aus Schlangen mache, und von dort hätte er die Häute für sein Kostüm gestohlen. Während der Nacht baute er diese Geschichte aufs schönste aus, und ich erzählte ihm, daß ich von einem Zirkus ausgerückt sei und daß mehrere meiner Zirkusfreunde auch auf dem Fest seien. Meine Freunde fanden sich sehr schnell in die ihnen von mir zugewiesenen Rollen, und wir alle amüsierten uns während der ganzen Nacht köstlich, das Spiel aufrechtzuhalten.

Ein anderes Mal ging ich mit einer Gruppe junger Freunde, ohne Fritz, der mich allerdings nach Berlin fuhr, zu einem Ball zu Ehren des Dichters Ringelnatz. Die Räume waren, wie es für Ringelnatz angebracht war, in Schiffe verwandelt, und fast alle Anwesenden waren als Schiffer oder Fischer verkleidet. Ich amüsierte mich sehr gut, aber nach einer Weile wurden mir meine jungen Begleiter etwas langweilig. In diesem Moment tauchte ein großer, fantastisch aussehender Seemann auf, mit rotem Bart und Seemannsgang. Er flirtete sehr mit mir, erst von der Ferne und dann immer näher kommend, aber erst als ich schließlich bereit war, mit ihm zu tanzen, und in seinen Armen lag, merkte ich, daß es Fritz war. Meine jungen Freunde konnten sich gar nicht beruhigen. »Was, den kennst du«?, und ich mußte zugeben, daß ich ihn nicht nur kannte, sondern seit zehn Jahren mit ihm verheiratet war.

Ich erinnere mich an ein anderes Kostümfest, im Januar 1933, kurz vor der Machtergreifung. Claire Löwenfeld war zu dieser Zeit in der Schweiz, und ich war die einzige Frau im Haus, das voll war mit männlichen Freunden. Wir beschlossen, auf ein Kostümfest zu gehen, das in einem Künstlerhaus stattfand. Bald merkte ich, daß ich den Männern im Wege war und sie mir auch. Ich beschloß daher nach einiger

Zeit, auf einen anderen Ball zu gehen, der in der Kunstakademie gegeben wurde. Die Akademie war nicht weit weg, am Potsdamer Platz, ein Gebäude, in dem viele und meist linksgerichtete Künstler wie zum Beispiel Käthe Kollwitz und Barlach ihr Atelier hatten. Ich wußte, daß Freunde von mir da sein würden, und Fritz versprach, mich um vier Uhr früh von dort abzuholen. Es war ein besonders gelungenes Fest, auf dem man die Möglichkeit hatte, sich sowohl in den großen Sälen der Akademie wie auch in den kleinen Ateliers der einzelnen Künstler zu bewegen und aufzuhalten. So etwa um zwei Uhr, mitten im schönsten Vergnügen, erschien plötzlich eine Truppe Uniformierter. Zunächst glaubten wir, es seien Kostümierte, aber sie machten uns sehr schnell klar, daß dem nicht so sei. Sie benahmen sich wie später die Gestapo, die uns ja nur allzu bekannt werden sollte. Mit großer Brutalität trieben sie uns aus den Ateliers linksgerichteter Künstler hinaus, versiegelten diese, und wir wurden in einem Ton, der uns bisher völlig unbekannt war, aus der Akademie gescheucht. Das Gebäude hatte viele Ausgänge, die auf einen umgitterten Hof führten, von dem aus acht große schmiedeeiserne Tore auf die Straße führten. Ich wurde hilflos auf eins dieser Tore zugetrieben, recht verstört und besorgt, wie ich nun zu meinen Freunden zurückkommen würde. Als ich aus einem der Ausgänge gedrängt wurde, stand zu meiner unbeschreiblichen Erleichterung Fritz vor mir, ausgerechnet an diesem Tor, was an ein Wunder grenzte. Er erzählte mir später, er habe plötzlich deutlich gespürt, daß er mich sofort abholen müsse, gegen den Protest des Mädchens, mit dem er tanzte, und der anderen Freunde, die ihn zurückhalten wollten. Ich habe ja schon früher einmal erwähnt, daß ich oft in meinem Leben, besonders in Momenten höchster Spannung, solche Gedankenübertragungen erlebt habe. Als ich mit Fritz zu dem Fest zurückkam, bei dem ich unsere Freunde verlassen hatte, sprach sich das Erlebnis schnell herum. Fritz fand es wichtig, daß die Leute dort etwas von den Ereignissen in der Kunstakademie hörten, denn es betraf uns ja alle. Ich wurde auf einen Tisch gesetzt, und erzählte, und damit war die Feststimmung vorbei. Es war wenige Tage vor der Machtergreifung.

Bald nach dieser Erfahrung auf dem Kostümfest sahen Fritz und ich zum ersten Mal einen Trupp SA-Männer auf der Glienickerbrücke marschieren. Die gingen zwar ganz harmlos und sangen irgendwelche Lieder, aber wir dachten: »Was sind denn das für Menschen, das ist ein anderes Menschengeschlecht.« Nicht nur, daß sie alle die gleiche Uniform trugen und im gleichen Schritt marschierten, sie hatten auch alle den gleichen Gesichtsausdruck. Einen Gesichtsausdruck, den wir nicht kannten, und der uns erschreckte. Ob wir diesen Schreck damals als Warnung empfunden haben, weiß ich nicht. Zunächst änderte sich nichts an unserem Leben, auch nicht in der Einstellung unserer Nachbarn zu uns. Im Sommer 1933, zum Beispiel, als wir alle im Garten saßen, kam ein Junge von etwa vierzehn Jahren, der oft mit den Kindern der Löwenfelds spielte und den wir alle sehr gern hatten, sammeln – für die Hitlerjugend. Fritz nahm ihn beiseite und fragte: »Warum glaubst du eigentlich, daß wir hier in diesem Haus etwas für die Hitlerjugend geben?« »Na, das ist doch eine gute Bewegung, das macht doch viel Spaß, und ich gehe furchtbar gerne hin, und warum geht da eigentlich der Peter nicht mit?« Dieser Junge und seine Familie hatten keine Ahnung, was die neue Situation für uns bedeutete. Während der sechs Jahre (1933–1939) ist uns persönlich auf dem Küssel niemand feindlich begegnet. Das beruhte vielleicht zum Teil auf unserer Freundschaft mit Pastor Kühne und anderen Menschen von der Siedlung Hermannswerder, zum Teil aber auch darauf, daß in Potsdam, mit seiner konservativen Bevölkerung, verhältnismäßig wenig Interesse am Nationalsozialismus bestand.

Wir hatten zwar regelmäßig Besuche von der freundlichen Potsdamer Polizei oder von nicht ganz so freundlichen SS-

Leuten, die immer höflich waren, aber eben gerne wissen wollten, was einige der ihnen als kommunistisch verdächtigen Namen in unserem Gästebuch bedeuteten. Einmal kamen zwei sehr große, sehr höfliche SS-Männer, um mich auszufragen. Als sie gingen, führte ich sie aus dem Haus, und wir blieben vor einem Beet mit roten Nelken stehen. Da muß der Teufel in mich gefahren sein, ich brach zwei rote Nelken ab, die doch damals das Zeichen für die verhaßten Kommunisten waren, die sie in unserem Haus vermuteten, und steckte jedem von ihnen eine rote Nelke ins Knopfloch. Sie ließen sich das auch ruhig gefallen, schlugen die Hacken zusammen, verbeugten sich höflich und gingen weg. Sicher haben sie die roten Nelken dann sofort weggeworfen.

Bei einem Besuch wollten sie sich – allein – mit unserer völlig unpolitischen, von uns Finni genannten Freundin Josy Holsten unterhalten. Finni, eine sehr reizvolle Frau, war Schauspielerin, aber seit Monaten arbeitslos. In solchen Zeiten lebte sie immer mit uns, und wir alle hatten viel Spaß mit ihr und liebten sie sehr. Die SS-Leute waren viel weniger höflich zu ihr als wir es von ihnen gewohnt waren. Als sie Finni fragten, ob sie ein Verhältnis mit einem der Männer des Hauses hätte (also der Rassenschande verdächtig sei), sprang sie ihnen fast an die Kehle. »Mit den Männern meiner Freundinnen – wie wagen Sie, so etwas auch nur zu denken!« Finni verstand nichts von Politik und hatte ideologisch wohl auch wenig Einwände gegen den Nationalsozialismus. Blond, blauäugig und schön wie sie war, verkörperte sie das nationalsozialistische Frauen-Ideal. Sie war oft arbeitslos, und Nazi-Protektion hätte ihr helfen können. Aber die Frage der SS-Männer war eine persönliche Beleidigung. Finni blieb arbeitslos, und lebte mit uns, bis wir auswanderten, dann ging sie nach Zürich, wo sie nach einiger Zeit, in der man sie mit Mißtrauen beobachtete, Arbeit am Schauspielhaus fand und einen Schweizer heiratete.

Sie war eine der Frauen, die während dieser Jahre für das Haus auf dem Küssel sehr wichtig waren. Sie kam aus einer anderen Welt, und trotz ihrer häufigen Sorgen war ihre Heiterkeit ansteckend. Alle unsere männlichen Freunde (auch Fritz) waren in sie verliebt.

Ein anderer häufiger Gast im Hause war Elsa Gindler, eine Frau, die für Fritz und mich besonders wichtig wurde. Ich kannte sie durch ihre Gruppen-Gymnastikstunden, in denen sie versuchte, Körper, Denken und Fühlen in Einklang zu bringen. Ihre Methode war einzigartig – sie benutzte Fotos, Filme und Tonaufnahmen von ihren Schülern, um deren Selbsterkenntnis zu fördern. Fritz und Saul machten sich lustig über diese Gruppenarbeit, wurden aber beide persönliche Freunde von ihr. Für Saul sorgte sie nach unserer Auswanderung weise und liebevoll, unbekümmert um ihre eigene Gefährdung. Sie zeigte mir später seinen letzten Brief aus dem Konzentrationslager, der mit den Worten schloß: »Ich kann nur ruhig abwarten, was kommt, und meinen Genossen hier helfen, das Gleiche zu tun. Etwas anderes hätten Sie ja wohl auch nicht von mir erwartet.«

Elsa Gindler hat sich während der Nazizeit wie eine Heldin benommen. Mir wurde erzählt, daß sie in der schlimmsten Pogrom-Woche einmal sah, wie ein jüdisches Geschäft geplündert wurde. Sie stieg auf eine Mauer und rief mit klarer, lauter Stimme den Plünderern zu: »Ihr verachtet die Juden, aber sie sind gut genug, um von ihnen zu stehlen.« Die Leute legten das Gestohlene hin und schlichen sich weg. Überhaupt benutzte Elsa Gindler bei jeder Gelegenheit ihre durch ihre Arbeitsmethode geschulten Fähigkeiten als Instrument gegen die verhaßten Nazis. Einmal versuchte ich zwei schwere Pakete mit marxistischer Literatur aus der Wohnung eines Freundes in ein Versteck zu bringen. Ich brachte sie mit Hilfe des Fahrstuhls bis auf die Straße, aber da stand ich hilflos – sie waren zu schwer, ich konnte sie nicht tragen und hatte große Angst, Aufsehen zu erregen. Plötzlich erschien wie ein Himmelsgeschenk Elsa Gindler, hob die Pakete auf, als ob sie Federn enthielten, und brachte sie beschwingten Schrittes an den bestimmten Ort.

Auch ihre Unterrichtskurse benutzte sie weitgehend, ohne sich oder ihre Schüler zu kompromittieren, zu Zwecken des Widerstandes. Es war bekannt geworden, daß in den Konzentrationslagern Neueingelieferte oft gezwungen wurden, ganze Nächte hindurch zu stehen, und wenn sie das nicht konnten, mißhandelt wurden. Infolgedessen machte Elsa Gindler sehr häufig mit uns Stehübungen. Ohne den Zweck dieser Übungen zu erwähnen, half sie uns auszuprobieren, wie wir am längsten und am besten viele Stunden stehen konnten.

Für mich wurde sie aus noch einem anderen Grunde wichtig. Ich hatte ja schon erzählt, daß es für mich, getreu der Anweisung unseres Schuldirektors, wichtiger war, glücklich zu sein als viel zu lernen und die Eigenschaften zu entwickeln, die man damals und auch jetzt weitgehend mit Intelligenz gleichsetzt. Auf dem Küssel wurde ich oft »Doofe Lalla« genannt, ein Name, den ich in diesem Kreis hochintelligenter Menschen mehr als eine Liebkosung als eine Beleidigung empfand. In einer der Gruppen-meetings bei Elsa Gindler filmte sie jeden Schüler (es waren auch Männer dabei) bei einer Bewegung, wobei wir ein schweres Buch auf einen hohen Schrank zu legen hatten. Ich tat es so gut oder schlecht wie ich konnte, und war sehr betroffen, Elsa Gindler sagen zu hören: »Nun sehen Sie mal, was für eine dumme Bewegung so eine kluge Frau wie Lily Pincus macht.« Hatte ich richtig gehört? Und was war eigentlich der Unterschied zwischen klug und dumm? Eine Frage, die mich seitdem viel beschäftigt hat, und die später, in meiner Berufsarbeit in England, wirkliche Aktualität gewann.

Eine dritte, sehr wichtige Frau war Ilse Schieschke, die zuerst ins Haus kam, um der damals siebenjährigen Verena, die Lernschwierigkeiten hatte, zu helfen. Sie hatte einen literarisch sehr begabten Mann, dessen geistige Instabilität ihn aber hinderte, seinen Gaben gerecht zu werden. Bald nachdem wir uns mit Ilse befreundeten, und sie in unserem Haus viel Anregung und Zuspruch fand, erlitt ihr Mann einen Nervenzusammenbruch und mußte in eine Heilanstalt gebracht werden. Ilse war damals in den ersten Monaten schwanger und in sehr schwierigen finanziellen Verhältnissen. Sie hatte keine Verwandten in der Nähe, eine Schwester und der Schwager waren im Konzentrationslager. So kam sie zu uns. Sie wurde durch ihr lebhaftes Interesse an Politik und internationalen Verhältnissen eine große Bereicherung für die »Idiotenstunden« und für uns alle eine gute Freundin. Wir warteten gemeinsam auf ihr Baby, Veronika, das 1936 geboren wurde. Es war schön, wieder ein Baby im Haus zu haben, besonders für Verena, die mit für Veronika sorgen durfte. Das war für sie die beste Lehr-Therapie und wurde wohl die Grundlage für ihren späteren Beruf als Kinderkrankenschwester.

Finni und Ilse Schieschke waren eine große Hilfe, als die Mutter von Fritz 1935 an Speiseröhrenkrebs erkrankte und zu uns zog. Wir hatten ja das große Haus und konnten sie aufnehmen. Sie war immer freundlich und guter Laune, trotz dieser scheußlichen Krankheit mit ihren sehr schwierigen und peinlichen physischen Symptomen; sie war so sehr Dame, daß sie sie nicht zu bemerken schien. Es war aber doch eine recht schwere Pflege, die mich ohne Hilfe sehr gebunden hätte. Ich war infolgedessen unendlich dankbar, daß Finni und Ilse da waren, die mich ablösen konnten und die sich so gut mit der liebenswerten Mutter Pincus verstanden.

Ihr Arzt war nicht unser Hausarzt, sondern der Chefarzt vom Potsdamer Krankenhaus, und zu der Zeit durfte eigentlich ein nichtjüdischer Arzt keinen jüdischen Haushalt mehr betreten. Aber er ist ganz unbekümmert immer wieder gekommen, und hat alles nur mögliche für uns getan. Als es zum Sterben kam, zeigte diese zeitlebens verängstigte Frau, der man immer alles aus dem Weg geräumt hatte, eine großartige, fast heldenhafte Haltung. Sie hat von uns allen bewußt Abschied genommen, hat jedem noch etwas Schönes gesagt, sich sehr bedankt, und sich an alles mögliche erinnert. Als dieser »Empfang« etwa eine Stunde gedauert hatte, sagte sie: »Jetzt bin ich müde, laßt mich schlafen.« Fritz und ich saßen weiter ruhig bei ihr, und sie schien zu schlafen, als der Arzt kam. Als er fragte: »Wie geht's denn?«, sagte ich: »Sie liegt im Sterben.« Er brüllte mich an: »Wie kann man so ein Pessimist sein?« und machte Anstalten, sie wieder zu beleben. Ich wußte nicht, was ich tun sollte, ihn daran zu hindern, versuchte sogar seinen Arm festzuhalten. In dem Moment machte die scheinbar tief bewußtlose Frau nochmals die Augen auf, legte ihre dünnen Arme um seinen Hals und flüsterte: »Danke, Herr Professor.« Er stand mit der Spritze in der Hand, und Tränen liefen über sein Gesicht. Von der Spritze war nicht mehr die Rede. Als ich mich bei ihm bedankte, sagte er: »Wissen Sie, einen solch bewußten Abschied von einem Menschen an der Todesgrenze, habe ich bisher nur einmal erlebt, und das war in der Armee, bei meinem General.« Es kam uns erstaunlich vor, daß dieser Arzt, der mehr oder weniger heimlich in unser jüdisches Haus kam, beim Abschied von einer Jüdin an seinen sterbenden deutschen General dachte.

Aber auch sonst hat dieses Sterben mir viel zu denken gegeben, und viel dazu beigetragen, mein Interesse an Tod und Trauer zu erwecken, das dann viel später in meinem Buch *Bis daß der Tod euch scheidet . . .* zum Ausdruck kam.

Fritzens Mutter starb an ihrem siebzigsten Geburtstag in dem für diesen besonderen Tag mit Blumen geschmückten Zimmer. Ihre beiden Töchter waren damals nicht mehr in Deutschland. Die Jüngere, Else, war 1933 nach Spanien gegangen, als die Berliner Grammophon-Gesellschaft, bei der sie zehn Jahre Privatsekretärin des Direktors war, ist statt der versprochenen Ehrung zu diesem Jahrestag die Kündigung überreichte. Sie fand eine gute Stellung in Spanien und war gern da, bis 1936 das Franco-Regime ihr klarmachte, daß Flüchtlinge aus dem nationalsozialistischen Deutschland unerwünscht seien. Darauf ging sie nach Israel. Anni, meine Freundin, hatte 1923 Werner Rüdenberg geheiratet, der lange in China gelebt hatte. Als seine geschäftliche Situation in Berlin 1933 bedroht war, ging er mit Anni wieder nach Schanghai zu seiner alten Firma. 1937 erhielt diese Firma Anordnungen aus Berlin, daß für Werner Rüdenbergs Gehalt keine Devisen mehr bewilligt würden. Eine andere Stellung in dem von Bürgerkriegen und japanischen Angriffen gefährdeten Schanghai zu finden war für einen Juden unmöglich, und so wanderten Rüdenbergs nach England aus, wo wir sie 1939 wiedertrafen. Das Schicksal der beiden Schwestern zeigt deutlich, daß selbst die jüdischen Flüchtlinge, die glaubten, im Ausland eine Zuflucht gefunden zu haben, dem Einfluß des nationalsozialistischen Deutschland nicht entgehen konnten.

Auch für uns auf dem Küssel und in dem schönen Potsdam wurde alles Denken und Fühlen immer mehr von der politischen Lage bestimmt. Für Fritz und mich bedeutete das, daß wir uns eindeutiger sowohl als Juden wie als Sozialdemokraten fühlten. Wir waren immer Mitglieder der sozialdemokratischen Partei gewesen. Unsere »verdächtigen« Bemühungen Russisch zu lernen, entsprangen dem Interesse an russischer Literatur und hatten nichts mit Kommunismus zu tun. Löwenfelds waren beide Halbjuden ohne jede jüdische Verbundenheit und politisch nicht sehr interessiert – aber menschlich immer bereit zu helfen, wo Hilfe nötig war. Mit zunehmender Verfolgung kamen immer häufiger Kommunisten und politisch aktive Sozialisten zu uns ins Haus, um Schutz oder Trost zu suchen. Bruno Adler, der ja schon im April 1933 bei uns verhaftet wurde, hatte mehrere seiner Freunde zu uns gebracht, darunter auch Adam von Trott, der nach dem Hitlerputsch am 20. Juli 1944 hingerichtet wurde. 1932 trafen wir in Kampen Traute und Max Hodann, aktive Kommunisten. Max Hodann war medizinischer Direktor des Deutschen Schulwesens. Beide waren interessierte, lebendige Menschen, bis ihnen 1933, nach einer kurzen Verhaftung, ihre Pässe weggenommen wurden. Es war Zeit für sie, aus Deutschland zu verschwinden, und es gelang Fritz, durch einen Schweizer Bekannten, sie heimlich während eines Karnevalrummels über die Schweizer Grenze zu schmuggeln. Später gingen sie nach Dänemark. Mit ihren kommunistischen Freunden blieben wir in Verbindung.

Aber das Leben in Deutschland wurde immer unerträglicher, und je schwieriger es wurde, desto mehr hatten wir zu tun. Da weder Fritz noch ich jüdisch aussahen, mußten wir oft Sachen tun, die für jüdisch aussehende Menschen hätten gefährlich werden können: zum Beispiel, Menschen von einem Versteck ins andere bringen, oder Pakete mit gefährlicher Literatur irgendwo verstecken, oder Verwandte, deren Ankunft erwartet wurde, vom Bahnhof abholen.

Aber trotz allem konnten wir noch manchmal reisen. 1935 verbrachten Fritz und ich sehr schöne Ferien in einem Ort über dem Rhône-Tal, wo wir bei einem Bergführer wohnten und mit seiner Familie zum Schluß ins Tal hinuntergingen, um bei der Traubenernte zu helfen. Das war körperlich und seelisch ein sehr erfrischender Urlaub.

1936 fuhr ich nach Holland, um Tillich dort bei seinem ersten Europa-Besuch seit der Auswanderung zu treffen. Sein Frankfurter Freund Karl Mennicke leitete in Arnheim eine philosophische Hochschule, die *Skul vor Wiszbegierde*, und Paulus hielt dort ein zehntägiges Seminar. Ich wurde eingeladen und fuhr mit dem Zug nach Arnheim. In meinem Abteil saß eine nett aussehende Frau. Als der Zollbeamte kam, sagte sie, wenn ich etwas hätte, was ich lieber nicht zeigen wolle, würde sie mir gerne behilflich sein. Ich wurde mißtrauisch. War diese attraktive Frau eine deutsche Spionin? Zu dieser Zeit war das kein ungewöhnliches Erlebnis. Bei einer der Diskussionen im Seminar erwähnte Tillich, daß das Konzept »Volk« für Deutsche vielleicht deswegen emotional so aufgeladen sei, weil die deutsche Sprache nur das eine Wort habe, um diese nationale Zusammengehörigkeit auszudrücken, im Gegensatz zu andern Sprachen (zum Beispiel *the British people* und *the British nation*). Ich lernte damals gerade Russisch, und Tillich fragte mich im Seminar: »Wie ist das eigentlich im Russischen?« Bevor ich auch nur meinen Mund aufmachen konnte, bekam ich von jemandem, der neben mir saß, einen furchtbaren Stoß in die Rippen, so stark, daß ich ganz atemlos wurde. Mein Nachbar flüsterte: »Sagen Sie nichts«, und später sagte er mir: »Sie haben wohl keine Ahnung, wie viele Spione hier an diesem Seminar sind.« Das war so die Stimmung 1936. Einmal während des Seminars chauffierten wohlmeinende holländische Teilnehmer Tillich und mich mit dem Auto an den Rhein, von wo aus man Deutschland sehen konnte. Tillich wurde beinahe ohnmächtig, so stark war seine Gefühlsbindung an Deutschland. Bei meiner Abreise kam er mit mir bis an die Grenze. Als kurz davor deutsche Zollbeamte in den Zug kamen, wurde er so nervös, daß ich Angst hatte, er würde sich verraten.

1937 fuhr ich nach Karlsbad, um meinem Bruder Max und seiner Frau mit ihrem ersten Baby, meinem Neffen Stefan, zu helfen. Da dachten wir nur an Babies – als gäbe es nichts Wichtigeres auf der Welt. Wir wurden jedoch wieder einige Monate nach dem Tod von Fritzens Mutter in die Realität zurückgeholt, als wir zur Erholung in den Schwarzwald fuhren, der als verhältnismäßig unberührt vom Nationalsozialismus galt. Selbst dort war es schwer, eine Pension oder ein Hotel zu finden. Überall wurde als erstes nach unserer Religion gefragt, gefolgt von Bemerkungen wie: »Wir haben ja persönlich nichts gegen Juden, aber Sie werden verstehen, daß wir uns nicht gefährden können.«

Nach 1937 begann das Haus auf dem Küssel, sich mit Kindern zu füllen, deren Eltern entweder in Konzentrationslagern waren, oder ihren Haushalt schon aufgegeben hatten, um auszuwandern. Diese Kinder kamen entweder durch die Lehrer einer nahegelegenen jüdischen Schule, die zu dieser Zeit aufgelöst wurde, zu uns, oder durch den Rabbiner von Potsdam. Zeitweise waren bis zu zwanzig Kinder im Haus. Claire übernahm die Hauptverantwortung, und eine Fröbel-Kindergärtnerin half uns, für sie zu sorgen.

Zu etwa derselben Zeit fing ich auch wieder an, bei einem deutschen Radiologen zu arbeiten. Ich wollte mein Wissen auffrischen, denn bei der wahrscheinlich bevorstehenden Auswanderung konnte es mir vielleicht nützlich sein. Die Praxis befand sich in einem Eckhaus im Westen Berlins. Die nichtjüdische Assistentin und ich eröffneten in der großen Küche eine Suppenküche für Juden, die nicht mehr wagten, ein Restaurant zu betreten, und für die es eine große Erleichterung war, nicht nur eine warme Mahlzeit zu bekommen, sondern sich auch ruhig und in verhältnismäßiger Sicherheit hinsetzen zu können, um Zeitung zu lesen und Radio zu hören. Der Radiologe, bei dem wir arbeiteten, schloß zu all dem Augen und Ohren.

Im September 1938 flog der englische Premierminister Chamberlain nach München, um mit Hitler zu verhandeln. Die Verhandlung ebnete Hitler den Weg in die Tschechoslowakei, und der unmittelbare Krieg war vermieden worden – aber die Demokraten zitterten um die Zukunft. Dann, im Oktober 1938, wurde Ernst vom Rath in Paris ermordet, und das löste eine hysterische Judenhetze aus und führte zu den Pogromen des 9. November. Synagogen wurden in Brand gesteckt, jüdische Geschäfte geplündert, Juden auf der Straße angepöbelt und verhaftet oder aus ihren Wohnungen herausgeholt. Am gleichen Tag kam auch die Polizei in unser Haus, um Fritz zu verhaften. Sie gaben zu erkennen, daß sie hofften, ihn nicht zu finden. Die Frau, die uns mit den Kindern half, fuhr schleunigst nach Berlin, um ihn und mich zu warnen. Fritz hatte 1934 seine Stellung in der internationalen Bank verloren, arbeitete aber noch in einer der Bank angegliederten Verwaltung.

Sie hatte klugerweise eine Tasche mit seinen nötigsten Toilettensachen und ein paar Pyjamas mitgenommen. Elsa Gindler bot sofort an, Fritz bei sich zu verstecken. Wir warteten, bis es dunkel wurde, und dann ging ich mit Fritz durch den Tiergarten, ganz gemütlich und entspannt. Ich verstehe jetzt nachträglich gar nicht, daß man sich in so einer Situation nicht ängstigte! Plötzlich kam ein Auto mit hoher Geschwindigkeit angefahren und hielt dicht bei uns. Zwei große SS-Männer sprangen heraus und wir dachten: »Na ja.« Aber die beiden kamen auf uns zu und fragten, ob wir ihnen den Weg zum Bahnhof Zoo zeigen könnten. Das konnten wir. Sie bedankten sich höflich, und hatten offensichtlich nicht gemerkt, daß wir etwas ganz anderes von ihnen erwartet hatten.

Tagsüber versteckte Fritz sich in Elsa Gindlers Wohnung, wo sie liebevoll für ihn sorgte und alle seine Lieblingsgerichte kochte, und nachts schlief er in ihrem Gymnastikraum. Dies teils deshalb, um eine mögliche Anklage wegen Rassenschande zu vermeiden, und auch weil ich da manchmal mit ihm sein konnte. Später wurde Fritz dann durch Elsa Gindlers Vermittlung bei einem ihrer Schüler, einem Lehrer, versteckt, bei dem er blieb, bis unser Visum für England eintraf, kurz vor Weihnachten 1938. Denn seit dem November-Pogrom hatte selbst Fritz akzeptieren müssen, daß es uns nicht länger möglich sein würde, in Deutschland zu bleiben. Durch seine schon in England lebende Schwester Anni gelang es uns, englische Visa zu bekommen, und zwar ungewöhnlich schnell, weil unser Garant, Dr. Thomas Jones, ein einflußreicher Mann in England war. Mit diesem Visum konnte Fritz nun nach Hause kommen. Wir gingen ganz offiziell auf das zuständige Amt in Potsdam, um unsere Ausreisepapiere zu beantragen, und hatten das Gefühl, daß alle dort erleichtert waren, uns loszuwerden. Weihnachten konnten wir also noch einmal mit ein paar Freunden und unseren Hausangestellten zu Hause feiern.

Günther war schon in England, wo er wohlsituierte englische Verwandte hatte. Claire ging bald nach Weihnachten nach Zürich, um ein Diätdiplom im Bircher-Benner-Sanatorium zu erwerben, und die Kinder fuhren zu gleicher Zeit mit einem Kindertransport nach England. Solche Kindertransporte wurden von jüdischen und internationalen Stellen in Zusammenarbeit mit englischen Internaten, die Freistellen für jüdische Flüchtlingskinder anboten, organisiert. Die Kinder wurden von den Eltern in die Züge gesetzt, in der Hoffnung, daß man sich bald wiedersehen werde, eine Hoffnung, die sich nicht immer erfüllte. Peter und Verena hatten das große Glück, in die Schule zu kommen, in der Bruno Adler als Lehrer arbeitete. Peter war vierzehn Jahre alt, als er aus Deutschland fort mußte, aber schon Monate vorher durfte er nicht mehr das Potsdamer Gymnasium besuchen und mußte seine Reitstunden aufgeben. Es war sehr deutlich, wie sehr er unter dieser Situation litt, und eigentlich ist er nie ganz über dieses Ausgestoßensein hinweggekommen. Ich weiß von mehreren anderen Kindern, die sich auch in diesem Alter ausgeschlossen und verachtet fühlten und ihre Heimat verlassen mußten, um sich in einer neuen Kultur und einer neuen Sprache auch wieder vor ihren Altersgenossen benachteiligt zu fühlen. Alle mußten sie ihre Identitätsentwicklung gerade zu einem Zeitpunkt unterbrechen, an dem es ihre dringlichste Aufgabe gewesen wäre, diese zu fördern. Alle diese Kinder, die ich kenne, waren intelligent und wurden erfolgreich in ihren Studien, hatten aber später große Schwierigkeiten in ihren persönlichen Beziehungen.

Löwenfelds, die lange vorher ihre Auswanderung vorbereitet hatten, konnten alle ihre Möbel und sonstigen Besitztümer mitnehmen. Aber zur Zeit unserer eigenen Auswanderung durfte man, wenn man in Potsdam lebte, überhaupt nichts mitnehmen, im Gegensatz zu den Berlinern, denen wenigstens ein Koffer erlaubt war. Im allgemeinen waren wir erstaunlich unbekümmert, so ohne Besitz in die unbekannte Welt zu gehen. Fritz fiel es nur schwer, seinen geliebten Bechstein-Flügel zurückzulassen. Klavierspielen war seine größte Entspannung, und sowie er von der Arbeit nach Hause kam, setzte er sich ans Klavier und spielte, meist Bach. Für mich war das Zurücklassen von Möbeln und Dingen nicht sehr wichtig, aber der Abschied vom Garten fiel mir so schwer, daß ich nie wieder Freude daran gehabt habe, in einem Garten zu arbeiten. Das Stück von mir, das das konnte, ist auf dem Küssel zurückgeblieben.

Aber so ganz ohne alles Persönliche, selbst ohne Unterwäsche zum Wechseln wegzugehen, war doch ein so unerträglicher Gedanke, daß ich auf das zuständige Amt in Berlin ging, mit der empörten Frage, warum eigentlich die Leute aus Berlin je einen Koffer mitnehmen durften, und wir aus Potsdam gar nichts. Das sei doch grenzenlos ungerecht. Der Beamte fand das auch, kratzte sich hinter einem Ohr und sagte: »Gehn Se doch mal aufs Zollamt und besprechen Se das mit dem Georg.« Also ging ich aufs Zollamt, das war unterirdisch, man hatte das Gefühl, als befände man sich in den Katakomben. Mitten im größten Menschengedränge stand ein Mann, und das war Georg. Ich hatte eigentlich keine Hoffnung, an ihn heranzukommen, aber wahrscheinlich hatte der andere Beamte ihm schon telefonisch von mir erzählt, denn plötzlich löste er sich aus der Menschenmenge, kam auf mich zu und fragte: »Ja, warum wollen Sie denn eigentlich weggehen?« und als ich sagte: »Weil ich Jüdin bin«, sagte er: »Armes Kind«, und wollte es gar nicht glauben. Dann fragte er: »Was wollen Sie denn mitnehmen?« und ich sagte: »Wenigstens so viel wie die Berliner!« Ohne zu zögern riet er mir dann nach Hause zu gehen, zwei Koffer zu packen, und genaue Listen zu machen, ganz als ob wir die Genehmigung hätten. »Die Listen legen Sie dann oben drauf, und kommen Sie morgen früh um acht her, wenn wir hier aufmachen, direkt zu mir.«

Als ich am nächsten Morgen mit meinen zwei Koffern ankam, wurde ich von Georg liebevoll empfangen. Er teilte mir sofort einen netten Mann zu, der die Koffer untersuchen mußte. Fritz hatte in seinen Koffer sein Eisernes Kreuz Erster Klasse obenauf gelegt, und wie der Mann das sah, fing er an zu weinen. Dann machte er sehr schnell alles fertig und versiegelte es. Als ich mich bei Georg bedankte, hatte er schon ein Arrangement gemacht, meine Koffer auf einem speziell dafür bereitgestellten Lastwagen an die vorgeschriebene Bahnhofsstelle zu bringen. Er riet mir, mitzufahren, damit ich alles gleich auf dem Bahnhof erledigen könne. Ich stieg also auf diesen Lastwagen, die zwei Koffer wurden von einem riesenlangen Fahrer aufgeladen, und dann standen wir eine lange Zeit auf dem Zollamt, ohne abzufahren. Ich dachte schon: »Na, da ist ja doch wohl etwas schiefgegangen.« Aber plötzlich faßte dieser große Mann nach meiner Hand, war furchtbar verlegen und fragte: »Sind denn auch alle nett mit Ihnen gewesen?« Ich sagte: »Ja, sehr nett.« »Aber schwer ist es doch.« Ich sagte: »Natürlich ist es schwer.« »Ich will Ihnen einmal was sagen. Wir hier sind ja alle dagegen, wir können nur gar nichts machen. Aber wissen Sie was? Sie werden den Hitler überleben, und dann sehen wir uns vielleicht doch mal wieder.« Dann brachte er mich noch zu dem richtigen Bahnhof, und ich konnte nun mit einem guten Gefühl unsere Koffer aufgeben. Irgendwie half die Freundlichkeit dieser Menschen, das Weggehen zu erleichtern.

Es half auch, daß sich einer unserer Nachbarn auf dem Küssel so ungefähr eine Woche bevor wir weggingen, im Dunkeln zu uns ins Haus schlich. Er und seine Frau waren entsetzt, daß wir so mittellos aus Deutschland weggehen mußten (außer den zwei Koffern durften wir nur je zehn Reichsmark mitnehmen). Der gute Nachbar sagte: »Wir haben einen englischen Freund, einen jungen Pfarrer, der hier studiert und regelmäßig Geld von seinen Eltern aus England geschickt bekommt. Wir könnten arrangieren, daß dieses Geld an Sie in England ausgezahlt wird, und wir geben es dem jungen Mann hier wieder.« Wir waren tief gerührt, aber Fritz schlug das großzügige Angebot, mit dem unsere guten Nachbarn sich selbst in große Gefahr gebracht hätten, ab. Der Nachbar fing an zu weinen, und wir trennten uns alle sehr gerührt.

Der Abschied von Löwenfelds war nicht zu schwer gewesen, denn wir hofften ja, sie in England wiederzutreffen – und auch bei ein paar anderen Freunden bestand diese Hoffnung und erfüllte sich später. Aber es blieben genug Freunde zurück, von denen das Abschiednehmen so schwer war, daß für mich bis heute jedes Abschiednehmen ein traumatisches Erlebnis ist.

Aber von einem Abschied möchte ich doch noch erzählen. Fritz hatte von Jugend an einen Freund, Werner Heimann, einen sehr schönen, begabten und völlig neurotischen Menschen, einen zwanghaften Lügner, den wir alle liebten. Er erfand immer neue, amüsante Lügen, deren Ziel es war, Geld aus seinen Freunden herauszuschlagen. Denn Werner, der sehr begabt und gebildet war, hatte nie Geld, da immer etwas geschah, wodurch er seine Stellung verlor, und Fritz unterstützte ihn jahrelang. Während der Nazizeit hatten wir Angst um ihn, denn er war Vierteljude.

Fritz fiel es sehr schwer, diesen Werner zurückzulassen. Zu der Zeit, als wir weggingen, hatte er eine offene Tb und war in einem Sanatorium. Wir hatten verabredet, daß er an unserem letzten Sonntag zu uns kommen sollte, und einer der Ärzte war bereit, ihn zu fahren. Zu unserem Erstaunen kam er sehr gut gekleidet an, hatte sogar, einmalig für ihn, einen Hut auf, und erzählte, der Arzt habe auf einem Hut bestanden, und da er selbst keinen habe, hätte ein Patient ihm diesen geborgt. Wir hatten ein ausgiebiges Mittagessen zusammen, für das ich alle seine Lieblingsgerichte vorbereitet hatte. Nach dem Essen legten wir ihn in der Bibliothek auf ein bequemes Sofa. Fritz saß auf der einen Seite und ich auf der anderen, und Werner hielt unsere Hände. Es war klar, daß er mit seinen Gefühlen kaum fertig wurde. Nach ein paar Stunden kam sein Doktor ihn abzuholen und sagte, er müsse noch Station in Berlin machen und würde Werner in einem Café absetzen. Es war ein sehr schwerer Abschied. Etwa eine Stunde später klingelte das Telefon, es war Werner. »Etwas Furchtbares ist passiert, ich habe den Hut hier im Café aufgehängt, und der Hut ist gestohlen worden.« Fritz sagte nur: »Wieviel kostet ein Hut ...« Es war fast eine Erholung, daß Werner wirklich bis zur allerletzten Sekunde die traditionelle Lügenbeziehung aufrechterhalten konnte. Ich hatte das Gefühl, daß er es in diesem Moment wirklich mußte, weil er mit seiner eigenen Rührung sonst hätte gar nicht fertig werden können.

Fritz war es gelungen, durch seine Bank unserem Freund Saul, der sich ja geweigert hatte, auszuwandern, eine Geldsumme zu geben, so daß Werner wöchentlich etwas geben konnte. Es hat uns aber nicht überrascht, daß der so kluge und lebenstüchtige Saul Werner völlig zum Opfer gefallen ist, der all das Geld, das Fritz ihm für ein oder zwei Jahre gegeben hatte, in wenigen Monaten aus ihm herausgeschwindelt hat.

Als dann niemand mehr da war, den er auch mit den allerschönsten Lügen hätte betören können, fing Werners Zustand an, sich erstaunlich zu bessern. Er wurde aus dem Sanatorium entlassen und arbeitete sogar wieder als Journalist. Er starb dann bald nach 1945.

Am 2. Februar 1939 kam für uns der Tag der Abreise. An das endgültige Verlassen des Küsselhauses, den Abschied von den noch dort vorhandenen Kindern, die alle bald in Sicherheit gebracht werden konnten, von Hans und den Mädchen, von Haus und Garten habe ich nicht die geringste Erinnerung. Auch nicht von der Fahrt auf den Flugplatz. Dort fanden wir zu unserer Überraschung, Freude und Angst eine ganze Freundesversammlung auf uns warten: Saul und Elsa Gindler, Ilse Schieschke und manche andere, die wir fürchten mußten, nie wieder zu sehen. Wir waren glücklich, sie noch einmal zu sehen, aber auch bekümmert, denn sie hatten sich ja mit diesem Erscheinen auf dem Flugplatz in Gefahr gebracht.

Unser Abschied wurde verkürzt, denn es wurde uns mitgeteilt, daß wir zu einer besonderen Untersuchung gehen müßten. Wir wurden getrennt in zwei Zellen geführt, viel ausgefragt und körperlich untersucht, jede Öffnung unseres Körpers. Bei mir war das eine tiefe Vagina-Untersuchung. Offenbar wurde vermutet, wir hätten Geld oder Schmuck am Körper versteckt. Das war unangenehm, aber nicht so schlimm wie die Sorge unserer Freunde. Sie sahen, daß wir weggeführt wurden, merkten, daß das Flugzeug nicht abflog – ein fahrplanmäßiges Linienflugzeug wurde für etwa eine Stunde aufgehalten, bis diese Untersuchung fertig war. Man erlaubte uns noch, unseren Freunden zuzuwinken, um ihnen klarzumachen, daß nichts Schlimmes mit uns passiert war.

Und dann saßen wir endlich im Flugzeug. Das Leben in Deutschland war für uns zu Ende – auch das Haus auf dem

Küssel und das gemeinsame Leben mit Löwenfelds gehörte der Vergangenheit an.

Ich begegne jetzt oft jungen Menschen, die nicht in individuellen kleinen Familien leben wollen und von Wohngemeinschaften oder gar Kommunen träumen. Wenn sie mir von ihren Plänen erzählen, dann denke ich an die fünfzehn Jahre gemeinsamen Lebens, das wir ohne jeden Plan, nur auf gegenseitigem Vertrauen und tiefer Zuneigung aufgebaut hatten. Es wurden fünfzehn reiche Jahre für uns vier, und für viele andere Menschen – ein Leben, das ohne diese Gemeinschaft nicht möglich gewesen wäre, und für das wir immer dankbar bleiben werden. Freunde haben mir oft versichert, daß ich mich erst nach der Auswanderung, also mit über vierzig Jahren, richtig entwickelt hätte, aber ich weiß, daß die Grundlage für diese Entwicklung im Haus auf dem Küssel gelegt worden ist. Dort habe ich gelernt, mich wechselnden Situationen anzupassen, mit den verschiedensten Menschen leben zu können, vor allem aber die Fähigkeit für konstruktives *teamwork* zu erwerben, die später für meine Arbeit notwendig wurde. Aber natürlich war es auch oft nicht leicht, und vielleicht fühlten wir sogar eine gewisse Erleichterung, daß Hitler uns die Entscheidung abgenommen und »das Haus auf dem Küssel« aufgelöst hatte. Trotzdem wird es für uns alle immer eine der wichtigsten Perioden unseres Lebens bleiben.

Kapitel 5

Auswanderung

Thomas Jones
und Wales

Zunächst einmal flogen wir nach Prag. Das Münchner Abkommen hatte die Tschechen gezwungen, das Sudetenland an Hitler abzutreten. Wenige Tage, bevor deutsche Truppen das Sudetenland besetzten, verließen meine Brüder mit Maxens Frau und dem anderthalbjährigen Sohn Karlsbad. Sudetendeutsche Anhänger Hitlers* hatten die Straßen mit Nägeln bestreut, um der tschechischen Armee das Aufrücken an die deutsche Grenze zu erschweren, und meine Brüder hatten vier Reifenpannen auf der hundert Kilometer langen Fahrt nach Prag, in dessen Umgebung sie in einem kleinen Hotel Zuflucht suchten.

Von dieser Zuflucht aus baten sie australische Verwandte unseres Vaters, ihre Einwanderung nach Australien zu beantragen. Fritz und ich fürchteten, daß der Rest des tschechischen Gebietes Hitler zum Opfer fallen würde, bevor noch die notwendigen Dokumente für meine Brüder eintrafen, und so beschlossen wir, über Prag nach England zu fahren, nicht nur um uns von ihnen zu verabschieden, sondern vor allen Dingen, um mit ihnen zu besprechen, wie wir helfen könnten, sie aus der Tschechoslowakei herauszubekommen. Wir hoff-

* Viele sudetendeutsche Anhänger Hitlers waren tschechischer Abstammung; da unter dem Österreichisch-Habsburger Regime Deutsche sehr viel bessere Aussichten auf gute Karrieren hatten, erzogen tschechische Eltern ihre Kinder oft als nationale Deutsche.

ten, eine kurzfristige englische Einreiseerlaubnis für sie zu bekommen.

Fritz und ich waren durch die Anspannungen der letzten Monate doch recht erschöpft und dankbar, uns mit meinen Brüdern, Maxens Frau und dem kleinen Stefan in dem kleinen Waldhotel dicht bei Prag eine Woche entspannen zu können. Notizen in meinem Tagebuch für diese ersten Tage sagen nur: »Schlafen, schlafen – welches Glück!«

Meine Brüder waren erstaunlich ruhig und gelassen, obwohl ihre Situation mehr als unklar war. Zur Zeit unseres Besuches hofften sie, daß ihre australischen Papiere innerhalb weniger Tage eintreffen würden, und waren daher nicht zu beunruhigt über die wiederholten Drohungen tschechischer Beamter, sie ins Sudetenland zurück auszuweisen. Die Geschichte ihrer Auswanderung werde ich später in diesem Kapitel erzählen – aber wenn ich daran denke, wie verstört man sich oft in normalen Zeiten bei der geringsten Schwierigkeit benimmt, dann kann ich nur immer wieder staunen, wie ruhig wir alle unter den lebensgefährdenden Umständen dieser Zeit waren, fähig, jede nur mögliche Freude zu genießen: zum Beispiel mehrere Besuche in dem unverändert schönen Prag, wo wir auch Gelegenheit hatten, Karlsbader Verwandte zu sehen. Sie hatten das Sudetenland verlassen, dachten aber, daß ihnen als tschechische Bürger selbst bei einem Einmarsch der deutschen Armee in die Tschechoslowakei nichts geschehen würde. Infolgedessen dachten sie gar nicht an eine Auswanderung.

Nach Ablauf unserer »Ferienwoche« reisten wir weiter, und zwar zunächst nach Paris, wo wir uns auf dem Wege nach London drei Tage aufhalten wollten, um Verwandte und Freunde zu sehen. Unmittelbar vor dem Abflug stürzte ein verspäteter Fahrgast ins Flugzeug, fing sofort an, eine große Szene zu machen, beschwor den Piloten, das Flugzeug anzuhalten, denn er sei in ein falsches gestiegen. Warum dieser Mann die Aufmerksamkeit aller auf sich lenkte, ist mir rätselhaft, denn bei unserer Ankunft in Paris wurde er als Spion verhaftet. Im Februar 1939 waren die Franzosen in einer wahren Spionagehysterie, und alle Passagiere, die im selben Flugzeug wie dieser Mann waren, wurden – was nicht sehr logisch war – verdächtigt. Uns wurde erklärt, daß unsere ganz korrekt auf dem französischen Konsulat in Berlin erstandenen Visa ungültig seien, und wir uns infolgedessen nicht in Frankreich aufhalten dürften. Wir wurden in einem winzigen Raum auf dem Flugplatz eingesperrt, konnten selbst das WC nur mit besonderer Erlaubnis benutzen, und durften die Verwandten und Freunde, die auf dem Flugplatz auf uns warteten, nicht sehen. Man gab ihnen aber wenigstens Nachricht über uns. Die Beamten auf dem Flughafen behandelten uns wie Verräter oder Spione, die sich in Paris einschmuggeln wollten. Wir waren daher sehr erleichtert, als uns mitgeteilt wurde, daß die Franzosen Plätze in einem englischen Flugzeug für uns reserviert hatten, das etwa anderthalb Stunden später ankam. Damals mußte man noch für nationale Fluglinien buchen, und wir hatten unseren Weiterflug nach England bei einer französischen Fluglinie gebucht, wollten aber ursprünglich drei Tage in Paris bleiben.

Kaum saßen wir dann wieder frei atmend in dem britischen Flugzeug, als einer der Stewards mir einen Strauß roter Nelken überreichte mit den Worten: »Welcome on British soil, Madam.« Nach dem Vorhergegangenen war dies ein beglückendes Erlebnis, und Fritz fand, es müsse mit einem großen Whisky gefeiert werden. Ich stimmte ihm zu: Es war gleichgültig, ob wir unser neues Leben in England mit zehn Mark beginnen würden oder mit weniger Geld.

Das »Welcome on British soil« hat sich bewährt; wir haben fast nur positive, hilfreiche, schöne Erfahrungen in Britain gemacht – und eine neue Heimat gefunden.

Die Franzosen hatten immerhin ein Telegramm an die Rüdenbergs (Fritzens Schwester und Schwager) geschickt, das ihnen die Ankunftszeit unseres englischen Flugzeugs mitteilte, und die Guten standen dann auch am richtigen Ort, uns zu empfangen. Wir waren natürlich beglückt, sie wiederzusehen. Sie hatten uns in dem gleichen *boarding-house* untergebracht, in dem sie seit ihrer Ankunft aus China, 1937, lebten, und obwohl sie selber sehr wenig Geld hatten, betrachteten sie uns als ihre Gäste. Für uns war es ein großes Glück, sie in London vorzufinden, nicht nur weil Werner England kannte und perfekt Englisch sprach. Weniger beglückend fanden wir das schmuddlige und spießbürgerliche *boardinghouse*. Beim ersten Mittagessen rief ein englischer Tischnachbar unsern Schwager mit dem Auftrag zu sich, uns beizubringen, daß man in England Kartoffeln mit dem Messer schneide, was in Deutschland ja verpönt war und es wohl auch noch ist. Und in einer der ersten Nächte fanden wir Wanzen in unserem Schlafzimmer.

Nach zwei oder drei Tagen aber rief unser Garant, Dr. Thomas Jones, von allen T. J. genannt, an, um uns alle vier zum Tee ins Athenaeum einzuladen, dem exklusivsten englischen *Club*.

Die Verbindung zu T. J. war durch einen Bruder von Werner zustande gekommen, der ihn einmal auf einer Schweizer Reise getroffen hatte. Dieser Bruder war Professor der Berliner Technischen Hochschule gewesen, und als er aus Deutschland fort mußte, hatte ihm T. J. dabei geholfen. Er war nur kurze Zeit in England, da er einen Ruf nach Harvard bekam. Aber er war noch dort, als Anni und Werner aus China ankamen, stellte sie T. J. vor, und der bot sofort an, sich zu bemühen, für Werner, der nicht nur die chinesische Sprache, sondern auch mehrere chinesische Dialekte beherrschte, eine Forschungssubvention zu bekommen. Sie hatten ihn also schon als ungemein einflußreich und hilfsbereit kennengelernt, und als Fritz und ich in Gefahr waren, wandten sie sich um Hilfe an ihn. Er übernahm sofort die Garantie für uns, das heißt, er verpflichtete sich, finanziell für uns zu sorgen – die Voraussetzung für eine Aufenthaltsbewilligung in England. So trafen wir uns im Athenaeum mit diesem für uns so wichtigen alten Herrn, der uns mit den Worten begrüßte: »Ich hoffe, Sie werden in England glücklich sein. Die Engländer sind sehr nette Menschen. Ich kann das sagen, denn ich bin

Waliser.« Er besprach dann mit Fritz die Chancen, in seinem Beruf in England Arbeit zu finden, konnte ihm aber wenig Hoffnung machen. Refugees bekamen eigentlich nur Arbeitserlaubnis für Hausarbeit – und Banken in England waren Ausländern gegenüber besonders schwierig. Aber Fritz hatte einige Verbindungen durch seine Berliner Bank, und T. J. schlug vor, er solle für etwa einen Monat versuchen, Arbeit zu finden.

Lange bevor der Monat um war, wußten wir, daß die Situation hoffnungslos war. All die Bankiers, mit denen Fritz sich in Verbindung setzte, waren höflich, luden ihn zu einem *drink* ein – sagten aber deutlich, daß sie ihn nicht anstellen könnten: Es würde unmöglich sein, eine Arbeitserlaubnis zu bekommen, da nicht zu beweisen sei, daß nur er, und kein Engländer die Arbeit machen könne.

Ich hatte ein wenig Glück, denn mein Berliner Radiologe hatte etwas in England zu tun, wobei ich ihm helfen konnte, und so verdiente ich ein paar Schillinge.

Aber obwohl wir uns an das *boarding-house* etwas gewöhnt hatten, mit Freude etwas mehr von London sahen, und es Frühling wurde, waren das für Fritz – und auch für mich – deprimierende Wochen.

Bei unserem nächsten Treffen mit T. J., diesmal im Pilgrim Trust, dessen Leiter er war*, sagte er: »London ist ein schwieriges und teueres Pflaster; ich glaube, Sie werden hier nicht glücklich sein. Ich habe in Harlech in Merionethshire ein College für Arbeitslose, jetzt besonders Bergleute, gegründet, da könnten Sie sich nützlich machen und schön leben. Ich habe mich auch schon ein wenig umgesehen; da ist ein Bungalow frei, den könnte ich leicht für Sie mieten, allerdings nur bis Anfang September, dann ist er an jemand anderes vermietet.

---

* Der Trust wurde 1930 von einem Amerikaner für wohltätige Zwecke in England gegründet. Die Treuhänder beschlossen, die recht beträchtlichen Summen für die Erhaltung historischer Gebäude sowie zur Förderung von Erziehung und Sozialarbeit zu verwenden.

Überlegen Sie es sich doch einmal. Ich würde mich sehr freuen, wenn Sie dahin fahren würden.« Ich sagte: »Das klingt ja sehr schön, aber ich kann nicht aus London fort, denn ich habe zwei Brüder in Prag, die in unmittelbarer Gefahr sind (Hitlers Truppen waren am 15. März in Prag einmarschiert), ich muß erst dafür sorgen, daß sie da rauskommen.« Worauf T. J. antwortete: »Haben Sie nicht so viel Vertrauen zu mir, daß ich das vielleicht tun könnte?« und so übernahm er die Fürsorge für meine ganze Familie, und wir hatten nun gar keine Ausrede mehr, nicht nach Harlech zu fahren, besonders, da zur gleichen Zeit auch Werner Rüdenberg ein Angebot bekam, an der Universität von Aberystwyth in North Wales ein chinesisches Wörterbuch zu schreiben.

Wir hatten inzwischen gemerkt, wie einflußreich T. J. war und waren tief gerührt über alles, was er für uns tat. Aber nun, so beschlossen wir, durften wir ihn mit nichts mehr in Anspruch nehmen. An dem Tag, an dem wir diesen Beschluß faßten, kam ein Telegramm aus Hamburg mit der Nachricht, daß ein Vetter von Werner, ein Arzt, der an einem schweren Herzfehler litt, verhaftet worden sei. Er und seine Frau warteten auf ein Visum nach Amerika, und die Gestapo erklärte ihnen, daß er entlassen würde, sobald die Einwanderungspapiere vorlägen. Trotz aller Vorsätze telefonierte Werner mit Thomas Jones und las ihm das Telegramm vor. Er räusperte sich ein wenig und sagte: »Ich werde mir das überlegen.« Ein paar Stunden später rief er bei Werner an und sagte: »Michael Astor, der jüngste Astor-Sohn, lädt Sie alle für morgen nachmittag zum Tee bei sich ein. Er wohnt in der Amerikanischen Botschaft. Ich schicke Ihnen einen Wagen und werde Sie dort treffen.«

Ich hatte mich inzwischen ein bißchen mit Sibyl Jerome, der Sekretärin von T. J. angefreundet, mit der man ja so manches zu besprechen hatte und fragte sie um Rat, wie lange man denn da bleiben müßte. Sie sagte: »Gehen Sie nur zu dem Tee, das wird sehr nett sein, und Sie bleiben genau eine Stunde.« Sie erzählte mir auch, daß Michael Astor gerade seinen 21. Geburtstag gefeiert hatte und damit in den Besitz eines recht beträchtlichen Vermögens gekommen war.

Michael Astor, ein bildschöner junger Mann, begrüßte uns mit großer Herzlichkeit in der Botschaft. Der Teetisch war hübsch gedeckt – unser erster, richtiger englischer *tea*. Er setzte sich neben mich und sagte:

»Frau Pincus, wollen Sie ›mother‹ sein?« – das heißt auf Deutsch, den Tee einschenken. Aber Thomas Jones merkte gleich, wie ungewohnt mir die Rolle war und nahm sie mir ab. Wir unterhielten uns recht gut, Michael Astor spielte uns eine Schallplatte vor, und fünfzig Minuten vergingen, ohne daß von Werners Vetter die Rede war.

Endlich standen wir auf, setzten uns um den Kamin, an dem Michael Astor malerisch lehnte, und Thomas Jones forderte Werner auf, etwas von seinem Vetter zu erzählen. In wohlgesetzten Worten beschrieb also Werner dessen Situation, und Thomas Jones sagte: »Da muß man natürlich etwas tun. Was meinst Du, Michael?« »Selbstverständlich«, sagte er, »muß man da etwas tun. Ich würde nicht gerne eine unbegrenzte Verantwortung übernehmen, aber wenn mit 500 Pfund gedient ist, sehr gerne.« Wir hatten uns vorher überlegt, worum man bitten könne und dachten, vielleicht 20 oder 30 Pfund, genug, um bis zur Weiterreise nach Amerika in England zu leben. Wir fielen also beinahe von unseren Stühlen, aber es blieb uns nicht mehr viel Zeit etwas zu sagen, denn in drei Minuten war die vorgeschriebene Stunde um. Thomas Jones sagte: »Na, das ist aber sehr großzügig, Michael, finden Sie das nicht, Herr und Frau Rüdenberg, finden Sie das nicht, Herr und Frau Pincus?« und wir alle sagten, daß das sehr großzügig sei. Damit stand T. J. auf und wir auch. Wir bedankten uns bei Michael Astor, der offensichtlich erleichtert war, daß die ganze Sache vorbei war. Die vier anderen, Fritz, die Rüdenbergs und Thomas Jones fuhren in dem ziemlich kleinen Fahrstuhl der Botschaft hinunter, und Michael und ich warteten. Er war sehr freundlich und fragte, ob ich London schon kenne und ob ich schon im Theater gewesen sei. Als ich das verneinte, sagte er: »Das müssen Sie aber. Ich würde mich sehr freuen, wenn Sie mit mir einen Abend ins Theater gingen, darf ich das arrangieren?« Wieder im Auto sagte ich begeistert zu Fritz: »Du, der Michael Astor will mit mir ins Theater gehen«, und alle fanden das sehr nett. Am nächsten Morgen klingelte das Telefon. Es war ein Theater-Agent im Auftrag des Honourable Michael Astor – Theaterplätze für uns vier zu arrangieren. An dem verabredeten Abend kam ein Wagen, um uns abzuholen, darin lag eine große Schachtel Konfekt. Wir gingen also ins Theater und sahen »How Green is My Valley«. Am nächsten Morgen kam wieder ein Anruf des Agenten: ob wir uns amüsiert hätten, und was wir nun sehen wollten. Das ging dreimal so, jedesmal mit Wagen und Konfekt.

Jahre später, als wir in Harlech waren und Thomas Jones auch dort lebte, denn der Pilgrim Trust wurde nach Harlech evakuiert, fragte ich ihn einmal, was denn eigentlich passiert sei mit Michael Astor und den Theaterkarten? T. J. lachte. Nach dem *tea* in der Botschaft hätte Michael Astor ihm erzählt, daß er mich ins Theater eingeladen hätte, und T. J. hatte ihm gesagt, das gehe nicht, er könne nur mit uns allen oder mit keinem von uns gehen.

Die Beziehung zu den Astors setzte sich in gewisser Weise fort. Als meine Brüder 1940 nach ihrer Internierung in die Britische Armee eintraten, traf Oscar zufällig David, den älteren Bruder. Oscar war gemeiner Soldat im Pioneer Corps, in dem alle *refugees* untergebracht wurden, und David Astor war Lieutenant in den Royal Marines. Er wußte von uns und unserer Beziehung zu Thomas Jones, und unterhielt sich einmal lange mit Oscar, der ihm sagte, sein einziges Problem in der Armee sei die Unmöglichkeit, je einmal allein zu sein; er würde gern etwas lesen und studieren, und das sei in der Kantine nicht möglich. Darauf bot ihm David Astor ein Zimmer im Haus von Freunden an, in dem er die Abende verbringen konnte.

Aber zurück zum April 1939: Es war Fritz und mir klar

geworden, daß wir in London keine Existenzmöglichkeiten hatten, und wir nahmen T. J.'s Angebot, nach Harlech in North-Wales zu ziehen, dankbar an. Fritz sollte im College ein paar Deutschstunden geben, und ich ein wenig im Haushalt helfen, natürlich unbezahlt. T. J. zeigte uns ein Foto von dem Bungalow, den er für uns gemietet hatte, und bestand darauf, daß wir die Besitzerin kennenlernten. Sie wohnte in Tunbridge Wells, etwa zwei Stunden von London entfernt. Er schickte uns ein Auto, und so fuhren wir durch die wunderschöne grüne Hügellandschaft Südenglands nach Tunbridge Wells. Unsere Wirtin war dreiundneunzig Jahre alt und charmant, sprach nur französisch mit uns, beschrieb uns das Haus und fragte, ob man für uns ein gemeinsames oder zwei separate Schlafzimmer vorbereiten solle. Wir waren beide recht erholungsbedürftig und sagten, wir würden lieber zwei separate Zimmer haben, worauf sie in ihrem schönen Französisch antwortete: »Das ist absolut richtig, wenn ich heirate, will ich auch lieber separate Schlafzimmer haben . . .«

So zogen wir zwei Monate nach der Auswanderung aus Deutschland nach Harlech. Ich war damals etwas über vierzig Jahre alt, die Hälfte meines jetzigen Lebens. Aber mir scheint diese zweite, ereignisreiche Lebenshälfte sehr viel länger zu sein.

Die Ankunft in Harlech war ein überwältigendes Erlebnis. Der kleine Bahnhof dort liegt nahe am Meer, unterhalb des wuchtigen Schlosses – eine der Schloß-Festungen, die spät im dreizehnten Jahrhundert von englischen Königen zur Unterdrückung der Waliser Bevölkerung gebaut worden waren. Harlech hat eine herrliche Bucht, Meilen und Meilen schneeweißen Sandes, dahinter die Dünen zum Sonnenbaden, Sichverlaufen, Picknicken, und dahinter wieder die weiten grünen Flächen des Harlecher Golfplatzes. Und dann der Blick auf die Berge von Snowdonia, die so aussehen, als wüchsen sie direkt aus dem Meer. Zu schwimmen, vom Meer aus diese Berge zu betrachten, ist unfaßbar schön. Dagegen ist das Dorf Harlech recht häßlich; ich habe mich oft gefragt, wie

Menschen, die in so herrlich schöner Landschaft leben, so häßlich bauen können. Der ganze Weg, den wir gekommen waren, war von blühenden Ginsterbüschen gesäumt. Als Fritz sich darüber freute, erklärte die Sekretärin, indem sie Fritz verführerisch anlächelte: »Es gibt hier ein Sprichwort: Wenn der Ginster nicht blüht, kommt das Küssen aus der Mode«, und sie fügte neckisch hinzu »aber das ist noch nicht vorgekommen«, eine Bemerkung, die Fritzens Entzücken über den Ginster etwas dämpfte. Im Bungalow angekommen, bemerkte ich zu meinem Schrecken, daß der Küchenofen mit Kohle geheizt werden mußte. So etwas hatte ich noch nie gesehen, und ich hatte keine Ahnung, wie ich darauf kochen sollte. Aber wir waren keine Stunde in unserem neuen Heim, als ein junges Ehepaar uns besuchen kam, Nancy und Jeaun Jeffreys Jones. Er war Lehrer am College. Sie weihten mich schnell in die Geheimnisse des Küchenofens ein, zeigten uns dann ihr eigenes, nahe gelegenes kleines Haus, und luden uns für den nächsten Abend zum Essen ein. Sie waren nicht nur unsere ersten Besucher, sondern wurden auch unsere ersten und besten Freunde in Wales.

Am nächsten Morgen erschien der Leiter des Fußballteams und bat Fritz, am Sonnabend den Fußball anzustoßen. Fritz hatte, glaube ich, nie zuvor einen Fußball berührt, war aber begeistert bei der Sache und wurde sehr dafür geehrt. Am Abend gab es dann einen Tanz, den ich mit dem großen jungen Mann aus dem Lebensmittelladen eröffnen mußte. Er faßte mich sehr vorsichtig an und tanzte gut, mit einem großen Bleistift hinterm Ohr. Das waren unsere ersten Tage in diesem neuen Land, dessen Sprache wir nicht sprechen konnten, wo man uns aber von Anfang an so herzlich willkommen geheißen hatte. Das hatten wir hauptsächlich Thomas Jones zu verdanken, der ein sehr beliebter und berühmter Mann war, und ein wenig hing es natürlich damit zusammen, daß wir Verfolgte, *refugees,* waren; aber es spielte auch mit, daß wir keine Engländer waren, denn mit denen stehen die Waliser nicht auf bestem Fuße. Bis ins neunzehnte Jahrhundert hinein wurden Recht, Sprache und Religion der Waliser von den Engländern unterdrückt. Der heutige walisische Nationalismus ist das Kind einer religiösen und linguistischen Reaktion. Es ist erstaunlich, daß es trotz aller Unterdrückung heute ein walisisches Volk mit sehr ausgesprochener Charakteristik und eine walisische Sprache gibt.

Nach dem Wochenende fing dann der Ernst des Lebens an, unsere Arbeit im College, das am anderen Ende des Dorfes lag, auf halber Höhe zwischen Dorf und Meer. Es wurde im Jahre 1927 von Thomas Jones gegründet und wird oft das College der zweiten Chance genannt, da es Arbeitern, die nur die allerelementarste Schulbildung hatten, eine Möglichkeit zur Weiterbildung gab. In den dreißiger Jahren bestand die Studentenschaft hauptsächlich aus arbeitslosen Bergleuten, später aber kamen Studenten aus allen Arbeitergruppen dazu, darunter mehrere aus unterentwickelten Ländern. Das College wird finanziell von den Gewerkschaften und der W.E.A., einer Organisation für die Weiterbildung der Arbeiter, aber auch von Privatpersonen und Stiftungen getragen, und es hat die moralische Unterstützung der Waliser Bildungsämter und der Universität von Aberystwyth. Es ist ein recht großes Gebäude, aus dem Stein der umgebenden Berge gebaut. Die Housemistress, Miss Williams, der ich als Assistentin zugeteilt wurde, erzählte mir, daß T. J. besonderen Wert auf die ästhetische Ausstattung des Colleges gelegt hatte. Alles war einfach, aber von bester Qualität. Die Tische wurden sorgfältig gedeckt, Reproduktionen künstlerisch wertvoller Bilder hingen an den Wänden, und die arbeitslosen Bergleute, die ihre Familien in Armut zurückgelassen hatten, bewegten sich in diesen Räumen ohne Zwang. Zu unserer Zeit hatte Harlech etwa vierzig Studenten, Studentinnen kamen erst nach dem Krieg. Fächer wie Volkswirtschaft, Soziologie, Psychologie, Philosophie und Literatur wurden zwar gelehrt, aber das meist belegte Fach war zu unserem Erstaunen Englische Literatur. Die Studenten fühlten, daß sie eine zweite Chance nur haben würden, wenn sich ihr Englisch verbesserte.

Ziel des Colleges war es, den Studenten – fast alles reife Männer – zu helfen, ihre eigene Situation zu verstehen und zu verbessern und tatsächlich haben viele der Coleg-Harlech-Studenten später Bedeutendes auf politischem und pädagogischem Gebiet geleistet. Die Wißbegierde, der Lerneifer dieser Männer war für uns erstaunlich, ist aber weitgehend typisch für Wales. Wohl nirgends sonst in der westlichen Welt gibt es so viele Menschen in höheren akademischen oder politischen Positionen, die aus ärmsten Familien stammen, ursprünglich nur die elementarste Schulbildung hatten, aber durch ihre besonderen Leistungen später Universitäts-Freistellen bekamen. Dr. Thomas Jones selbst war ein Beispiel, ebenso B. B. Thomas, der erste Leiter *(warden)* von Coleg Harlech, der diesen verantwortlichen Posten im Alter von dreißig Jahren bekommen hatte. Er, ebenso wie T. J., war nicht nur genial, sondern auch äußerst charmant und mit seinen schneeweißen Haaren, die er trotz seiner Jugend hatte, sah er sehr gut aus. Seine Frau war bei der Geburt ihres einzigen Kindes gestorben, und in diesen Tagen war sein Haar weiß geworden.

B. B. – so wurde er allgemein genannt – hat durch seine Begabung und seine außerordentliche Persönlichkeit viel zum Ruhm von Coleg Harlech beigetragen. Er und T. J. verstanden einander, und in vieler Hinsicht waren sie einander ähnlich; beide hatten Witz und Charme und setzten sich mit Leidenschaft für Erziehung ein. Beide waren Präsidenten des University College von Aberystwyth gewesen. B. B. hatte diese Position inne, als der englische Kronprinz, Prince Charles, Prince of Wales wurde, lehrte ihn walisisch zu sprechen, war mehrfach im Fernsehen, und seine Liebenswürdigkeit und seine Würde beeindruckten die Zuschauer sehr. 1977, als das College sein 50. Jubiläum feierte und ich mich sehr geehrt fühlte, eingeladen zu werden, freute ich mich ganz besonders auf das Wiedersehen mit B. B. Aber zwei Wochen zuvor starb er – ganz plötzlich.

Unser Freund, Jeaun Jeffreys Jones, wurde nach dem Krieg Leiter *(warden)* von Coleg Harlech. Als wir in Harlech lebten, gab Jeaun Soziologie. Fritz nahm an seinen Vorträgen und Seminaren teil und konnte so manches beitragen. Es war für uns ein großes Glück, daß die Waliser Bevölkerung ein begrenztes englisches Vokabular hatte und langsam sprach. Wir konnten uns also mit unserem eigenen unvollkommenen Englisch einigermaßen verständigen. In einer Erwachsenenschule in England wäre es sprachlich sehr viel schwieriger gewesen.

Ich wurde, wie gesagt, Miss Williams als unbezahlte Assistentin zugewiesen. Wir aßen zwar im College, bekamen aber kein Gehalt, waren also finanziell völlig von T. J. abhängig. Als ich ankam, gab es gerade Schwierigkeiten mit dem Küchenpersonal, und ich mußte in der Küche helfen. Zu Hause hatte ich nie gekocht und hatte überhaupt meine Küche gar nicht betreten dürfen, wie das so ist, wenn man eine Köchin hat. Zu lernen, für so viele Menschen zu kochen, war deshalb eine nützliche Erfahrung. Auch was man in diesem anderen Lande aß und wie man es zubereitet, war neu und oft erstaunlich, denn trotz meiner fehlenden Kochkenntnisse wußte ich immerhin soviel, daß wir zu Hause den Kaffee nicht morgens in einen großen Topf gaben und den ganzen Tag kochen ließen. Mit dem Kohl, unserem täglichen Gemüse, wurde das genauso gemacht. Er kochte einfach stundenlang. Aber die Atmosphäre in der Küche war dafür sehr viel menschlicher und freundschaftlicher als ich das je erwartet hätte. Fritz und ich waren sehr beeindruckt von der Wärme und Herzlichkeit der Waliser. Engländer hatten uns gewarnt: »Mit Walisern kann man sich schnell befreunden, aber die Freundschaften halten nicht.« Das hat sich für uns als völlig unwahr erwiesen. Unsere Waliser Freunde sind uns in den vierzig Jahren, die seitdem vergangen sind, treu geblieben, und sie und ihre Kinder bereichern unser Leben. Und selbst heute noch, wenn ich in Harlech bin, kommen die Leute aus den Geschäften heraus und begrüßen mich: »Welcome home, welcome home.«

Für Fritz sahen die Tage in Harlech etwas anders aus als

für mich. Er gab ein wenig Deutsch-Unterricht, ging meist zu den volkswirtschaftlichen Vorlesungen und arbeitete mit großem Spaß in der Tischlerei. Überall war er sehr beliebt. Da er nichts verdienen durfte, aber gerne auch ein wenig Taschengeld haben wollte, arbeitete er jeden Tag ein paar Stunden in der Dorf-Garage und bekam dafür Trinkgeld. Von unserem wenigen Geld mußten wir deshalb einen Arbeitsanzug kaufen, mit dem er unter dem Wagen auf der Erde liegen konnte.

Das Leben im College und mit den Waliser Bergleuten war für uns eine neue, interessante Welt. Es gab viele schöne Erlebnisse: Konzerte, manchmal im Freien, wobei wir die musikalische Begabung der Waliser kennenlernten; Ausflüge in die herrliche Umgebung mit – wie das dort üblich ist – Tee und Kuchen in einem der gastfreundlichen Farmhäuser; und einmal, mit allen Studenten, einen unvergeßlichen Tagesausflug auf den Snowden, den höchsten Berg in Wales.

Thomas Jones hielt sein Wort, und sehr bald bekamen auch meine Brüder ihre englischen Besuchsvisen. Ihre Situation hatte uns seit der Sudetenkrise im Herbst 1938 große Sorgen gemacht, besonders seit dem 15. März 1939, dem Einmarsch der Hitler-Armeen in die Tschechoslowakei.

Seit die Tschechoslowakei aufgrund des Ende September 1939 abgeschlossenen Münchner Abkommens das Sudetenland an Deutschland hatte abtreten müssen, und weitere Gebiete im Osten an Polen und Ungarn verloren hatte, strömten Tausende von Menschen von Ost und West in das nun sehr zusammengeschrumpfte Kerngebiet, so daß die tschechische Regierung sich entschloß, nur Leuten tschechischer Abstammung Zuflucht zu gewähren. Meine Brüder waren hundertprozentige Deutsche, mit deutschen Pässen, und infolgedessen erhielten sie sehr bald nach ihrer Flucht den ersten Ausweisungsbefehl von der zuständigen Stadtbehörde. Da sie noch keine Einreisepapiere für Australien hatten, konnte dieser Ausweisungsbefehl nur zurück ins sudetendeutsche Gebiet führen, wo sie sofort verhaftet worden wären. Die mit teurem

Geld erkaufte Intervention eines tschechischen Rechtsanwaltes verhinderte zunächst die Ausführung dieses Befehls, aber ihm folgten in kurzen Abständen drei weitere – von jeweils höheren tschechischen Behörden ausgestellt. Im Januar erklärte das zuständige Ministerium in Prag, daß meine Brüder ausgewiesen werden müßten, daß man jedoch ihre Berufung gegen diese Ausweisung gemächlich prüfen würde. Somit bestand alle Hoffnung, daß die australischen Papiere inzwischen ankämen.

Am 15. März besetzten deutsche Armeen ganz Böhmen, erklärten das Gebiet zum deutschen Protektorat, und alle Amtsstellen wurden von der Gestapo kontrolliert. Am 16. März um sechs Uhr früh sandte der tschechische Polizeidirektor des Bezirkes einen persönlichen Freund in das Hotel, in dem Max und Oscar lebten, um sie zu warnen, daß die Gestapo sie noch am selben Tage verhaften wolle und riet ihnen, sich zu verstecken.

Mit Hilfe neu gewonnener tschechischer Freunde gelang es meinen Brüdern, mit Maxens junger Familie und Schwiegermutter nach Prag zu kommen und sich dort so lange zu verstecken, bis die tschechische Polizei für viel Geld Papiere ausgefertigt hatte, die bescheinigten, daß sie alle langjährige Prager Einwohner seien. Diese Papiere schützten sie zunächst vor Verhaftung bei den häufigen Straßen- und Hauskontrollen.

Als die australischen Papiere in den Besitz der Brüder gelangten, erhob sich ein weiteres Problem. Wie sollten sie die Erlaubnis zum Verlassen des Protektorates erlangen, das nun in Nazi-Händen war? An drei verschiedenen Nächten und Tagen standen Max und Oscar mehr als fünfzig Stunden lang Schlange vor dem Prager Gestapo Hauptquartier, um ihre Pässe einzureichen. Jeweils zwei Tage später erhielten sie diese zurück – ohne Ausreisegenehmigung. Im Juni kam die Nachricht, daß es Juden verboten sei, um diese Erlaubnis anzusuchen. Im Juli hörte Maxens Frau von einem hohen Gestapo-Offizier, der jüdischen Frauen geholfen habe, Ausreisebewilligung für sich selbst sowie ihre Männer und Kinder zu bekommen, und Mitte Juli erhielten sie endlich die Erlaubnis auszureisen – aber nur nach England. Die deutschen Behörden hatten sich geweigert, die Ausreisegenehmigung aufgrund der australischen Einreisepapiere ohne gleichzeitigen Beweis einer gebuchten Passage zu gewähren. Zu gleicher Zeit hatten sie den Reisebüros Anweisung gegeben, keine Passage-Buchungen ohne Ausreisegenehmigung anzunehmen. Solche bösartige Schikanen und Demütigungen spielten sich in allem ab, was ihre Auswanderung betraf.

Für unsere Familie waren Schwierigkeiten, die aus unserer reichsdeutschen Nationalität entstanden, nichts Neues. Mein Vater hatte alle Ersparnisse, die er in seinem australischen Geschäft angelegt hatte, im Ersten Weltkrieg verloren, weil er Reichsdeutscher war, denn diese Gelder wurden gegen die deutsche Kriegsschuld verrechnet. Onkel Gustav, sein in Karlsbad ansässiger Teilhaber, galt nach dem Krieg als Tscheche und bekam sein Geld mit Zins und Zinseszins ausgezahlt.

Anfang 1939 wurden Deutsche in der Tschechoslowakei mit Ausweisung nach Deutschland bedroht, was für Juden Konzentrationslager und Gaskammern bedeutete. Nach März 1939, während des deutschen Protektorats, erwartete sie das gleiche Schicksal in der Tschechoslowakei, wenn sie nicht das Glück hatten, wie schließlich meine Brüder, rechtzeitig emigrieren zu können.

Wir waren unendlich erleichtert als wir Mitte Juli die Nachricht von ihrer Abreise nach London erhielten. Oscar und Maxens Frau blieben zunächst ein paar Tage dort, um ihre Weiterreise nach Australien zu arrangieren. Sie buchten eine Passage für den 3. September. Da am 5. September der Krieg ausbrach, leben sie noch heute in England.

Max und der kleine Stefan kamen sofort nach ihrer Ankunft nach Harlech, und wir konnten sie in unserem Bungalow unterbringen. Für das Kind waren die Kriegsatmosphäre und die letzten Wochen in Verstecken sehr schwierig gewesen, es litt unter Schlaflosigkeit, und war überhaupt recht verstört.

Aber der Friede unseres kleinen Bungalows, das Spielen am Strand und die Seeluft waren gute Heilmittel. Schwieriger für ihn war es, die Folgen einer Sprachverwirrung zu überwinden. Bisher hatte alles um ihn herum tschechisch gesprochen, aber seine Eltern sprachen deutsch. Nun kam er nach Wales, wo die Kinder walisisch sprachen, obwohl die allgemeine offizielle Sprache englisch war. Später wurde es dann noch schlimmer, denn nach einiger Zeit zog die Familie in eine Pension, die fast völlig von Gibraltar-Flüchtlingen bewohnt war – und die sprachen spanisch. Der arme Junge wuchs also mit einer Sprachverwirrung auf, die ihm später große Lernschwierigkeiten gemacht hat und die er nur schwer überwinden konnte.

Meine Brüder kamen besser ausgestattet an als wir, mit genügend Wäsche und Kleidern für einige Jahre, und für das Kind brachten sie sogar sein Lieblingsdreirad. Sie bekamen die gleiche finanzielle Hilfe von Thomas Jones wie wir. Ich fand, dicht bei unserem Bungalow, ein kleines Haus, mehr eine Hütte, deren Inhaberin den Sommer über weg war. Da konnten Oscar und Max zunächst leben, während Julie mit Stefan bei uns blieb. Aber all diese Arrangements waren – auch für uns – nur bis Ende September, und wir fingen an, uns etwas Sorgen zu machen, was dann wohl werden würde.

Zu alledem kam eines Tages ein Telegramm von Rena, der ältesten Tochter unserer Kusine Else. Sie hatte in Prag Medizin studiert und war mit einem nichtjüdischen Arzt verlobt, den sie zu gefährden fürchtete. Sie hatte sich daher zu einem englischen Hebammenkurs angemeldet, der Anfang August beginnen sollte. Nun telegrafierte sie aus London, der Kurs sei verschoben, sie hätte kein Geld, könne sie zu uns kommen? Wir hatten aber nun tatsächlich weder Platz in dem Bungalow noch Geld, und ich ging bekümmert aufs Postamt und telegrafierte: »Harlech unmöglich. Brief folgt.« Ich sah wohl sehr traurig aus, und Mrs. Griffith, die Postbeamtin, die an dem Schicksal aller Menschen stark Anteil nahm und als das Harlecher Auskunftsbüro fungierte, sprach ihr Mitgefühl ihrer nächsten Kundin gegenüber aus. Das war eine nette ältere Dame, die sofort zu der Garage ging, in der Fritz unter einem Wagen arbeitete, und ihm anbot, Rena das Fahrgeld nach Harlech zu schicken und sie als Gast bei sich einzuladen, bis ihr Hebammenkurs anfing. Das geschah erst neun Wochen später – inzwischen jedoch brach der Krieg aus und die junge Ärztin Rena erwies sich als sehr nützlich für die hereinkommenden evakuierten Kinder. Es wurde eine schöne Zeit für Rena in Harlech; ein Heilmittel für den schmerzlichen Abschied von ihren Lieben, und für uns war es schön, sie da zu haben.

Während des Sommers 1939 waren auch die Löwenfeldschen Kinder bei uns, denn Claire und Günther Löwenfeld bewohnten – zusammen mit ihrer Mutter und einer Tante – ein kleines Haus. Als aber die Sommerferien kamen und die Kinder nicht in ihrer *boarding-school* bleiben konnten, wurde ihr Leben in dem engen Häuschen sehr schwierig. So kamen die Kinder zu uns, denn für meine Brüder war inzwischen eine andere Wohnstätte gefunden worden. Aber wir wußten, daß wir am 1. September aus unserem Bungalow ausziehen mußten.

Fritz hatte gehört, daß *Llwyn*, eines der schönsten Häuser in Harlech, direkt an einem Felsen überm Meer gelegen, zu vermieten sei. Ich sagte nur: »Du mußt wahnsinnig sein, das können wir uns doch nie leisten.« Aber der 1. Sepmteber näherte sich, und die Kinder waren bei uns – irgend etwas mußte geschehen. Mein Weg vom Bungalow zum College führte täglich an *Llwyn* vorbei, und eines Tages, Mitte August, sah ich zwei Damen aus dem Haus herauskommen. Spontan ging ich auf sie zu und sagte, ich hätte gehört, das Haus sei zu vermieten, und die kleinere der Damen sah mich freundlich an und sagte: »Kommen Sie doch heute abend zu einem Glas Sherry; da ist auch mein Mann zu Hause.«

Das waren also Kenneth und Susan Macaulay; Susan war eine der Graves-Töchter aus dessen erster Ehe – auf die Graves-Familie werde ich gleich zu sprechen kommen. Sie führten uns durch das Haus, boten uns *drinks* an, und wir unterhielten uns sehr gut. Es wurde abgemacht, daß wir am 1. September dort einziehen würden. Sollte jedoch Krieg ausbrechen, hatte Susan mich verpflichtet, fünf evakuierte Kinder bei sich aufzunehmen. Von Geld war keine Rede, bis schließlich Fritz, dem es immer schwer fiel, über Geld zu sprechen, sich aufraffte und stotternd sagte: »Ja, das ist ja alles wunderbar, aber wir haben sehr beschränkte Mittel, und wie hoch ist denn die Miete?« Darauf Mr. Macaulay: »Miete? Wenn Sie hier für unser Haus sorgen während des Winters, da können wir Ihnen doch keine Miete berechnen, da müssen wir Ihnen noch ein Gehalt bezahlen.« Am nächsten Tag, als ich wieder an dem Haus vorbeikam, wurde soeben Kohle von einem riesigen Wagen abgeladen, überwacht von Susan Macaulay. Sie sagte recht verlegen: »Ich hoffe, Sie nehmen uns das nicht übel, aber wir wissen ja hier ein bißchen besser Bescheid als Sie, da dachten wir, es wäre doch richtig, die Kohle für den ganzen Winter gleich einzulagern.«

Aber am 3. September wurde der Krieg erklärt!

Kapitel 6

Coleg Harlech

Als der Krieg ausbrach, atmeten wir auf. Denn so furchtbar Krieg auch ist, die Unmenschlichkeiten des Nationalsozialismus waren noch viel schlimmer, und Krieg schien das einzige Mittel zu sein, dem ein Ende zu bereiten. Aus den wenigen Nachrichten, die wir auf Umwegen von deutschen Freunden bekamen, sprach ebenfalls große Erleichterung. »Gott sei Dank, vielleicht hört es jetzt einmal auf.« Wir teilten dieses Gefühl aus vollem Herzen.

Trotzdem war der Kriegsausbruch ein harter Schlag für unsere Pläne. Ich ging zu den Macaulays, um ihnen für ihr großzügiges Angebot zu danken. Sie bedauerten auch, daß dies nun hinfällig sei.

Als ich am nächsten Morgen auf dem Weg ins College unseren Bungalow verließ, stand Mrs. Macaulay am Ausgang und sagte: »Ich habe heute nacht kein Auge zugetan. Wie konnte ich nur so dumm sein, das Haus ist doch groß genug für uns alle. Wenn es Sie nicht stört, es mit mir und den Kindern zu teilen, für mich wäre es natürlich ein großes Glück.« Und so geschah es, und auch für uns war es ein großes Glück, in diesem kultivierten Haus zu leben, in dem die ganze Graves-Familie aus- und einging, und uns bald wie adoptierte Kinder behandelte.

Durch unsere Beziehung zu Thomas Jones war unser Leben in der Emigration von Anfang an ein ungewöhnliches. Als wir zu den Macaulays zogen, und ihre lebendigen und interessanten Freunde kennenlernten, und als dann auch bald nach Kriegsausbruch mehrere Abteilungen der Universität Liverpool Coleg Harlech übernahmen, bot sich uns die Chance, einen großen, weitverzweigten Freundeskreis im neuen Land zu schaffen – ein keineswegs typisches Emigrantenschicksal.

Eine sehr wichtige Person in Harlech wurde für uns Mrs. Graves, die zweiundachtzig Jahre alt war, als wir sie trafen. Sie hatte eine englische Mutter und einen deutschen Vater gehabt, der ein Bruder des großen Historikers von Ranke gewesen war. Sie selbst war in England geboren worden. Mit fünf Jahren ging sie mit ihren Eltern nach München zurück, und verlebte ihre ganze Schulzeit in Deutschland. Mit achtzehn Jahren kam sie dann wieder nach England, um eine alte Tante zu pflegen, traf und heiratete Percival Graves, einen verwitweten Schulinspektor und Dichter, der bereits fünf Kinder aus erster Ehe hatte, und gebar ihm weitere fünf.* Obwohl sie von ihrem achtzehnten Lebensjahr an immer in England lebte, und nur Englisch sprach, war sie im Grunde Deutsche geblieben. Wenn sie Fieber hatte oder krank war, sprach sie nur Deutsch. Sie sah sehr deutsch aus, wie auch mehrere ihrer Kinder, die alle literarisch hochbegabt waren, besonders Robert, der bekannte Dichter und Schriftsteller.

Die Graves hatten in Harlech ein riesiges, häßliches und ungemütliches Haus. Ungemütlichkeit war eine Lebensbedingung für Mrs. Graves. Sie wollte es nicht bequem haben. Das Haus besaß keinen einzigen bequemen Stuhl; das gehörte zu ihrem Prinzip. Sie war eine große, imposante Frau, mit breitem Gesicht, immer um andere Menschen bemüht. Am ersten oder zweiten Tag nach unserer Ankunft in Harlech kam sie uns besuchen: Für sie waren wir Deutsche, die Hilfe brauchten. Von Anfang an waren wir häufige Gäste in ihrem Haus,

* In seinem Buch »Good bye to all that« (deutsch: Strich darunter) hat Robert Ranke-Graves das Leben der Familie in Harlech lebendig beschrieben.

und als es schwierig wurde, meine Brüder in Harlech unterzubringen, lud sie Oscar ein, bei ihr zu wohnen, was er auch tat, bis er im Juni 1940 interniert wurde. Es war für ihn eine glückliche und interessante Zeit.

Mrs. Graves war ein Original und trotz ihres oft abrupten Benehmens sehr beliebt in Harlech. Bei allen festlichen Gelegenheiten, besonders bei den vielen »Konzerten« mußte sie immer Dankreden halten. Ich erinnere mich an eine solche, nach einem Konzert des Frauenvereins. Mrs. Graves erhob sich in ihrer vollen Größe und verkündete, ohne jede Einleitung: »Das war wirklich viel besser als ich erwartet hatte.«

Einmal, als ich mit ihr durch das Dorf ging, sah sie auf der anderen Seite der Straße den neu angekommenen katholischen Geistlichen, einen schüchternen jungen Mann. Sie segelte (es sah immer so aus, als ob sie segelte) über die Straße und wandte sich an ihn mit der Frage: »Sind Sie hier sehr einsam?« und als er erstaunt bejahte: »Dann besuchen Sie mich doch mal zum Tee. Ich habe auch viele Bücher, die ich Ihnen borgen kann.« Damit segelte sie wieder zu mir zurück und sagte: »Ich kann so etwas tun, denn ich bin über achtzig.« Jetzt, wo auch ich über achtzig bin, zitiere ich die liebe Mrs. Graves oft. Eine andere schöne Erinnerung ist die Flasche in ihrem Arzneischrank mit der Aufschrift: »GIFT – glaube ich.«

Einmal sollte im College ein Kostümfest stattfinden, und die Hausdame, Miss Williams, bat mich, sie zu verkleiden. Jemand hatte einen schwarz-seidenen, mit weißen Chrysanthemen bestickten Kimono, der ihr gut paßte, aber wir brauchten weiße Chrysanthemen für ihr Haar. Mrs. Graves hatte Chrysanthemen in ihrem Glashaus, und ich schickte einen der evakuierten Jungen, um sie um eine Blume zu bitten. Er kam etwas betreten zurück und sagte, Mrs. Graves habe die Blume nur ungern gegeben, sie wolle sie eigentlich für eine Beerdigung aufheben. Am nächsten Tag, als ich Mrs. Graves im Dorf traf, entschuldigte ich mich, wurde aber unterbrochen von einem alten Mann, den sie mit den Worten ansprach: »Wie geht es denn Ihrer lieben Frau?«, worauf er antwortete: »Ach, wissen Sie denn nicht – wir haben sie gestern begraben.« Darauf wandte sich Mrs. Graves zu mir: »Dann war es ja gut, daß Sie die weiße Chrysantheme gebrauchen konnten«, bevor sie sich wieder dem Witwer zuwandte.

Als wir Mrs. Graves zuerst kennenlernten, lebte keines ihrer eigenen Kinder bei ihr, obwohl bald darauf Clarissa aus Jerusalem erschien, wo Bruder Richard Bürgermeister war. Clarissa, immer aktiv und voller Energie, war sofort entschlossen, uns ein besseres Englisch beizubringen, und wir hatten zweimal jede Woche bei ihr Englisch-Stunde. Unvergeßlich ist mir der allererste englische Satz, den sie uns beibringen wollte: »Honesty is the best policy ...« Wir amüsierten uns köstlich darüber, daß die gute Clarissa, die so sehr um unser Wohlbefinden bemüht war, ihrem unbewußten Mißtrauen so Ausdruck geben mußte.

Robert, der berühmte Graves-Sohn, der seit Jahren in Spanien lebte, wurde in Harlech erwartet. Seine drei halbwüchsigen Kinder, die er jahrelang nicht gesehen hatte, kamen auch und wurden wie reitende Boten durch das Dorf geschickt, um viele der Bewohner, darunter auch Fritz und mich, zur Willkommensfeier einzuladen. Zu unserem großen Erstaunen bestand diese Feier weitgehend darin, daß die Familie Graves *Charaden* spielte. Sie waren ja eine begabte Familie, die Charaden waren sehr amüsant und machten den Gästen wie den Vorführenden viel Spaß. Für Fritz und mich aber war dieses kühle Wiedersehensfest etwas erstaunlich. Immerhin wurde es der Anfang einer Freundschaft mit Robert, die weit über unsere Harlech-Zeit hinausreichte, und dazu führte, daß Fritz mehrere von Roberts Büchern übersetzte.*

Mrs. Graves hatte trotz ihres Alters darauf bestanden, vier der evakuierten Jungen bei sich aufzunehmen, und diese bildeten mit den fünfen, die zu Susan Macaulay kamen, eine unzertrennliche Gruppe.

---

* Das Goldene Vlies, König Jesus, Nausikaa und ihre Freier.

Unsere Kinder, vier Jungen und ein Mädchen zwischen fünf und zehn Jahren, kamen aus Liverpool aus einer irischen Familie. Sie waren nicht gewöhnt, während des Winters ihre Kleider zu wechseln – immerhin waren sie nicht, wie manche der anderen Kinder, die nach Harlech kamen, in ihre Kleider eingenäht. Sie waren auch nicht gewöhnt, in Betten zu schlafen. Nur der Älteste verbrachte die erste Nacht in einem Bett. Die vier Geschwister schliefen darunter. Zu Hause, in Liverpool, schliefen die Eltern im Bett und die Kinder darunter. Aber die fünf gewöhnten sich recht schnell an das für sie völlig neue Leben. Susan war als junges Mädchen als Kindergärtnerin ausgebildet worden, und obwohl sie sehr altmodische Ideen hatte, verstand sie es gut, mit den kleinen *Liverpoodlians* umzugehen, die anscheinend niemals Heimweh hatten. Das Dorf war voll mit evakuierten Kindern, um die sich die ganze Dorfbevölkerung kümmerte; sie waren gemeinsam in einer großen Gruppe mit einer Gruppenleiterin, die im allgemeinen nach den Kindern sah und dafür sorgte, daß Geschwister, wo immer es möglich war, zusammen untergebracht wurden. Für uns war dieses Haus voll Kinder aus einem völlig fremden Milieu ein neues, und doch nicht ganz neues, Erlebnis. Wir dachten oft zurück an die letzte Zeit auf dem Küssel, als wir, acht Monate zuvor, ein Haus mit Kindern zurückgelassen hatten, die, wie die kleinen *Liverpoodlians,* durch äußere Umstände von ihren Eltern getrennt worden waren. Wieviel glücklicher, weniger besorgniserregend war die Lage der Kinder hier in Harlech.

Unsere fünf waren reizend, lebendig und frei. Sie hatten fast alle schöne Stimmen, sangen gerne und machten uns viel Spaß. Am allerersten Sonntag wuschen wir sie, zogen ihnen ihre besten Kleider an und Susan schickte sie in die Kirche und drückte jedem einen *penny* in die Hand. Der älteste wollte wissen, wofür. »Das ist für Gott«, erklärte Susan. Nach dem Gottesdienst, bei dem sie sich gut amüsierten, rannten die Kinder ins Haus, warfen ihre *pennies* auf den Tisch und sagten: »Hier sind die *pennies* . . . Gott war nicht da.«

Besonders Fritz, der Kinder liebte, hatte ungeheuren Spaß mit unsern fünf und den vier Kindern von Mrs. Graves und entwickelte eine Begabung, brenzlige Situationen in ungefährliche zu verwandeln. Da die Kinder so viel vom Krieg hörten, wollten sie natürlich auch Krieg spielen. Sie bewaffneten sich alle mit großen Stöcken und planten eine Schlacht in der Dorfstraße. Die Einwohner waren wenig einverstanden mit dem Plan und versuchten, die Krieger auseinanderzutreiben. Plötzlich aber erklärte sich Fritz zu ihrem General, sammelte von Haus zu Haus Mülleimerdeckel – die bestmöglichen Schilde – und organisierte in den Dünen eine Schlacht mit regelrechten Schlachtregeln, zur allgemeinen Befriedigung.

Natürlich veränderte sich bei Ausbruch des Krieges nicht nur unser eigenes Leben, sondern das ganze Leben in Harlech. Die Bergleute wurden eingezogen und das Coleg Harlech wurde von der Universität Liverpool übernommen: Die Abteilungen für Literatur, Biologie, Geographie und Geschichte wurden mit ihren Professoren nach Harlech verlegt. Meine Arbeit änderte sich insofern, als ich nun von der Universität Liverpool ein kleines Gehalt bekam. Der Coleg Harlech-Haushalt mußte etwas anders geführt werden als zuvor, schon weil wir mehr Studenten hatten und viele davon mußten im Dorf untergebracht werden.

Aber nicht nur die Universität Liverpool kam ins College, sondern auch der Pilgrims Trust, mit T. J., dem Leiter (Secretary) dieser Stiftung, und Sybil Jerome, seiner uns nun schon gut bekannten Sekretärin.

In Harlech wohnte T. J. zwar nicht im College, nahm aber seine Mahlzeiten dort ein. Für mich wurde die schönste Mahlzeit des Tages der *afternoon tea,* der Nachmittags-Tee, im Wohnzimmer von Miß Williams, der Haushälterin von Coleg Harlech. Da war T. J. entspannt, erzählte und stellte Fragen, und wir lernten uns wirklich gut kennen. Von bescheidenen Anfängen war er Professor der Universität von Aberystwyth geworden. Er war ein politisch sehr interessierter Mensch und war, zwischen 1916 und 1930, der Kabinetts-Sekretär unter mehreren bedeutenden Premier-Ministern gewesen, darunter Lloyd George (über den T. J. eine sehr gute Biographie geschrieben hat), MacDonald, und Baldwin, der ihn einmal in Harlech besuchen kam. Er war ein aktives Mitglied der von Bernard Shaw und den Webbs gegründeten *Fabian Society*, deren Ziel es war und ist, soziale Umwälzungen durch reformistische Methoden und wissenschaftliche Analyse herbeizuführen.

Er war auch ein naher Freund von Nancy, Lady Astor, der ersten Frau, die im Unterhaus als Abgeordnete saß, und die, obwohl konservativ, mit vielen der *Fabians* befreundet war. (Von unserer Begegnung mit Lady Astors jüngstem Sohn Michael habe ich ja schon erzählt.) Überhaupt schien T. J. alle Welt zu kennen und konnte, durch seine Beziehungen, Organisationen, die ihn interessierten, sowie vielen einzelnen Menschen, zum Beispiel deutschen *refugees*, helfen. Ich habe unendlich viel von ihm gelernt, besonders später, als ich für die Family Welfare Association oft Hilfsquellen organisieren mußte. Einmal fragte ich ihn, wie er es fertigbrächte, immer wieder für andere betteln zu gehen. Er sagte: Das einzige Prinzip ist, die Sache (oder den Menschen) für den man etwas tun will, wichtiger zu nehmen als sich selbst.

T. J. überließ dem College seine große Büchersammlung – einer der Gründe, eine Bibliothek zu bauen. Während des Baus lagen seine Bücher im Keller, und einmal, als ich vorbeiging, hörte ich unten Musik und ging hinunter. Der alte T. J., ein Buch in jeder Hand, tanzte allein zu der Musik.

Die Freundschaft mit T. J. blieb bestehen, als er und wir Harlech verließen. Er hat uns vielen interessanten Menschen vorgestellt und uns viele Türen geöffnet.

Ein anderer wichtiger Mensch für uns wurde Professor Roxby, der Leiter der nach Harlech evakuierten Fakultäten der Liverpooler Universität. Er war ein Quäker, der viele Jahre in China gelebt hatte. Es war eine meiner Pflichten, für ihn und seine Kleider zu sorgen; die Taschen seiner Anzüge waren immer voller Kaugummi, dazwischen Klammern, Bleistifte und Bonbons. Er machte sich große Sorgen um uns. »Was soll denn bloß aus euch allen werden? Als die Hugenotten nach England kamen, haben sie die Ochsenschwanzsuppe eingeführt und damit viel Geld verdient. Gibt es nicht irgendeinen anderen Teil vom Ochsen, den ihr einführen könntet . . .?« Das war Professor Roxby.

Von dem ganzen Universitätsstab war mir Grace Trenery die allerliebste. Sie kam aus Cornwall und war Dichterin und Professorin für Literatur. Sie war winzig und bezaubernd, der erste Mensch, den ich traf, der sich mit derselben Leichtigkeit und Souveränität mit Premier-Ministern wie mit Bergarbeitern unterhalten konnte. Alle waren sie ihre Freunde.

Sie verstand sich ausgezeichnet mit den Studenten, und zu uns war sie von der ersten Sekunde an außerordentlich liebevoll. Einmal sagte sie: »Für mich ist der einzige Trost in diesem schrecklichen Krieg, daß ich euch kennengelernt habe.« Sie war, wie Roxby, sehr um uns besorgt und konnte es nicht ertragen, daß wir so überhaupt nichts besaßen. Ich fand es damals sehr schön, nichts außer einem Koffer zu besitzen – nichts in Ordnung halten zu müssen, unbelastet zu sein. Grace aber ließ das nicht ruhen, sie war entschlossen, unsere Freude am Besitz wieder zu wecken. Es fing an mit einem Bild von Augustus John: Sie behauptete, keinen Platz dafür zu haben. Dann kam ein Paket mit Bestecken – und immer alles mit Entschuldigungsbriefen. »Meine liebe Lily, bitte verzeih. Ich weiß, du willst keinen Besitz. Aber ich habe so viel Silber und keine Zeit, es zu putzen«, usw. Etwas später kamen Bettdecken (»die werden bei mir von Motten aufgefressen«), und so richtete sie uns langsam ein. Sie war sehr klug und ahnte, daß ein wenig Besitz uns wieder Lust machen würde, ein eigenes Zuhause zu haben. Wir liebten sie sehr, und haben gerne von ihr angenommen, was sie uns schenkte und haben gern von ihr gelernt. Sie und ich hatten ein gemeinsames Problem – einen vollständigen Mangel an Orientierungssinn, so daß wir oft unseren Weg verloren. Grace hat den Nachruf für ihren Grabstein entworfen, der auch für mich passen würde:

Here lies Grace Trenery, they say,
But I say nay,
She never would have found the way.

Als im Frühjahr 1940 Hitlers Armeen ein europäisches Land nach dem anderen besetzten mit all den Schrecken, die man von ihnen erwarten mußte, wandelte sich das Aufatmen der letzten Monate in einen Alptraum. Alles kam so schnell, war so unfaßbar, daß es sehr bald nicht mehr undenkbar schien, daß diese Truppen eines Tages auch am schönen Strand von Harlech landen würden.

Dieser Strand war im Sommer 1940 schöner als je. Die Sonne strahlte Tag für Tag in einem blauen, wolkenlosen Himmel, und nicht nur die evakuierten Kinder, sondern auch die Harlecher Bevölkerung genossen diesen Sommer mit Schwimmen, Sonnenbaden, und Picknicks in den Dünen. Zu dieser unwirklichen Atmosphäre trug noch bei, daß die Waliser den Krieg nicht recht ernst nahmen – er war weit weg, und er war für sie ein Krieg der unbeliebten Engländer. Im Winter 1939/40 wurde eine *home-guard* (Bürgerwehr) gegründet. Fritz wurde aufgefordert, einzutreten und wurde als alter deutscher Offizier oft beim Aufbau dieser Bürgerwehr um Rat gefragt. Er zog es jedoch vor, immer nur die Rolle des Kriegsopfers zu spielen, vergast oder verwundet zu werden, um ja nicht etwa als feindlicher Ausländer Mißtrauen zu erwecken. Für ihn und für mich war diese Zeit eine schmerzliche Wiederholung der frühen Nazi-Jahre in Berlin: eine merkwürdige Mischung von wachsender Angst und Lebensgenuß, in Harlech allerdings gemildert und verschönert durch Sonne und Meer.

Im März 1940 wurden die englischen Behörden berechtigterweise ängstlich wegen der vielen *refugees*, die nicht immer ganz leicht von den Nazis zu unterscheiden waren. Alle Ausländer wurden vor Tribunale geladen, wir nach Carnarvon mit seinem großartigen Schloß. Dort wurden alle in Kategorien »mehr oder weniger gefährlich erscheinender Ausländer« eingeteilt. Da Fritz und ich nicht jüdisch aussahen, so spät aus Deutschland ausgewandert waren, und Fritz Offizier in der deutschen Armee gewesen war, erschienen wir als besonders gefährlich und wurden in die entsprechende Kategorie eingereiht. Fritz nahm das ruhig und gelassen hin, wie es seine Art war; mir aber war sofort klar, daß man protestieren mußte, obwohl ich damals noch nicht wissen konnte, wie wichtig das für uns werden sollte, denn bald darauf wurden alle Männer und Frauen dieser Kategorie verhaftet und nach Australien oder Kanada geschickt, und mehrere dieser Transportschiffe wurden von den Deutschen torpediert und versenkt.

Aber es war schwer, den gesetzestreuen Fritz zu einem Protest zu bewegen, und unser lieber T. J., der uns bisher in allem so sehr beigestanden hatte, war merkwürdigerweise nicht bereit, diesen Kampf für uns zu führen. Wahrscheinlich dachte er sich, die Autoritäten werden schon wissen, was sie tun! Aber dann kam unerwartete Hilfe von Mrs. Lloyd JP, der Friedensrichterin (Justice of peace) in Harlech, Witwe eines hohen Offiziers, und eine angesehene Frau, die mit uns von Anfang an befreundet war. Sie hatte keine Ahnung, was Judentum bedeutete, und fragte uns einmal ganz ernsthaft, ob wir wohl das nötige Oster-Lamm in Harlech auf dem Felsen opfern würden. Aber sie organisierte lebhaften Einspruch gegen die Tribunal-Kategorie, und so wurden wir bald vor ein zweites Tribunal geladen, und diesmal in die weniger »gefährliche« Kategorie eingereiht. Zu dieser Zeit tauchten dann auch schon die ersten Gerüchte über Internierungen auf.

Im Juni 1940, als nur noch der Kanal zwischen England und den deutschen Armeen lag, verloren die Engländer verständlicherweise den Kopf, und alle feindlichen Ausländer wurden interniert. Zu dieser Zeit waren das in Harlech außer

Fritz und meinen Brüdern nur zwei österreichische Studenten, die im College studierten. Alle fünf wurden am gleichen Tag verhaftet. In *Llywn* erschien früh am Morgen ein netter Polizist und holte Fritz ab. Für Susan und Kenneth Macaulay war das unfaßbar: »Aus unserem Haus ist ein Freund weggeführt worden!« Sie saßen eng umschlungen den ganzen Tag auf dem Sofa und schluchzten. Als wir am Abend den Polizisten wieder auf das Haus zukommen sahen, waren sie überzeugt, er käme, um mich abzuholen. Aber er kam nur, um alles Geld abzuliefern, das die fünf Männer bei sich hatten, aber nicht mitnehmen durften. Er dachte, es wäre am sichersten bei mir aufgehoben. Ein goldenes Zigarettenetui von Max brachte er auch mit. Er bedauerte tief, daß er diese »schreckliche Aufgabe« gehabt hatte, die fünf Männer zu verhaften. Wir hörten später, daß er alle fünf »Häftlinge« auf der Fahrt nach Liverpool zu einem guten Mittagessen mit Sherry eingeladen hatte.

In einem Lager bei Liverpool blieben alle Internierten für ein paar Monate. Meine Brüder traten von dort aus in die englische Armee ein. Alle, die dies nicht konnten oder wollten, wie auch Fritz, der zu alt und zu wenig kräftig war, wurden auf eine nicht sehr weit entfernte Insel, die Isle of Man, gebracht.

Als Fritz weg war, zog ich sofort ins College. Das war aus persönlichen wie aus praktischen Gründen besser. Meine Schwägerin und das Kind blieben weiter, mit einer Unterstützung von T. J. in Harlech. Uns, Fritz und mich, hatte er, seit wir bei den Macaulays wohnten, die darauf bestanden, daß wir nun ihre Gäste seien, nicht weiter unterstützt. Ich verdiente ja nun auch ein bißchen Geld und konnte sowohl der Schwägerin und dem Kind, vor allen Dingen aber den drei Männern in das Internierungslager schicken, was sie brauchten, vor allem Zigaretten.

Sehr bald, nachdem Fritz interniert worden war, suchte mich im College der Nachfolger des sympathischen Professors Roxby auf, der inzwischen nach Liverpool zurückgerufen und *vice-president* der Universität geworden war. Sein Nachfolger war sehr viel weniger großzügig und sehr viel weniger verständnisvoll. Er erschien also eines Tages bei mir und sagte: »Es tut mir sehr leid, aber wir haben so viele Unannehmlichkeiten hier im Dorf, weil wir eine *enemy alien* (Ausländerin aus Feindesland) anstellen. Ich kann das nicht länger verantworten, und wir müssen Sie daher entlassen. Sie haben einen Termin von zwei Wochen.« Das war ein harter Schlag. An diesem Tag war Kenneth Macaulay gerade auf Urlaub: er war zu der Zeit Finanzdirektor im Transportministerium. Er sollte an dem Abend wieder nach London zurückfahren, und ich war zum Abendessen eingeladen, um mich zu verabschieden. Ich hatte ja schon gelernt, daß man in England andere Leute nicht mit seinen Sorgen behelligen darf, und ich nahm mir vor, nichts von meiner Entlassung zu sagen. Aber natürlich kam die Geschichte doch raus. Macaulays waren so außer sich und Kenneth so wütend, daß ich die Universität noch verteidigen mußte: »Warum sollen sie meinetwegen Unannehmlichkeiten haben?« Als ich mich verabschiedete, um wieder ins College zurückzugehen, sagte Kenneth: »Ich fahre noch nicht weg. Mein Urlaub ist verlängert worden, wie lange, das weiß ich noch nicht ...«

Am nächsten Morgen saß zu meinem größten Erstaunen Professor Roxby aus Liverpool am Frühstückstisch, kam mir über die ganze Länge des Speisesaals entgegen, nahm meinen Arm und ließ mich den ganzen Tag nicht von seiner Seite. Beim Mittagessen kündigte er an, daß am Abend eine Versammlung stattfinden würde, um die Kriegsarbeit der Studenten zu besprechen, und forderte mich auf, mitzukommen. Nachdem bei der Versammlung alles besprochen war, sagte Roxby: »Nun müssen wir einen Menschen wählen, der die Aufsicht über die Kriegsarbeit übernimmt, und ich darf vielleicht sagen, daß ich das Gefühl habe, daß nur ein Mensch das vollste Vertrauen sowohl der Studenten wie des Lehr- und Hauspersonals hat, und das ist Mrs. Lily Pincus.« So wurde ich gewählt, der Kriegsarbeit der Studenten vorzustehen, und erst da fiel bei mir der Groschen. Ich fragte Roxby, ob Kenneth Macaulay ihn gestern abend angerufen habe, was er bejahte. »Da kein Zug mehr von Liverpool bis Harlech ging (das war während des Krieges fünf Stunden Fahrt), hat Kenneth mich mit dem Auto abgeholt, und zusammen haben wir uns diesen Plan ausgedacht.« Meine Stellung im College war damit gesichert, und die ganze Geschichte mit der Entlassung wurde stillschweigend vergessen. Daß zwei Männer in so hohen Stellungen, Vizepräsident der Liverpooler Universität und Finanzdirektor des Transportministeriums, mitten im schlimmsten Krieg ihre Pläne spontan aufgaben, um einer unbedeutenden deutschen Jüdin zu helfen, war ein erschütterndes Erlebnis, besonders, wenn man aus Deutschland kam.

Als meinen Brüdern im Herbst 1940 nahegelegt wurde, in die englische Armee einzutreten, taten sie das mit Überzeugung. Das einzige Regiment, das ihnen offenstand, war das Pionier Corps. Das war keine Kampftruppe – und galt als nicht ganz vollwertig. Sie mußten ihren jüdisch klingenden Namen ändern, und überhaupt alles vermeiden, was sie als jüdische *refugees* erkenntlich machte. Oscar wurde, da er sehr sprachbegabt war, er sprach nicht nur deutsch, französisch und englisch, sondern auch russisch, sehr bald Dolmetscher. Max tat brav und ordentlich alles, was von ihm erwartet wurde und war dankbar, nun Frau und Kind durch seinen Soldatensold erhalten zu können. Für Fritz wäre es ein viel größeres Problem gewesen, englischer Soldat zu werden, aber er wurde ja aus Altersgründen nicht eingezogen. Das hieß allerdings, daß er sehr viel länger interniert war. Er wurde aber sehr schnell »Lagervater«, hatte also viel Verantwortung und fühlte sich nützlich.

Er durfte einmal in der Woche schreiben, und ich durfte auch einmal wöchentlich antworten. Als Weihnachten kam, fragte ich an, ob ich vielleicht zu Besuch kommen könnte mit ein paar Sachen, mit denen das Fest im Lager etwas festlicher gemacht werden könnte. Das wurde genehmigt. Als mein Plan in Harlech bekannt wurde, wurde ich mit Geschenken für die Internierten überschüttet, besonders von den Geschäftsleuten. Ich fuhr also, beladen wie ein Weihnachtsmann, ins Lager, wo ich im strömenden Regen mit meinem Riesengepäck ankam. Der Kommandant des Lagers sah mich wohl aus dem Autobus aussteigen, jedenfalls kam er heraus (ich weiß nicht, ob Fritz ihm gesagt hatte, daß ich komme), hängte mir seinen Mantel um, um mich vor dem Regen zu schützen, trug einige meiner Körbe und Pakete, und holte andere Leute, um mir behilflich zu sein. Das allererste Treffen mit Fritz fand unter Aufsicht statt, aber wohl durch die Freundlichkeit des Kommandanten durften wir dann später alleine sein. Ich konnte natürlich nicht im Lager wohnen, aber die Biologie-Professorin der Liverpool University hatte ein Haus auf der Isle of Man und nahm sich meiner liebevoll an. Sie hatte bei einem Autounfall ein Bein verloren und konnte nur mit einem Chauffeur Auto fahren. Einmal fuhr sie mich auf der Insel spazieren; plötzlich hielt der Chauffeur das Auto an und sagte: »Das ist der Friedhof für die Kriegsgefangenen aus dem vorigen Krieg. Ich dachte, das würde Frau Pincus interessieren . . .« So mußte ich mir also den Friedhof ansehen.

Auf Fritzens Wunsch fuhr ich am Tag vor Weihnachten wieder weg, denn er wollte sich seinen Lagerkameraden frei und unbeschwert widmen können. Es war ja für sie alle sehr schwer, von ihren Familien getrennt zu sein. Und ich war auch ganz froh, es meinem kleinen Neffen und der Familie Macaulay ein bißchen weihnachtlich zu machen. Es wurde, selbst ohne Fritz, ein schönes Weihnachten, obwohl man sich immer des Vorstoßes der deutschen Armeen bewußt war, und nicht wußte, was das nächste Jahr bringen würde.

Fritz wurde im März 1941 aus dem Lager entlassen. T. J. hatte dabei eine entscheidende Rolle gespielt: Er hatte die Entlassung beantragt, damit Fritz ihm im Pilgrims Trust etwas helfen konnte, denn seine Angestellten waren zum Teil eingezogen worden. So kam Fritz also nicht nur nach Hause, sondern hatte auch gleich eine Stellung. Zu diesem Zeitpunkt war das Gesetz geändert worden, und man bekam Arbeitserlaubnis für gewisse Arbeiten, wie, in diesem Falle, im Pilgrims Trust. Zuerst befand sich dieser noch in Harlech, aber dann wurde er nach London zurückverlegt, und Fritz ging für ein paar Monate mit. Das war im Herbst 1941.

Der Krieg breitete sich überall aus. Für uns selbst kamen zu all diesen Sorgen auch noch die ersten, furchtbaren Berichte über Hitlers Endlösung der Judenfrage durch die Gaskammern. Wir hörten davon durch Bruno Adler, der ja aufgrund seiner Tätigkeit in einem politischen Informationsdienst gut Bescheid wußte. Er liebte Harlech und verbrachte Ferien und freie Wochenenden bei uns.

Ich hatte von meiner Mutter eine überaktive Schilddrüse geerbt, die mich allerdings bisher wenig bekümmert hatte. Aber im Frühjahr 1942, wohl anfällig durch die vielen Sorgen, wachte ich eines Morgens mit einer Art Tennisball auf meiner Schilddrüse auf. Unser Dorfarzt war höchst alarmiert und schickte mich sofort in ein großes Londoner *training-hospital*. Dort wurde mir mitgeteilt, der Tennisball sei eine Zyste, die operiert werden müsse, im Moment aber sei kein Bett frei; sie würden mich benachrichtigen, wann die Operation stattfinden könne. Ich fragte, ob es keine andere Möglichkeit gäbe, die Zyste zu behandeln, wurde aber streng zurechtgewiesen: eine Zyste sei ein organisches Gewächs, das nur durch operativen Eingriff entfernt werden könne.

Claire Löwenfeld, die auf dem Lande wohnte und eine ausgebildete Bircher-Benner-Diätspezialistin war, lud mich ein, die Wartezeit bei ihnen zu verbringen und ernährte mich ausschließlich mit Frucht- und Gemüsesäften. Jede Woche mußte ich zu dem dortigen Dorfarzt gehen, um mir eine Bescheinigung für das Krankengeld geben zu lassen, und jede Woche war die Zyste um ein weniges kleiner. Als schließlich nach sechs Wochen die Aufforderung zur Operation vom Charing Cross Hospital kam, war sie völlig verschwunden. Aber die Ärzte dort waren keineswegs erfreut – sie waren fast böse – und lehnten meinen Bericht über die strenge Rohkost-Behandlung als Unsinn ab. Ich aber fuhr beglückt zurück nach Harlech, wo ich noch weitere drei Monate streng vegetarisch lebte. Ich wurde nicht nur die Zyste, sondern auch meine ganze Schilddrüsenvergrößerung für immer los.

In London war mir das Ausmaß der Zerstörung durch Bomben klar geworden. Wir waren ja in Harlech so weit entfernt vom Krieg; ich hatte dort keine einzige Sirene gehört. Die kriegerischen Versuche unserer Bürgerwehr waren nicht sehr ernst zu nehmen, aber in die Kantine, in der ich abends arbeitete, kamen oft verwundete Soldaten, die in Wales auf Erholungsurlaub waren und manchmal von ihren Erlebnissen erzählten.

Ende 1942 wurde Coleg Harlech in Beschlag genommen vom ABCA – dem Army Bureau for Current Affairs (Armee-Büro für Zeitgeschehen), dessen Aufgabe es war, Offiziere etwas politisch zu bilden. Die Abteilungen der Universität gingen nach Liverpool zurück, aber ich blieb in meiner Stellung in dem nun von englischen Offizieren bevölkerten College. Obwohl alle wußten, daß ich Deutsche war, wurde ich höchst freundlich behandelt.

Seit Fritzens Rückkehr aus der Internierung hatten wir eine kleine möblierte Wohnung; nach der langen Trennung war es schön, alleine zu wohnen, obwohl die Macaulays uns nur ungern hatten wegziehen lassen.

Als sich die Situation im Pilgrims Trust veränderte, wurde Fritz dort nicht mehr gebraucht. Aber da es ja nun möglich wurde, eine Arbeitserlaubnis zu bekommen, war es auch an der Zeit, daß Fritz sich um eine Stellung bemühte. Einer seiner Mitinternierten, mit dem er sich besonders angefreundet hatte, war Fritz Field. Dieser hatte so sehr unter der Trennung von seiner Frau und seiner kleinen Tochter gelitten, daß Fritz mich dringend bat, die beiden in Harlech unterzubringen, weg von den Bomben. Das tat ich, und wir wurden sehr gute Freunde. Fritz Field war eigentlich Innenarchitekt, aber er war journalistisch sehr begabt, und als er aus der Internierung entlassen wurde, bekam er sehr schnell eine Stellung in der deutschen Abteilung der BBC, die im September 1938, auf dem Höhepunkt der Sudetenkrise gegründet worden war und eine Stunde Sendezeit am Tag hatte. Bei Kriegsausbruch aber wurde der BBC Overseas Service der größte fremdsprachige Rundfunkdienst der Welt. Etwa drei Viertel der Mitarbeiter des deutschsprachigen Dienstes waren emigrierte Intellektuelle aus Deutschland, Österreich und dem Sudetenland, die zu dem wohlverdienten Ruf der Kühle, Nüchternheit und Distanz zum Gegenstand beitrugen, obwohl sie mit vollem moralischen Recht die Zerstörung des Dritten Reiches wünschten. Goebbels machte dem guten Ruf des deutschen BBC-Service durch das am ersten Kriegstag bei schweren Strafen erlassene (allerdings weithin mißachtete) Verbot, fremde Sender zu hören, das größte Kompliment. Fritz Field setzte nun alles in Bewegung, um auch meinen Mann dort unterzubringen. Dazu war es nötig, daß er in London lebte, und die Fields luden ihn in ihr gastliches Haus ein, wo er sich sehr wohl fühlte. Es dauerte dann auch nicht sehr lange, bis er eine Stellung bei der BBC bekam. Er war kein Journalist und war nie sehr glücklich dort, aber wenigstens bekam er nach einiger Zeit ein eigenes Programm: die Welt im Spiegel der englischen Presse. Dafür mußte er jeden Tag zahllose Zeitungen lesen, und das tat er sehr gerne. In dieser Stellung blieb er auch, bis er 1953 so krank wurde, daß er nicht mehr arbeiten konnte.

Etwa 1945 kam ja auch Bruno Adler zur BBC und arbeitete an Sendungen für die DDR. Er war dank seiner vorhergehenden Arbeit gut informiert über die Vorgänge in Deutschland, und durch ihn hörten wir, was dort vor sich gegangen war. Von ihm erfuhren wir auch von den Ereignissen des 20. Juli 1944, ein Augenblick der Hoffnung, der in Entsetzen und tiefe Trauer über die verlorenen Freunde umschlug. Adam von Trott war unter den so schmählich Hingerichteten, und viele seiner und unserer Freunde wurden verhaftet.

Als Fritz anfing bei der BBC zu arbeiten, zogen wir beide

nach London. Der Abschied von Harlech war nicht leicht; die schöne Landschaft, das lebhafte Coleg Harlech und die vielen neuen Freunde waren uns ans Herz gewachsen. Während der Internierung meines Mannes und meiner Brüder, wie auch nach ihrer Rückkehr, hatte sich die Einstellung der Waliser Bevölkerung und unserer vielen englischen Freunde in Harlech nicht nur nicht verändert, sie wurde immer freundschaftlicher. Jeder tat, was er überhaupt nur konnte, um unsere Situation zu erleichtern, und als es klar wurde, daß wir aus Harlech weggehen würden, da wir uns in London ein neues Leben aufbauen wollten, entstand eine ganze Welle von neuer Besorgnis um uns. Wie werdet ihr bloß leben in dem teuren London? Grace Trenery machte die größten Anstrengungen, um uns mit Möbeln, Decken, Wäsche, Silber und ich weiß nicht was auszustatten, denn sie dachte mit Recht, wir würden ja nun versuchen müssen, uns eine Wohnung einzurichten. Professor Roxby, der selber sehr wenig Geld hatte, schickte uns ein paar antiquarische Bücher, von denen er glaubte, daß wir sie in London gut verkaufen könnten. Alle möglichen Leute gaben uns Geld, damit wir überhaupt in London leben konnten, und ein Freund aus Harlech hatte eine Wohnung am Grosvenor Square, das ist so ungefähr die teuerste Gegend Londons, die er uns mietfrei zur Verfügung stellte. Das schien eine großartige Idee, bis wir herausfanden, daß die Grundsteuern in Grosvenor Square so ungeheuer hoch waren, daß es sehr viel billiger war, eine nicht mietfreie Wohnung irgendwo anders zu nehmen.

Im April 1943, etwas über vier Jahre, nachdem wir den Freundeskreis in Deutschland verlassen hatten, verließen wir die neugewonnenen Freunde in Harlech. In dieser kurzen Zeit hatten wir in der Fremde wieder eine Gruppe Menschen gefunden, die für unser Leben wichtig wurden. Dies Bewußtsein half sehr bei dem Neuanfang in London.

Kapitel 7

London

Ein neues Leben – alte und neue Freunde

Fritz hatte also seine Stellung bei der BBC, und ich mußte mich nun auch nach Arbeit umsehen. Ich hatte gute Referenzen vom College und ein besonderes Empfehlungsschreiben von T. J. an das YWCA (Young Women's Christian Association), den Christlichen Verein junger Frauen. Als ich mich dort vorstellte, bot mir die Personal-Bearbeiterin sofort eine gut bezahlte Stellung in einem Heim für Fabrikarbeiterinnen an. Drei oder vier Tage später sollte ich dem entsprechenden Komitee vorgestellt werden, um den Vertrag abzuschließen. Einen Tag davor rief mich dieselbe Personal-Bearbeiterin an und sagte: »Frau Pincus, ich weiß nicht, wie ich Ihnen sagen soll, was ich Ihnen sagen muß. Sie kommen mir nicht aus dem Sinn. Wir brauchen Sie sehr nötig, aber Sie sind eine geborene Sozialarbeiterin und sollten keine andere Arbeit tun. Ich habe mir deshalb die Freiheit genommen, mich mit der Charity Organisation Society (der in England angesehensten freiwilligen Familienfürsorge) in Verbindung zu setzen. Die suchen einen Sozialarbeiter und würden Sie gerne kennenlernen.«

Erstaunt und beglückt besuchte ich also die Charity Organisation Society und wurde, obwohl ich keinerlei Vorbildung hatte, sofort angestellt. Ich wußte, wie schwer es im Jahre 1943 war, jemanden zu finden, der einen großen Haushalt leiten konnte, und ich hatte das ja sowohl in Potsdam auf dem Küssel als auch in Coleg Harlech getan. Daß diese YWCA-Personal-Bearbeiterin ihre eigenen Interessen so hintan setzte, um mich zu fördern, ist für mich eines der vielen Wunder meines Lebens. Ich bin dieser Frau immer unendlich dankbar geblieben.

Nun hieß es also, eine Wohnung zu finden. Wir hatten keine Ahnung, wo wir in dem großen London nach einer solchen suchen sollten. Da sahen wir eine möblierte Wohnung in Highgate angezeigt, die sympathisch klang: »Zwei bis drei Zimmer in schöner Gegend, direkt an Wäldchen«. Fritz fuhr hin, traf die Wirtin, mit der er sich sofort sehr gut verstand, und wir beschlossen, die Wohnung zu beziehen. Die freundliche Vermieterin stellte eine einzige Bedingung: Sie bestand auf einer Bankreferenz über uns, wie das in England so üblich ist. Alsbald kam die Referenz unserer Bank in Harlech: Die Pincussens sind nette und anständige Leute, aber Geld haben sie überhaupt nicht. Mrs. Cotton, so hieß die Wirtin, bat Fritz noch einmal zu sich und sagte ihm: »Wie kann ich Ihnen eine Wohnung vermieten, wenn sie überhaupt kein Geld haben?« Tieftraurig, daß aus dieser schönen Möglichkeit nichts werden sollte, beschlossen wir, uns nach etwas anderem umzusehen. Am nächsten Morgen rief Mrs. Cotton an und sagte: »Wie blöd von mir, ich hätte doch wissen müssen, daß Sie in Ihrer Situation kein Geld haben. Bitte seien Sie mir nicht böse und nehmen Sie doch die Wohnung.« Wir blieben fünf Jahre bei Mrs. Cotton, und es wurde eine schöne Zeit, obwohl wir in dieser Wohnung unsere ersten Erfahrungen mit den Bomben machten.

Fritz, wie jeder der wenigen vorhandenen Männer, wurde sofort zum Straßenschutz gewählt, und ich bekam auch einen Posten, bei dem ich eine Nacht jede Woche irgendeine Pflicht hatte, aber auch sonst zur Verfügung stand, soweit es meine Arbeit erlaubte. Das erstaunliche für uns war, daß, obwohl wir als völlig Fremde, als *enemy aliens,* noch nicht naturalisiert, in London ankamen, nie auch nur das geringste Mißtrauen seitens der Engländer zu spüren bekamen. Die Tatsache, daß wir beide in hochangesehenen Institutionen, nämlich Fritz beim BBC und ich bei der Charity Organisation Society angestellt waren, erleichterte es wohl den Menschen, uns ohne Mißtrauen entgegenzukommen.

Die ganze Kriegssituation wurde von den Engländern mit für uns erstaunlichem Fatalismus hingenommen. Sie blieben ruhig und gelassen auch während der schlimmsten Bombenangriffe. Bei der Charity Organisation Society war eine Sekretärin, die eines Morgens etwas spät, ziemlich weiß im Gesicht, ankam, und als Entschuldigung erklärte, daß ihr Haus zerbombt worden sei. Erst viel später erfuhren wir, daß ihre beiden Eltern bei diesem Angriff umgekommen waren. Aber sie tat ihre Arbeit den ganzen Tag.

Wenn man auf Nachtwache stand, war das Erstaunlichste die scheinbar völlige Entspanntheit der Leute. Sie erzählten sich Geschichten und Witze, und einer machte immer Tee. Die ganze Nacht durch wurde Tee getrunken, und diese Wachen waren seltsamerweise keine schrecklichen Erlebnisse, obwohl zwischendurch schon manchmal Bomben fielen. Zu meinem großen Glück konnte ich oft selbst den schwersten Bombenangriff verschlafen. Einmal kam Fritz frühmorgens von seinem BBC-Nachtdienst nach Hause und fand mich tief schlafend am Boden liegen. Ich war zwar bei der Bomberei aus dem Bett gefallen, aber nicht aufgewacht. Am schlimmsten waren die Angriffe der V1 und V2, die im Jahre 1944 ohne jede Vorwarnung auf London fielen und die Stadt unsicher und unheimlich machten. Gottlob nahmen dann bald die Angriffe auf England ein Ende.

Als endlich die Waffen ganz schwiegen, in der Nacht der Friedensfeier, war das jahrelang verdunkelte London von riesigen Feuerwerken erleuchtet. BBC-Angestellte mit ihren Familien, Menschen vieler Nationen, standen auf dem Dach des BBC-Gebäudes und sahen sich gemeinsam dieses Schauspiel an. Es war für alle ein ungeheures Erlebnis, ein Fest. Für die aus Deutschland stammenden Menschen, besonders für die Juden, wurden neben dem Gefühl der Befreiung, daß die

Schrecken des Krieges und der Nazizeit nun vorbei waren, andere Gefühle angerührt. Wir wußten von der großen Zerstörung in Europa und in Deutschland, und wir bangten um das Schicksal mancher Freunde und Verwandte. Wir hatten Gerüchte gehört über die Gaskammern, die endgültige Lösung der Judenfrage. Alles in uns wehrte sich, diese Gerüchte zu glauben. Obwohl wir die Wahrheit wissen wollten, fürchteten wir sie auch. Ich weiß nicht, ob es solche Gedanken waren, die Fritz überwältigten. Er wurde ohnmächtig, und wir brachten ihn in das nächste Krankenhaus, wo er ein paar Stunden blieb, um sich zu erholen.

1948 mußten wir unsere schöne kleine Wohnung bei Mrs. Cotton verlassen, weil ihre Familie aus Indien zurückkam. Die Wohnungsnot in London war sehr schlimm geworden. Nach langem Suchen fanden wir endlich ein Zimmer, wieder in Highgate, in dem Haus einer großen Arbeiterfamilie, in dem sieben Menschen lebten. Sie hatten ein Zimmer und eine kleine Küche frei, und wir zogen ein, mit der Absicht, dort einige Wochen zu bleiben, während wir uns nach etwas anderem umsahen. Das Haus war sauber und die Menschen unendlich freundlich und hilfsbereit, und wir blieben dort elf Jahre. Denn 1952 erkrankte Fritz an Krebs und die Hilfe und Wärme dieser guten Menschen in dieser schweren Zeit wurde uns wichtiger als es die schönste Wohnung gewesen wäre.

Wir wohnten bei den Tarrys, so hießen unsere hilfreichen Wirte, bis zum Frühjahr 1959. Im vorhergehenden Winter hatte Fritz eine weitere, sehr schlimme Operation, bekam einen künstlichen Darmausgang, und brauchte nun mehr Bequemlichkeit und einen intimeren Lebensraum. Es war nicht länger möglich, bei den netten Tarrys zu bleiben.

Glücklicherweise konnten wir zu diesem Zeitpunkt Wiedergutmachungsgeld aus Deutschland erwarten. Fritz hatte sich lange geweigert, überhaupt einen Antrag zu stellen. Er wollte Deutschland in keiner Weise verpflichtet sein und fand, daß

Geld nicht gutmachen könne, was den Juden geschehen sei. Da er aber nun kein Geld mehr verdienen konnte, ließ er sich schließlich von der Notwendigkeit überzeugen, wenigstens einen Antrag auf Entschädigung für Berufsschaden zu stellen. Die Möglichkeit weiterer Anträge für Verlust von Hab und Gut und für Schaden an seiner Gesundheit lehnte er ab.

Bald nachdem Fritz aus dem Krankenhaus entlassen war, ging ich also auf das Deutsche Konsulat in London mit der Bitte um Beschleunigung von Fritzens Antrag, da seine schwere Krankheit einen schnellen Wohnungswechsel erforderte. Da es fast keine Mietwohnungen gab, mußten wir eine Wohnung kaufen. Die deutschen Beamten stellten viele Fragen über unsere augenblickliche Lebenssituation und schlugen nach meinem Bericht die Hände über dem Kopf zusammen: »Wie haben Sie nur elf Jahre so leben können?« Meiner Versicherung, es sei gar nicht so schlimm gewesen, konnten sie kaum glauben.

Das Entschädigungsgeld kam auch bald, und ich mußte nun an Wohnungssuche denken, bei der Fritz natürlich nicht helfen konnte, und ich selbst hatte wenig freie Zeit. Wieder einmal geschah ein Wunder: Die allererste Wohnung, die ich sah und in der ich noch heute wohne, erwies sich als so ideal, daß ich nur den einen Wunsch habe, sie nie mehr wechseln zu müssen. Auch die nötige Besorgung von Möbeln und all den andern Dingen klappte unvorstellbar schnell und gut, und im Mai 1959 zogen wir in unsere eigene Wohnung, die einen Ausblick auf Bäume und grüne Wiesen hat, und in der Fritz noch vier glückliche Jahre verbringen konnte. Zur Zeit dieses Umzugs waren wir siebenunddreißig Jahre verheiratet, aber außer den zwei Jahren in Berlin hatten wir nie alleine in einer eigenen Wohnung gelebt. Daß wir das in diesen letzten Jahren von Fritzens Leben durften, empfanden wir beide als großes Glück.

Zu dieser Zeit waren wir auch wieder mit vielen der alten Freunde, sofern sie überlebt hatten, in Verbindung. Von Elsa

Gindler kam die traurige Bestätigung unserer Befürchtungen um Saul – er war 1943 umgebracht worden. Sie war bis zum letztmöglichen Moment, ungeachtet ihrer eigenen Gefährdung, mit ihm in Verbindung geblieben und hat nach seinem Tode seine Mutter und Schwester seelisch und finanziell unterstützt, bis auch sie deportiert wurden.

Elsa Gindler selbst hatte im Krieg ihr gesamtes Material, das sie während ihres ganzen Arbeitslebens gesammelt hatte, und das die Grundlage für eine Veröffentlichung über ihre Arbeitsmethode werden sollte, verloren. Alle die Filme, Fotos, Bänder wurden während eines Bombenangriffs zerstört, es war ein schwerer Schlag für sie. Obwohl sie selbst also nichts veröffentlichen konnte, ist ihre Arbeit doch nicht vergessen worden. Immer wieder treffe ich in verschiedenen Teilen der Welt Gymnastiklehrerinnen, die bei Elsa Gindler ausgebildet worden sind, und ihre Arbeitsmethoden nicht nur am Leben erhalten, sondern weiterentwickeln und weitergeben.

Von unserem ersten Auslandsbesuch 1947 an, besuchte uns Elsa immer, wo immer wir auch in Deutschland oder in der Schweiz in Ferien waren. Das erste Treffen fand im Schwarzwald statt, wo wir auch unsere letzten Ferien im nationalsozialistischen Deutschland verbracht hatten. Jetzt schienen die Menschen erleichtert, daß sie sich nicht mehr so schlecht benehmen mußten, und kamen uns besonders freundlich und warm entgegen. Sie wußten ja, was inzwischen geschehen war. Mitgefühl mit uns, und Schuldgefühle über das Geschehene beeinflußten ihre Beziehung zu uns. Solche Gefühle, und unsere Reaktion darauf, sind seitdem untrennbar von unserer Beziehung zu vielen deutschen Menschen, die die Hitlerzeit als Erwachsene erlebt haben.

Auf dieser Reise, mit dem Flugzeug bis Basel und dann mit der Bahn nach Freiburg, sahen wir mit Ausnahme von Freiburg selbst kaum Gegenden, die durch Bomben zerstört worden waren. Wir standen nach fast zehn Jahren wieder vor dem Münster, das wir beide immer geliebt hatten, und waren fast überwältigt von diesem Wiedersehen; wie wir überhaupt überall in Deutschland nicht das Gefühl einer Rückkehr hatten, sondern nur das eines Treffens mit alten Freunden und Altvertrautem, darunter auch dem Freiburger Münster. Und die Freunde kamen von weit her, aus allen Richtungen: Oskar Beyer vom Kunstdienst, der uns vom Tode seiner Frau berichtete. Sie war wenige Tage nach der Befreiung im Lager vor Schwäche gestorben. Die Menschen, die mit ihr im Lager gewesen waren, konnten nicht genug von ihrer Haltung und ihrer Hilfsbereitschaft erzählen. Stefan Hirzel, unser Freund und Küssel-Baumeister, kam. Auch Josy Holsten, die nun eine erfolgreiche und beliebte Schauspielerin am Züricher Schauspielhaus war. Sie hatte es zuerst sehr schwer gehabt, denn die vielen deutschen Emigranten am dortigen Schauspielhause, politisch meist sehr linksgerichtete, konnte ihr nicht verzeihen, daß sie so lange in Deutschland geblieben war.

Bei unserm ersten Treffen im Schwarzwald schlug Elsa Gindler uns vor, im nächsten Jahre, 1948, wiederzukommen. Sie wollte in Hindelang einen Kurs für ihre Berliner Studenten geben, und lud mich dazu ein. Es war ihr wichtig, daß diese Studenten, von denen manche noch von der Nazizeit verwirrt und verunsichert waren, mich treffen sollten. Gleichzeitig arrangierte sie mit einer Gruppe von Münchner Sozialarbeiterinnen ein Seminar, in dem ich über meine Arbeit in London berichten sollte. Das wurde also der erste Besuch in Deutschland, bei dem ich eine Aufgabe zu erfüllen hatte.

Im nächsten Jahr fuhren wir nach Vevey, um eine alte Tante wiederzusehen, und dort besuchte uns auch Ilse Schieschke. Sie war von München mit der Bahn dritter Klasse gefahren und behauptete, das mache ihr Vergnügen, weil man so viel für sein Geld habe. Ein Zweck ihres Besuches war es, uns eine Schachtel mit Schmuckstücken zu übergeben, die sie vor unserer Auswanderung für uns »gerettet« und bei Schweizer Freunden untergebracht hatte. Sie war unendlich beglückt, sie uns nun überreichen zu können. Als wir die Schachtel öffneten, blitzte es nur so von wertvollen Juwelen – leider waren es nicht die unseren, die sehr viel weniger kostbar gewesen waren. Es stellte sich dann heraus, daß die Kinder von Ilses Freundin, die für mehrere Menschen Wertgegenstände aufbewahrt hatte, mit den Schachteln gespielt und alles durcheinandergebracht hatten. Unser Kästchen war verschwunden, und die Besitzer der mitgebrachten Schachtel waren tot und ohne Erben. Trotz allen Drängens weigerte sich der streng preußische Fritz natürlich, die mitgebrachten Schätze anzunehmen, auch nicht, wie wir vorschlugen, um sie wohltätigen Zwecken in England zukommen zu lassen.

Mit dem zweiten Anliegen, das sie nach Vevey geführt hatte, war Ilse erfolgreicher. Ihre Tochter Veronika war jetzt vierzehn und wollte gern für ein Schuljahr nach London kommen. Sie hatte es schwer gehabt; sie war zwar hellblond und blauäugig, war aber vierteljüdisch, hatte einen Vater in einer Nervenheilanstalt und eine Tante und einen Onkel, die als Kommunisten während der ganzen Nazizeit in einem Konzentrationslager waren (beide haben dies erstaunlicherweise überlebt und arbeiten heute als Ärzte in Bayern).

Mit Hilfe von Freunden, die eine gleichaltrige Tochter hatten, konnten wir das englische Schuljahr arrangieren, und es wurde ein gutes Jahr für alle. Veronika war kurz vorher in München konfirmiert worden und bat mich, sie in die Church of England einzuführen. Am allerersten Sonntag ging ich also mit ihr in die schöne Kirche am Trafalgar Square, St. Martin's in the Field. Dort fand gerade ein Taufgottesdienst für farbige Babies statt; die ganze Kirche war voll mit farbigen Familien und ihren entzückenden Babies. Es war alles sehr reizvoll, aber etwas verwirrend für ein deutsches Mädchen, das kaum je einen Farbigen gesehen hatte. Am Sonntag darauf gingen Fritz und ich mit Veronika nach Windsor, in die St. George's Chapel. Wir wußten nicht, daß es gerade St. George's Day war. All die Ordensritter in ihren prunkvollen Gewändern füllten die Kirche. Gewöhnliche Sterbliche wie wir mußten draußen stehen. Das war also wieder keine Einführung in die Church of England. Nach diesen Fehlschlägen wollte ich ganz sicher gehen, rief den netten Pfarrer von der

Kirche an, die ich manchmal besuchte, und er versicherte mir, daß am nächsten Sonntag wirklich ein ganz normaler Morgen-Gottesdienst stattfinden würde. »Bringen Sie nur Ihre junge Freundin, wir werden sie sehr willkommen heißen.« In dieser Kirche trafen wir uns immer alle nach dem Gottesdienst zu einem Familien-Frühstück, bei dem auch Ankündigungen gemacht wurden. Diesmal verkündete der Pfarrer, daß wir einen ganz besonderen Gast hätten, Veronika, die noch nie vorher einen Church-of-England-Gottesdienst gesehen hätte. Veronika war der Mittelpunkt bei diesem Frühstück, alle sprachen mit ihr und luden sie in ihre Häuser ein. Als ich sie später fragte, wie ihr denn nun der Church-of-England-Gottesdienst gefallen hätte, sagte sie: »Na herrlich, ich hätte ja nie gedacht, daß ich da eine solche Rolle spielen würde.«

Unser allererster Gast in London nach dem Krieg war Paul Tillich. Er kam im Frühjahr 1947, und von da an fast jedes Jahr, immer mit irgendwelchen Lehraufträgen in England oder Schottland. Das erste Jahr hielt er ein Seminar in Cumberland Lodge im Windsor Great Park, ein an die Londoner Universität angegliedertes College, dessen Ziel es ist, Studenten aller Fakultäten behilflich zu sein, in ihrem Studium religiöse Einsichten zu gewinnen. Die Königinmutter und Prinzessin Margaret kamen oft am Sonntag nach ihrem Kirchbesuch nach Cumberland Lodge, und bei einer solchen Gelegenheit trafen sie Tillich und unterhielten sich etwa zwanzig Minuten mit ihm. Als Fritz und ich ihn später zum Mittagessen abholten, war er – ein überzeugter Sozialist – noch ganz aufgeregt von dieser Begegnung, und bestand darauf, seinem Sohn in Amerika ein Telegramm zu schicken, um ihm dies große Ereignis mitzuteilen. Ein andermal fuhr er von London nach Hamburg, wo er Ehrenprofessor geworden war, und nahm uns mit. Das war zu einer Zeit, als ich noch überall Nazis witterte und den meisten Deutschen gegenüber sehr befangen war, während Tillich sich ständig in seinen Seminaren bemühte, die Deutschen von ihren Schuldgefühlen zu befreien. Ein bißchen zu sehr, fühlten Fritz und ich!

Sein Englisch war zu dieser Zeit noch sehr mangelhaft. Ich habe mehrfach von seinen amerikanischen Studenten gehört, daß sie in seinen Seminaren zunächst oft kicherten, bis sie merkten, wieviel Weisheit hinter seinem gestotterten falschen Englisch verborgen war. Paul Tillich war ja schon in Deutschland als Theologe und Philosoph sehr bekannt, aber er ist erst in Amerika wirklich berühmt geworden. Er sagte oft, daß, obwohl ihm die englische Sprache so schwer falle, es viel zu seiner Entwicklung beigetragen habe, in einer neuen Sprache denken zu müssen.

Bei einem seiner Londoner Besuche lud Tillich uns zu einer gemeinsamen Reise nach Paris ein. Fritz war zu krank, aber ich fuhr mit Tillich für ein Wochenende in sein geliebtes Paris. Er war ein guter Führer, kannte jedes Bild im Louvre, aber auch jedes Lokal auf dem Montmartre. Vor dem Eingang zu Notre Dame standen wir lange, Paul sichtlich erschüttert. Er fragte: »Hast du eigentlich bemerkt, daß alle diese Heiligen ganz fest auf ihren Dämonen stehen?« Er war sich ja seiner eigenen Dämonen nur zu sehr bewußt und immer im Zweifel, wie fest er auf ihnen stehen könne.

Das Wiedertreffen mit alten Freunden war nicht problematisch. Obwohl ihre und unsere Erfahrungen viele Jahre lang so verschieden gewesen waren, hatten sich die gegenseitigen freundschaftlichen Gefühle eher verstärkt. Also auch in dieser Beziehung ist unser Leben durch die Emigration nicht ärmer geworden – die alten Freunde, soweit sie noch lebten, blieben uns erhalten und neue kamen dazu.

Mit den deutschen Freunden in England waren wir ja während des Krieges in Verbindung geblieben. Löwenfelds wohnten noch in dem kleinen Haus auf dem Lande, in dem Claire mich 1942 so erfolgreich gepflegt hatte. Sie hatte gehofft, ein Kurhaus mit Bircher-Benner-Diät in England einrichten zu können, aber das scheiterte am Geld, das inzwischen selbst für ihr eigenes tägliches Leben sehr knapp geworden war. Von ihren fast letzten Pfunden kaufte Günther eine Rasenmähmaschine, und bot seine Dienste in benachbarten Gärten an.

Mit diesem Anfang hat er innerhalb von wenigen Jahren eine Gartendienst-Gesellschaft aufgebaut, die nicht nur unzählige Privatgärten anlegte und pflegte, sondern auch von den umliegenden Gemeinden zur Anlage und Instandhaltung ihrer Rasen- und Gartenflächen benutzt wird. Nach einiger Zeit konnte Günther dann Grundstücke kaufen und dort die Pflanzen, die er brauchte, selber ziehen.

Durch ihre Diät-Erfahrungen waren Kräuter für Claire höchst wichtig, und zusammen mit Günther gründete sie 1957 eine Kräuterfarm – dort zogen und trockneten sie ihre Kräuter, die sich schnell zu einer in England allgemein bekannten und verkauften Marke entwickelten (Chiltern Herbs). Claires große Erfahrung als Diät-Spezialistin wurde selbst in medizinischen Kreisen anerkannt, und in dem größten Kinderkrankenhaus Londons rettete sie mit ihrer Diät das Leben von Kindern, die durch ihre Unfähigkeit, normale Kost zu verdauen, zum Tode verurteilt schienen.

Mit Rüdenbergs waren wir die ganze Zeit in Verbindung geblieben, obwohl sie erst in Aberystwyth, und dann in Cambridge lebten. Werner, der in seiner Jugend Sprachen hatte studieren wollen, aber wegen Geldmangels ein Geschäftsmann werden mußte, hat seine Leidenschaft und Begabung für Sprachen in der Emigration voll entfalten können. Er hatte zwar schon früher, während er in China arbeitete, ein Chinesisch-Deutsches Lexikon geschrieben, das in Deutschland auch jetzt noch immer wieder neu aufgelegt wird. In Aberystwyth arbeitete er an einem Wörterbuch des Shanghaier Dialekts, das leider nicht veröffentlicht wurde, weil nach der Revolution in China Dialekte nicht gefördert werden sollten. In Cambridge wurde Werners besondere Begabung als Sprachlehrer entdeckt, und er gab während des Krieges Deutsch-Unterricht an der Universität sowohl für Studenten wie auch für Offiziere. Dies führte nach dem Kriege zu seiner Anstellung als Lektor für Deutsch an der Londoner Universität. Bei seinem Einstellungsgespräch mit dem Direktor wurde Werner nach seinen akademischen Qualifikationen gefragt, und er mußte gestehen, daß er nicht nur keine hatte, sondern nicht einmal ein Schul-Abgangszeugnis. Trotzdem bekam er die Stellung, und wurde ein ungemein beliebter und erfolgreicher Universitätslehrer.

Dies sind Beispiele von Emigranten, die ihre neue Heimat sehr bereichert haben; wie häufig das geschieht, ist ja ein in der Geschichte bekanntes Phänomen. Bei vielen Emigranten hat die Herausforderung, sich in einem neuen Land mit fremder Sprache, meist ohne Mittel und ohne jede Unterstützung zu bewähren, Kräfte mobilisiert, von deren Existenz sie früher nichts wußten. Vielleicht haben sich auch manche Emigranten, wie zum Beispiel Werner und Günther, Jugendträume erfüllen können, oder sie haben eine neue Freiheit gefunden sich zu entwickeln, während sie in der Heimat von den Eltern in Karrieren gedrängt worden waren, die ihnen nicht entsprachen. Diese größere Lebensfreiheit hat unter anderem auch zu einer auffallenden Zunahme von Mischehen geführt. Selbst in meiner kleinen Familie haben wir jetzt durch Heirat Familienmitglieder aus vielen Ländern: Engländer und Norweger, Ungarn und Franzosen, Japaner und Australier, Amerikaner und Nigerianer. Auch dadurch ist unser Leben bereichert worden.

Für mich ist die Emigration ein Segen geworden und hat mir die Arbeit ermöglicht, die mir zur Lebenserfüllung wurde und von der ich im nächsten Kapitel erzählen werde. Auch meine beiden Brüder haben sich in England ein erfolgreiches neues Leben aufbauen können. Max ist einer der international bekanntesten Vermittler und Designer von Formen für Hausgerät aus Plastik geworden. Sein Haus in Hampstead ist ein Treffpunkt für Fabrikanten von Plastikartikeln aus allen Ländern; in der gastlichen Atmosphäre dort vertragen sich selbst seine israelischen und seine arabischen Kunden. Auf meinen vielen Auslandsreisen, besonders mit dem kranken Fritz, habe ich oft erfahren, wie geachtet und beliebt Max ist; überall tauchten Kunden von ihm auf, die uns Hilfe anboten und voll des Lobes über ihn waren.

Mein Bruder Oscar hatte in Deutschland bei einer Gesellschaft gearbeitet, die sich mit der Organisation von Buchhaltungen und Betriebskostenrechnung befaßte. In England fand er nach Kriegsende, im Alter von vierundvierzig Jahren, eine Stellung als Kostenbuchhalter in einer Maschinenfabrik, die damals zehn bis zwölf Leute beschäftigte. Drei Jahre später gründete er mit ihrem Besitzer eine Tochtergesellschaft, deren *managing director* er wurde. Dieses Unternehmen beschäftigte während vieler Jahre über hundert Angestellte und bot Oscar die Befriedigung, die Herstellung von nützlichen Gegenständen erfolgreich zu organisieren.

Sein schon immer vorhandenes Interesse für Sprachen entwickelte sich besonders in der Emigration und verhalf ihm unter anderem zu einer glücklichen Ehe, da er seine englische Frau in einem Sprachclub kennenlernte. Obwohl beide nun nicht mehr im Berufsleben stehen, sind sie immer erfüllt von Studien und Plänen, Oscar besonders von solchen, die mit französischer und russischer Literatur verbunden sind.

Obwohl die Emigration mir und manchen Freunden und Verwandten ein besseres, erfüllteres Leben brachte, als wir es wohl in Deutschland erreicht hätten, weiß ich nur allzugut, wie schwer das Leben in England für viele Emigranten war und ist. Sie leben oft in einer Art Getto, haben wenig Beziehung zu diesem schönen Land und seinen Menschen – von denen sie sich verachtet fühlen, und von denen sie auch manchmal angegriffen werden. Hauptreibungspunkte bieten zum Beispiel die unterschiedlichen Gewohnheiten des Alltags, die Tatsache, daß man ganz alltägliche Dinge anders tut. So benehmen sich zum Beispiel in den Läden, beim Einkaufen, die *refugees* meist anders als die Engländer, die in der Regel alles akzeptieren, was ihnen der Verkäufer vorsetzt. Die *refugees* wie die meisten Europäer, sind von Hause aus gewohnt, ihre Einkäufe kritisch zu betrachten und oft durch Anfassen zu prüfen – Angewohnheiten, die ihre finanzielle Notlage oft noch verstärkte.

Obwohl mein eigenes Leben in England mir sehr geholfen

hat, mich zu assimilieren, habe ich mir das kritische Einkaufen nicht abgewöhnt, finde es auch eigentlich angebracht. Gerade vor wenigen Tagen bin ich sehr ärgerlich von meinem Gemüsehändler zurechtgewiesen worden. Als ich mit den Äpfeln, die er mir geben wollte, nicht zufrieden war, sagte er: »Sie sind nicht in Deutschland. Sie sind hier in England.«

In diesem Moment hatte ich ein sehr starkes Gefühl der Identifizierung mit den vielen jüdischen Emigranten, denen solche Situationen oft passieren, und die sich dann noch nicht mal wütend bei englischen Freunden beklagen können, wie ich das tue. Ihnen hat das Leben in England auch nicht so viele Entschädigungen geboten wie mir. Aber wann immer ich von einer Auslandsreise zurückkomme, fühle ich mit tiefer Dankbarkeit, ich komme »nach Hause«.

Die Wohnung, in der ich lebe, liegt in einer Gegend, in der die Bewohner aus den verschiedensten Schichten stammen: Akademiker und Arbeiter leben friedlich nebeneinander. Neben ein paar recht großen, kultivierten Häusern, sind hier viele von der Gemeinde subventionierte Wohnungen. Im Nebenhaus ist eine staatliche Klinik für kleine Kinder und alte Leute, die jedem offensteht.

Obwohl Fritz und ich immer Sozialdemokraten waren, haben wir in Deutschland nie persönliche Beziehungen zu Arbeitern gehabt, und, wie so viele Intellektuelle, wenig von ihrem Leben gewußt. Durch die Jahre im Coleg Harlech, und die lange Zeit, in der wir bei den hilfreichen Tarrys wohnten, hat sich das wesentlich geändert, und das hat uns viel gegeben. Ich bin daher besonders dankbar, daß ich jetzt in dieser Gegend lebe, in der Arbeiterfamilien meine Nachbarn sind. Es wird oft genug behauptet, daß in England ein sehr ausgeprägtes Klassensystem und Klassenbewußtsein herrsche; die Höflichkeit der Menschen untereinander macht die Unterschiede jedoch erträglicher und das Leben leichter als in manchem Land mit vielleicht weniger starkem Klassenbewußtsein. Die Klassenfrage und ihre praktischen Folgen sind ein höchst komplizierter und widerspruchsvoller Aspekt der englischen

Gesellschaft; so schicken zwar wohlhabendere Eltern des Mittelstandes ihre Kinder immer noch vorzugsweise in die privaten *public schools,* trotzdem aber stammt ein erheblich größerer Prozentsatz der englischen Universitätsstudenten aus Arbeiterfamilien als in andern Ländern der westlichen Welt. Und in der jüngeren Generation verringern sich die Klassenunterschiede seit den befreienden sechziger Jahren, in denen die Beatles und andere Pop-Gruppen die Schranken zwischen Etonschülern und der Jugend der Großstadtslums zu überbrücken begann. Seitdem trägt man weitgehend die gleiche Kleidung, teilt die gleichen Hobbys, und heiratet mehr und mehr untereinander. So besteht die Hoffnung, daß die traditionelle Trennung der Menschen durch starre Klassenunterschiede in England allmählich im Verschwinden ist.

Kapitel 8

Das Family Discussion Bureau

Sozialarbeit und Psychotherapie

Im Jahre 1943 war für mich meine Arbeit bei der Charity Organisation Society das wichtigste. In dem Büro, in dem ich für drei Monate ausgebildet werden sollte, gab man mir am allerersten Tag einige Fallberichte zu lesen, darunter den einer Frau, für die wir eine wöchentliche Rente von einer Marine-Stiftung verwalteten. Ihr Vater war ein hoher Offizier gewesen, aber sie war aus uns unbekannten Gründen sehr heruntergekommen. Sie hatte sich zwei oder drei Wochen lang ihre Rente nicht abgeholt, und ich sollte in ihre Wohnung gehen und sehen, ob sie krank sei. Die Wohnung war in einer Gegend Londons, in der hauptsächlich Prostituierte und ihre Zuhälter wohnten. Die Tür ihres Zimmers stand offen – es sah armselig und verwahrlost aus, und sie war nirgends zu sehen. Ich klopfte an alle benachbarten Türen, aber niemand hatte sie seit Tagen gesehen, nur ein kleiner Junge sagte: »Ja, ich hab sie vor ein paar Tagen auf der Straße liegen sehen, da kam ein Wagen sie aufsammeln, ich glaube ein Krankenwagen.« Ich ging also zum nächsten Telefon, rief alle Krankenhäuser an, aber niemand wußte etwas von ihr. Dann gab mir jemand die Nummer eines Obdachlosenasyls in der Nähe, und dort war sie auch gelandet. Ich ging also hin und hörte, daß sie völlig verdreckt, verlaust und betrunken auf der Straße aufgesammelt und in dieses Asyl gebracht worden war. Ich wurde ihr vorgestellt oder sie mir: Sie trug die blau-weiß gestreifte Anstaltstracht, war sauber geschrubbt, mit kurzgeschorenem Haar, und mein Herz flog ihr zu. Man sah deutlich, daß sie einmal eine sehr schöne Frau gewesen war, die keineswegs hierher gehörte. Langsam lernte ich dann ihre Geschichte kennen. Ihr Vater war ein Admiral gewesen, der nie daheim war, und ihre Mutter war sehr jung gestorben. Sie hatte keine Geschwister, keine näheren Verwandten. Eine Zeitlang arbeitete sie als Gouvernante, aber als sie anfing zu trinken, verlor sie ihre Stellung und kam mehr und mehr herunter. Erst beim dritten oder vierten Besuch gestand sie mir, daß sie eine Weile in einer Nervenheilanstalt gewesen war. Das war für sie das demütigendste.

In den nächsten Wochen wurde diese Frau meine Hauptaufgabe. Ich nahm sie soviel wie möglich aus dem Asyl heraus, ging mit ihr spazieren und in Cafés. Dazu aber brauchte sie Kleider. Sie hatte so etwa meine Figur, und ich gab ihr mein graues Flanell-Kostüm. Für sie war es wichtig, respektabel auszusehen – und ihr Selbstvertrauen hob sich zusehends.

Mir wurde sehr bald klar, daß diese Frau unter der Aufsicht von Menschen leben sollte, die Verständnis für ihren labilen Geisteszustand hatten. In England gab es schon damals Heime für labile Menschen, die aus einer Anstalt kamen, meistens auf dem Lande, auf *farms.* Innerhalb weniger Monate hatten wir diese Frau in einem dieser Heime auf dem Lande untergebracht, wo sie für die Hühner sorgen konnte, sich glücklich und nützlich fühlte, und wo sie, glaube ich, noch heute lebt. Ich blieb jahrelang mit ihr in Verbindung.

Es war für mich ein großes Glück, daß mein allererster Fall so interessant war, und mir trotz aller mangelnder Vorbildung die Gelegenheit gab, hilfreich zu sein. Das verschenkte graue Flanell-Kostüm entbehrte ich nicht lange, denn eine alte *refugee*-Dame, die ich in Harlech betreut hatte, starb und hinterließ mir, unter anderem, genügend Stoff (grauen Flanell) für ein Kostüm, sowie Geld für den Schneiderlohn. Der besonnene Fritz, den mein Leichtsinn manchmal etwas besorgt machte, sagte dazu: »Es gibt doch noch Wunder!«

Zuerst arbeitete ich in einer sehr armen Gegend. Einmal sollte ich eine Frau aufsuchen, deren Kinder wochenlang nicht zur Schule gegangen waren. Sie machte die Wohnungstür auf, splitterfasernackt, und sagte, sie hätte nichts anzuziehen und müsse die Kinder zu Hause behalten, damit sie einkaufen gehen könnten; ganz abgesehen davon hätten sie auch keine Schuhe. Später hörte ich, daß man diese Frau schon mehrfach mit Kleidung ausgestattet hatte, die sie dann immer wieder verkaufte – eine Tatsache, die, meiner Ansicht nach, nichts am Grad ihrer Hilfsbedürftigkeit änderte. Im Jahre 1943 war diese Frau aber keine Einzelerscheinung. In meinen späteren Jahren als Sozialarbeiterin gab es keine Kinder mehr, die nicht zur Schule gehen konnten, weil sie keine Schuhe hatten, und auch niemanden, der überhaupt nichts anzuziehen hatte. Nach Kriegsende, besonders mit der Einführung des *welfare state* (Wohlfahrtsstaates), hat sich die soziale Situation in England auffallend verbessert.

Nach meiner Ausbildung in diesem sehr armen Viertel wurde ich in eine sehr viel besser situierte Gegend – eigentlich schon eine Mittelstandsgegend – versetzt. Die Leiterin des dortigen Büros war eine außergewöhnliche Frau, die diese Arbeit unbezahlt tat wie damals so viele Frauen in England, die ihr Leben lang freiwillige Wohltätigkeitsarbeit leisten. Bis Ende des Zweiten Weltkrieges waren fast alle freiwilligen Wohlfahrtsorganisationen hauptsächlich auf solche unbezahlte weibliche Hilfe angewiesen. Viele dieser Frauen waren akademisch ausgebildete Sozialarbeiterinnen, und Miß Purvis, eine von ihnen, war eine markante Persönlichkeit. Ihre liebsten Klienten waren immer solche, die ständig in Schwierigkeiten waren. »Ich habe ungezogene Menschen eben leider gerne«, pflegte sie zu sagen. Ein anderer von ihr oft wiederholter Ausspruch war: »Ich weiß nicht, warum Menschen sich so viel über Geld aufregen. Wenn man es wirklich braucht, kommt es doch meistens angerollt.« Obwohl ich wußte, daß dies die Bemerkung einer Frau aus einer wohlhabenden Familie war, in der manche Erbschaften »angerollt« kamen – sehr im Gegensatz zu meiner eigenen Situation, teilte ich ihre Philosophie.

Ich arbeitete fast fünf Jahre mit Miß Purvis, und sowohl die Arbeit wie die Beziehung zu den Kollegen bereicherten mein Leben. Meine Mitarbeiter waren alle überzeugte Christen, für die die soziale Arbeit Ausdruck ihres Glaubens war: Hilfsbereitschaft und Nächstenliebe waren für sie eine bewußte Lebensaufgabe. Unser Vorsitzender war ein anglikanischer Pfarrer, und seine Gemeinde war, oder schien mir, eine echte Gemeinschaft. Ich wünschte mir sehr, zu ihr zu gehören, und nach einem Jahr ließ ich mich taufen und konfirmieren. Natürlich hatte ich diesen Schritt vielfach mit Fritz besprochen und erwogen. Er selber fühlte sich eindeutig als Jude, verstand jedoch mein Problem und meinen Wunsch dazu zu gehören und unterstützte ihn. Und solange ich in dieser Arbeitsgemeinschaft war, machten mich das Gefühl der Zugehörigkeit und der sonntägliche Kirchenbesuch mit anschließendem gemeinsamem Frühstück sehr glücklich. Als ich fünf Jahre später eine sehr viel anspruchsvollere Tätigkeit in einem anderen Distikt übernahm, hatte ich, durch meine Arbeitserfahrungen, eine neue Dimension meines Lebens entdeckt und brauchte kein Dogma mehr, um meine Suche nach einem »letztlich Wichtigen« und meine Beziehung zu meinen Mitmenschen auszudrücken. Die Wunden des Ausgestoßenseins waren geheilt – aber wenn jüdische *refugees* angegriffen wurden, identifizierte ich mich mit ihnen.

Nach Kriegsende erwarben Fritz und ich die britische Staatsbürgerschaft, und wir erhielten britische Pässe. Das gab uns ein gutes Gefühl, obwohl Einwanderer immer nur »britisch« werden können – nie »englisch«, dazu muß man in England, von englischen Eltern, geboren sein.

Aber das war für uns weniger problematisch als die Tatsache, daß sich die Juden in England erheblich von denen unterschieden, die wir aus den Kreisen, in denen wir in Deutschland gelebt hatten, gewöhnt waren. Die englischen Juden teilen sich hauptsächlich in zwei Gruppen: die alteingesessenen

Familien sephardischen Ursprungs, die der spanischen Inquisition entflohen und größtenteils schon im siebzehnten oder achtzehnten Jahrhundert eingewandert waren und zu denen wir keinen Zugang hatten, und die polnischen und russischen Juden, die im späten neunzehnten und frühen zwanzigsten Jahrhundert den zaristischen Pogromen entflohen waren. Diese ursprünglich meist armen und ungebildeten Juden waren oft noch streng orthodox und lebten weiterhin in engen Familien- und Gruppenbindungen, von der englischen Gesellschaft abgesondert, selbst wenn sich ihre materielle Lage verbessert hatte. Mit diesen konnten wir uns nicht identifizieren.

Wir hatten ja auch in Deutschland auf der einen Seite zu keiner jüdischen Gemeinschaft gehört, und durften andererseits keine Deutschen sein. Nirgends hinzugehören ist wohl das Schicksal der meisten Juden, die keiner jüdischen Gemeinde angehören – oder nicht in Israel leben. Das Schicksal des »Nicht-dazu-Gehörens« stellt an den einzelnen, der es ernst nimmt, besondere Ansprüche, die vielleicht gerade dadurch zu seiner Entwicklung beitragen.

Nach Kriegsende und mit der Einführung des *welfare state* wurde die Charity Organisation Society in die Family Welfare Association verwandelt. Es war mehr als ein Namenswechsel. Der Krieg hatte manche Unterschiede in der Bevölkerung ausgeglichen, und die Aufgabe der Familienfürsorgerinnen war nicht mehr ausschließlich, Hilfe in materiellen Notlagen zu leisten. Sie mußten nun in zunehmendem Maße seelische, persönliche Hilfe geben, besonders im Zusammenhang mit Familienproblemen, und das erforderte eine weitere Ausbildung.

Enid Eichholtz, die während des Krieges eine Reihe von Bürger-Beratungsstellen im Rahmen der Charity Organisation Society geleitet hatte, hatte dort die Erfahrung gemacht, daß praktische Beratung zwar oft die unmittelbaren Krisen, für die Hilfe gesucht wird, lindern kann, aber die tiefer liegenden Probleme, für die die Krise ein Symptom gewesen war, meist nicht berührte. Dies wurde besonders klar in den sich nach dem Kriege häufenden Fällen von Ehe- und Familienproblemen, die durch die langen Trennungen und Störungen der Kriegsjahre entstanden waren. Um diesen Familien zu helfen gemeinsam ein neues Leben aufzubauen, mußten die Sozialarbeiter sich neue Kenntnisse und Arbeitsmethoden aneignen.

Auch das Home Office, das Innenministerium, überzeugte sich angesichts der zunehmenden Zerrüttung des Familienlebens von der Notwendigkeit einer solchen spezifischen Ausbildung und ermutigte die Family Welfare Association, eine neue Gesellschaft zu gründen – zunächst auf experimenteller Basis – um festzustellen, inwiefern und auf welche Weise Sozialarbeiter bei Familienproblemen helfen könnten.

Enid Eichholtz, die Verbindungen zu der analytisch-orientierten Tavistock Clinic und dem damals neu gegründeten Tavistock Institute of Human Relations hatte, übernahm die Leitung der neuen Gruppe. Zunächst wollte man drei Sozialarbeiterinnen anstellen, und sie speziell für die Arbeit mit Eheproblemen ausbilden. Meine Miß Purvis drängte mich sehr, mich zu bewerben, aber die Liste der Bewerberinnen schreckte mich ab: Sie bestand aus Ärztinnen, ausgebildeten psychiatrischen Sozialarbeitern und anderen akademisch gebildeten Frauen mit mehreren Titeln hinter ihren Namen. Ich hatte ja nichts dergleichen, vor allem keine akademische Ausbildung, und wehrte mich anfangs sehr, es mit diesen hochqualifizierten Bewerbern aufzunehmen. Schließlich bewarb ich mich aber doch und war erstaunt, vor das Auslese-Komitee geladen zu werden. An dem Tag meines Interviews hatte ich Keuchhusten, den ich mir von einem meiner armen Kinder geholt hatte. Fritz behauptete später, ich hätte die Stellung nur bekommen – denn ich bekam sie –, weil ich kein Wort reden konnte. Allerdings wurden, meiner mangelnden akademischen Vorbildung wegen, zwei akademisch hochqualifizierte Frauen als Leiterinnen der zwei zu gründenden Büros ausgewählt und ich als Assistentin für sie beide. Innerhalb weniger Monate stellte sich heraus, daß diese Frauen die

Arbeit nicht machen wollten oder nicht machen konnten, und mir wurde nahegelegt, die Leitung mit Hilfe von drei nun neu angestellten Sozialarbeiterinnen, darunter Kathleen Bannister, die meine wichtigste Kollegin und Hilfe wurde, zu übernehmen. Unsere erste Aufgabe war es, in den beiden Gegenden, in denen die neuen Büros eingerichtet werden sollten, die Bekanntschaft so vieler Menschen wie nur möglich zu machen. Die eine Gegend war vorwiegend eine Arbeitergegend, die andere eine Mittelstandsgegend. Wir arrangierten Gruppen-Diskussionen mit allen nur erdenklichen Leuten: mit Feuerwehrleuten und Ärzten, Pfarrern und entlassenen Soldaten, Müttern, Schullehrern und vielen anderen. Das Ziel war, mit all diesen Menschen zu besprechen, wie sie sich eine Beratungsstelle für Eheprobleme vorstellten und auch wie diese heißen sollte. Immer wieder wurde gesagt: Nichts mit »Rat geben«, nichts mit Ehe-Problemen oder Patienten: das Ergebnis also war das Family Discussion Bureau.

Ganz abgesehen von dem Wert dieser Diskussionen für unsere Arbeit, war es für mich als Ausländerin besonders interessant und wichtig, Menschen aus so vielen verschiedenen Schichten der englischen Bevölkerung zu treffen. In jeder Gruppe berichtete ein Teilnehmer über die Eheprobleme eines Vetters, Bruders oder Freundes – nie über die eigenen. Jeder Vorschlag, den Betroffenen kennenzulernen, wurde abgelehnt. Nur einmal sprach ein einfacher Mann über seine eigenen Probleme, fügte aber hinzu: »... da kann man doch aber nichts machen, ich habe eben die falsche Frau geheiratet.« Der Gedanke, daß man ihm vielleicht helfen könne, seine Einstellung zu seiner Frau zu ändern, war für ihn unfaßbar. Wir mußten also Methoden finden, mit denen man Menschen die Hoffnung geben konnte, ihre persönlichen Beziehungen durch gegenseitiges Verständnis zu verbessern. Daß diese jetzt so allgemein anerkannte Binsenwahrheit im Jahre 1948 als phantastischer Unsinn angesehen wurde, ist vielleicht typisch für England, wo man gewöhnt ist, Schwierigkeiten ohne Aufhebens hinzunehmen.

Es wurde uns klar, daß es unsere Hauptaufgabe war, zunächst einmal mit der Arbeitsgruppe selbst ein besseres Verständnis der grundlegenden Dynamik von Familienbeziehungen zu erreichen. Eine Voraussetzung dafür war, Einsicht in die unbewußten Vorgänge zu gewinnen, die das Leben eines jeden Menschen und die Beziehungen zwischen Menschen, insbesondere zwischen Familienmitgliedern, beeinflussen.

Obwohl eine solche Arbeit psychoanalytische Kenntnisse voraussetzt, waren wir zunächst entschlossen, Bewerber ohne analytische Vorbildung anzustellen. Wir wollten im Rahmen der Sozialarbeit einen neuen Weg finden, analytische Einsichten zu benutzen, und suchten einen analytischen Berater, der bereit war, bei einer solchen Ausbildung zu helfen. Wir hatten das große Glück, ihn in Michael Balint zu finden. Als wir ihn um Vorlesungen baten, war seine Antwort: »Keine Vorlesungen, aber Fallbesprechungen.« Michael Balint war nicht nur ein höchst begabter Psychiater, Analytiker und – als Ungar – ein Schüler Ferenczis,* sondern auch eine faszinierende Persönlichkeit, die warme Menschlichkeit und Intuition mit großem Wissen verband. Außerdem hatte er die Gabe, in allgemein verständlicher Sprache außerordentlich wichtige Beiträge zur psychoanalytischen Literatur zu liefern.

Für mich war seine völlig unkonventionelle Einstellung, sowohl als Lehrer wie auch als Arzt, immer das Eindrucksvollste. Einmal erzählte er uns von einem Patienten, zu dem er gerufen wurde, weil alle medizinischen Versuche, einen schon tagelang andauernden Schluckkrampf zu stillen, erfolglos geblieben waren. Das Herz des Patienten war angegriffen – er lag im Sterben. Balint beobachtete ihn eine Weile, dann legte er seine Hand auf die Stirn des Patienten und sagte: »Ich weiß nicht, was Sie so bekümmert, aber ich weiß, daß Sie verzweifelt sind und weinen wollen. Wenn Sie sich erlauben zu weinen, wird Ihr Schluckkrampf aufhören.« Der Patient fing an zu weinen – und war gerettet.

* einer der ersten Schüler Freuds.

Die wöchentlichen Fallbesprechungen, an denen die inzwischen zehn Mitglieder des Family Discussion Bureaus teilnahmen, fanden in Balints Wohnung statt, und immer bekamen wir sehr sorgfältig zubereiteten, ausgezeichneten Kaffee. Die Besprechungen wurden die Grundlage unserer Arbeit, und sie sind es bis heute geblieben. Obwohl unseren Sozialarbeitern später auch eine Reihe von Vorträgen in der Tavistock Clinic zugänglich gemacht wurden, blieb die unakademische lebendige Lehrmethode der Fallbesprechungen, in denen Gruppenmitglieder ihre Erfahrungen teilten und dabei auch einiges über sich selbst erfahren konnten, der Kern der Ausbildung von Family Discussion Bureau-Mitarbeitern. Später, als diese Arbeitsgruppe in zunehmendem Umfang andere Sozialarbeiter ausbildete, wurden auch wieder Fallbesprechungen die Grundlage der Lehrmethoden und sind nunmehr unentbehrlich geworden für fast alle Gruppen von Sozialarbeitern. Erfahrung war wertvoller als akademisches Lernen.

Balint war sehr stolz auf unsere Fortschritte, führte uns gern in der Tavistock Clinic vor, und das trug uns den Spitznamen »Balint's Ballett« ein.

Die Entwicklung des Family Discussion Bureaus, obwohl es ein so wichtiger Teil meines Lebens war, gehört nicht in dieses Buch.* Aufgrund der besonderen Arbeitsmethoden

---

* Sie ist in früheren Publikationen von mir und anderen ausführlich beschrieben worden:

Institute of Marital Studies:
The Marital Relationship as a Focus for Casework

Lily Pincus (Hrsg.):
Marriage: Studies in Emotional Conflict and Growth

Lorna Guthrie und Janet Mattinson:
Brief Casework with a Marital Problem

Kathleen Bannister und Lily Pincus:
Shared Phantasy in Marital Problems
Therapy in a Four-Person Relationship

June Mainprice:
Material Interaction and some Illnesses in Children

konnte es immer nur eine kleine Arbeitsgruppe bleiben, aber aus diesem Experiment erwuchs ein Familiendienst, dessen Arbeit sowohl auf klinischem Gebiet, wie auf Lehr- und Forschungsgebieten nicht nur in England, sondern auch international anerkannt ist und viel dazu beigetragen hat, daß neue Ausbildungsmethoden für Sozialarbeiter und Psychotherapeuten entwickelt wurden.

Es würde zu weit führen zu schildern, wie unser Verständnis und die Einsichten, die wir gewannen, wuchsen oder die Theorien zu schildern, die zu diesem Verständnis führten. Aber ich will doch versuchen, das Konzept der Interaktion zu erläutern, das für unsere Arbeit mit Eheproblemen und für meine persönliche Entwicklung wichtigste Konzept. Um dieses Konzept zu verstehen, ist es vielleicht am einfachsten, an einen allgemein bekannten chemischen Vorgang zu erinnern: Wasser, zum Beispiel, besteht aus zwei Bestandteilen, Wasserstoff und Sauerstoff, zwei Gasen. Zusammen aber werden sie zu etwas ganz anderem: nämlich zu Wasser, einer Flüssigkeit. Zwei Menschen in naher menschlicher Beziehung, besonders in der Ehe, können ebenfalls zusammen und miteinander zu einer neuen Einheit werden. Das ist oft schwer akzeptierbar, weil jeder der Partner die Verantwortung für diese neue Einheit tragen muß.

Unser Verständnis für solche Interaktionsprozesse entwickelte sich allmählich aus unserer Arbeit, unsere Klienten wurden unsere Lehrbücher. Wir konnten beobachten, wie oft einer den anderen benutzte, um Aspekte seiner eigenen Persönlichkeit auszudrücken und unbewußt hoffte, durch diesen anderen die eigenen Konflikte und Probleme zu lösen. Die inneren Welten beider waren oft so eng miteinander verwoben, daß wir den einzelnen am besten verstehen konnten durch seine Beschreibung des Partners – zum Beispiel, wenn ein scheinbar stiller, friedliebender Mann über seine aggressive Frau sprach, die er offensichtlich gewählt hatte, weil sie seine eigene verdrängte Aggression ausdrücken konnte.

Das Verständnis von Wechselbeziehungen gewann nicht

nur entscheidende Bedeutung für die Arbeit mit unseren Klienten, sondern auch für unsere Lehrarbeit. Dabei war es interessant zu beobachten, daß Sozialarbeiter, die im allgemeinen ihre Klienten im Rahmen der Familie oder der Gemeinschaft *(community)* sehen, sehr viel mehr aufgeschlossen sind für Interaktionsvorgänge als Ärzte und Psychiater, die gewohnt sind, mit Einzelpersonen zu arbeiten. Unsere Erfahrungen mit Interaktionsprozessen waren auch für unsere eigenen Ehen und Beziehungen von größter Wichtigkeit. Ich habe mich nie einer persönlichen Psychoanalyse unterzogen, aber die Tatsache, daß ich begann, diese Wechselbeziehungen zu verstehen, hat wesentlich zu meiner Selbsterkenntnis beigetragen.

Jetzt, im Alter, arbeite ich nicht mehr regelmäßig mit Kollegen, lebe allein, habe keine Kinder und bin daher weitgehend darauf angewiesen, mir meines Verständnisses für Wechselbeziehungen bewußt zu bleiben, um mich selbst und andere Menschen so gut wie möglich zu verstehen. Dies ist besonders wichtig in bezug auf Abhängigkeitsbedürfnisse, unvermeidlich bei alten Menschen, obwohl oft verleugnet und durch aggressive, manchmal gefährdende Unabhängigkeit überdeckt. Diese Ambivalenz bei den Alten wird verstärkt durch die Ambivalenz der Jungen, die häufig aus ihrem eigenen Bedürfnis heraus gebraucht zu werden, Abhängigkeit provozieren, aber andererseits unter der Belastung leiden. Diese beiderseitige Ambivalenz kann zu konfliktreichen Beziehungen führen und sollte bei den häufigen Bemühungen, junge Menschen zur Hilfe für Alte anzuregen, beachtet werden.

Aber zurück zum Family Discussion Bureau: Als im Jahre 1953, also fünf Jahre nach der Gründung, Enid Eichholtz und Michael Balint, die inzwischen geheiratet hatten, diese Arbeit aufgaben, um sich weitgehend der Ausbildung von Ärzten zu widmen, und ich zusammen mit Kathleen Bannister die Verantwortung übernahm, kam es zu einer bedrohlichen Krise.

Die Family Welfare Association, die ja das Family Discussion Bureau ins Leben gerufen hatte, war entschlossen, es aufzugeben. Die immer stärker werdende Beziehung zur Tavistock Clinic störte die Leiter, die die Nützlichkeit dieser Entwicklung für ihre eigenen Sozialarbeiter, für deren Weiterbildung das Experiment ja ursprünglich gedacht war, bezweifelten.

Die Beschäftigung mit Freud, Sexualität und dem Unbewußten beunruhigte zu dieser Zeit viele Menschen, besonders Menschen in Sozialberufen. Außerdem war die Family Welfare Association über die verhältnismäßig hohen Kosten unseres Dienstes beunruhigt.

Aus all diesen Gründen nahm die F.W.A. den Rücktritt von Enid und Michael Balint zum Anlaß, das Experiment zu beenden, und rief zu diesem Zweck das Komitee zusammen, das aus vier Mitgliedern der Association bestand, zwei Tavistock-Leuten, dem Sekretär der reichen Gulbenkian-Stiftung, die uns finanziell unterstützte, und einem hohen Beamten des Bewährungsdienstes, der zugleich Vertreter des Innenministeriums war.

Kathleen Bannister und ich wurden zu dieser Sitzung eingeladen, aber eigentlich nur, um den geeignetsten Zeitpunkt zur Beendigung unserer Arbeit zu besprechen. Zum Erstaunen aller Anwesenden erklärten wir, daß wir nicht bereit seien, die Arbeit aufzugeben, da wir von ihrer Notwendigkeit und ihrem Wert überzeugt seien.

Obwohl alle Anwesenden sich zum Begräbnis des Family Discussion Bureaus versammelt hatten, verwandelte unser überzeugter und überzeugender Einwand die Begräbnisatmosphäre zu etwas wie einem Geburtsfest. Der Vorschlag der Family Welfare Assocation wurde nicht weiter besprochen, und statt dessen wurden Pläne geschmiedet zur Erhaltung des F.D.B.

Dr. Balint mußte ersetzt werden und so wurde beschlossen, daß ich Dr. Sutherland, den damaligen Direktor der Tavistock Clinic bitten sollte, uns einen Tavistock Psychiater als analytischen Berater zu stellen. Ich besuchte daher

Dr. Sutherland, der mich sehr freundlich empfing und mir die Namen aller in der Klinik arbeitenden Psychiater vorlas, angefangen mit dem jüngsten. Mir war keiner recht. Schließlich sagte Dr. Sutherland: »Ja, wen wollen Sie denn?« Ohne mir das vorher auch nur im geringsten überlegt zu haben, sagte ich: »Sie« und war erstaunt, als ich ihn sagen hörte: »Das würde mich tatsächlich interessieren.«

Mit dem Direktor der Tavistock Clinic als analytischem Berater und den erheblichen finanziellen Zuwendungen, die die verschiedenen Mitglieder des Komitees für uns arrangierten, war die Zukunft des Family Discussion Bureaus gesichert. Aber bald wurde es immer deutlicher, daß der Weiterentwicklung des Bureaus am besten durch eine Eingliederung in das Tavistock Institute of Human Relations gedient wäre, und diese fand 1956 statt.

Ich behielt die Leitung der Gruppe bis 1965, arbeitete dort aber bis zu meinem fünfundsiebzigsten Lebensjahr, wenn auch in stark verringertem Maße.

Natürlich hat sich im Laufe der Zeit vieles verändert, auch der Name. Der jetzige: Institute of Marital Studies, und die starke Betonung der Forschung scheint der neuen Rolle der Gruppe im Rahmen der heute bestehenden Ehe-Beratungsdienste besser zu entsprechen.

Aber trotz aller Veränderungen blieben die wesentlichsten Merkmale dieser Einrichtung erhalten. Für mich persönlich drückt sich dies auch in den fortbestehenden Beziehungen zu meinen Kolleginnen aus den Anfängen des Family Discussion Bureaus aus, die auf einem gegenseitigen Vertrauen und einem Verständnis beruhen, wie ich es in keiner meiner anderen persönlichen Beziehungen empfunden habe. Dies entwickelte sich teilweise durch unsere gemeinsame Besorgnis, ja oft sogar unser gemeinsames Leiden daran, daß Menschen, denen wir helfen wollten, zunächst manchmal kränker, schwieriger und verstörter wurden und wir unsere Arbeit als destruktiv statt als hilfreich empfanden. Bei mir dauerte es lange, bis ich verstand, daß der Weg zur seelischen Gesundung und zum menschlichen Wachstum oft durch verstärktes Leiden führen muß.

Das Wichtigste für meine persönliche Entwicklung war wohl, daß ich ein Arbeitsgebiet gefunden hatte, in dem ich mein intuitives Verständnis für Menschen, das schon »die doofe Lalla« der Küsseljahre gekennzeichnet hatte, mit den Erkenntnissen wachsenden Bewußtwerdens verbinden konnte.

Kapitel 9

Griechenland

Fritzens Krankheit und Tod

Von 1952 an, bis er 1963 an Lungenkrebs starb, war Fritz schwer krank, hatte fünf Darmoperationen und einen schweren Herzinfarkt.

Seit wir 1943 nach London gezogen waren, war er mehrfach krank gewesen, einmal mit Nierensteinen, und wurde zunehmend hinfälliger. Die schweren Jahre des Ersten Weltkriegs und der Nachkriegszeit, die Nazizeit, die Auswanderung, die Internierung und der Neuanfang in dem zerbombten London waren offenbar zu viel für ihn gewesen. Aber weil er alles mit Humor und Überlegenheit bewältigte, vergaß man seine Anfälligkeit. Er hatte schon immer einen zu niedrigen Blutdruck und ein physisch zu kleines Herz gehabt – nur physisch, sonst war es sehr groß.

Als wir heirateten, schien Fritz der Große, Starke zu sein, ich war kränklich und während der Jahre 1926 bis 1929 nah an der Tuberkulosegrenze. Das war wohl teilweise psychisch bedingt, da ich damals zu meinem Kummer erkennen mußte, daß ich als Folge meiner Röntgenarbeit niemals Kinder haben würde. Damals war ich also die Anfällige und Fritz der Kräftige, doch je anfälliger Fritz im Laufe der Zeit wurde, desto kräftiger wurde ich.

Im November 1952 hatte Fritz einen Darmverschluß. Zu dieser Zeit gab es in England gottlob schon den Health Service, den staatlichen Gesundheitsdienst, und ein uns sehr empfohlener Chirurg, der Fritz untersuchte, hoffte zunächst durch medizinische Behandlung eine Operation zu vermeiden. Aber im Februar 1953 kam ein weiterer, sehr viel schwererer Anfall, und es mußte sofort operiert werden. Da Fritz in Lebensgefahr war, bekam er im Krankenhaus ein eigenes Zimmer, in dem er sechs Wochen lang lag; während dieser Zeit wurden drei Eingriffe gemacht. Das Krankenhaus lag glücklicherweise in der Nähe, so daß ich viel bei ihm sein konnte. Es war für ihn eine schwere Zeit, von der er sich nur langsam erholte. Als aber im Juli desselben Jahres unsere Berliner Freundin Trude, deren erster Mann in New York gestorben war, zum zweitenmal heiratete, und zwar in Stockholm, wohin niemand von ihrer Familie kommen konnte, lud sie uns sehr dringend zur Hochzeit in dem ihr fremden Schweden ein. Fritz sagte: »Das ist wichtig, da müssen wir hinfahren«, und er war trotz seiner schweren Krankheit ein strahlender Hochzeitsgast. Trudes zweiter Mann, Ivar Philipson, wurde uns ein guter Freund. Er war Anwalt und praktizierte in dem schönen Stockholmer Patrizierhaus, das dem schwedischen Streichholzkönig Krueger gehört hatte. Dessen dramatische Karriere, von höchstem Reichtum und Ansehen über Hochstapeleien größten Stils zu Bankrott und Selbstmord, hatte dem zwanzigsten Jahrhundert einen seiner größten Finanzskandale geliefert. Ivar war Jude, wovon er wenig Notiz genommen hatte, bis er Trude traf. Sie hatte seit dem Tode ihres ersten Mannes für die Youth Alija gearbeitet, eine Organisation, die jüdischen Kindern die Auswanderung nach Israel ermöglicht. Trude gewann Ivar nicht nur für sich und ihre Freunde, sondern auch für Israel, für das er seitdem sehr viel getan hat, besonders in Bezug auf die so notwendige handwerkliche Ausbildung junger Israelis. Auch für uns tat Ivar viel: nicht nur unsere späteren Ferien in der herrlichen schwedischen Seen-Landschaft, wo Philipsons ein Haus hatten, sondern auch vieles andere hat Fritzens letzte Jahre verschönert.

1955 erlitt Fritz einen schweren Herzinfarkt. Ich hatte

kurz zuvor durch Freunde erfahren, wie oft der Transport ins Krankenhaus bei schweren Herzanfällen tödlich sein kann und war entschlossen, Fritz zu Hause zu pflegen. Wir wohnten damals noch bei den guten Tarrys, deren Warmherzigkeit uns in dieser schweren Krise ganz besonders half. Sie brachten mich in ihrem Wohnzimmer unter, damit wir für Fritz eine Krankenschwester im Hause haben konnten, und organisierten ihren eigenen Haushalt so um, daß die Pflege von Fritz zu Hause überhaupt möglich wurde. Oft und ohne zu klagen, stolperten sie über den auf dem engen Korridor geparkten Rollstuhl, den uns das Rote Kreuz lieh, als Fritz dann allmählich wieder sitzen durfte. Als er endlich nach vielen Wochen transportfähig war, zog er zu Verena, der Tochter der Löwenfelds, die ja in unseren Armen auf dem Küssel geboren worden war, und sich auch gegenüber Fritz als Tochter fühlte. Sie hatte den uns so lieben Timothy Wilkinson geheiratet, hatte zwei Kinder, Charlotte und Guy, und war eine ausgebildete Krankenschwester. Sie war uns während der ganzen langen Jahre von Fritzens Krankheit die allergrößte Hilfe.

1956 hatte Fritz eine weitere Darmoperation, und zwei Jahre darauf die allerschlimmste, nach der er mit einem künstlichen Darmausgang leben mußte. Auch mit diesem, von den meisten Patienten so gefürchteten physischen Hindernis, wurde Fritz mit großer Überlegenheit fertig, und er sah trotz des gehaßten Beutels so elegant aus wie zuvor. Aber das Wohnen bei den Tarrys wurde nun unmöglich, und der Kauf einer neuen Wohnung half Fritz, sich etwas zu erholen.

Im Winter 1961 traten neue Krankheitserscheinungen auf, und Anfang 1962 wurde Lungenkrebs diagnostiziert. Fritzens voraussichtliche Lebensdauer betrug, nach Meinung der Ärzte, fünf bis sechs Monate, aber er lebte noch achtzehn Monate, in denen er nur zwei Wochen lang bettlägrig war. Diese Zeit genoß er dankbar und beglückt in unserer schönen Wohnung, dicht bei den weiten grünen Wiesen von Hampstead Heath. Im Einverständnis mit den Ärzten unterblieben weitere quälende Eingriffe. Wir hatten auch das große Glück, daß in dem Haus, das in vier individuelle Wohnungen geteilt ist, außer uns drei ungewöhnlich sympathische, hilfreiche Frauen wohnten, zu denen sich bald freundschaftliche Beziehungen entwickelten. Eine davon war Lady Marjorie Denning, mit der sich Fritz besonders gut verstand. Sie hatte Zeit, ein bequemes Auto, und war eine hervorragende Fahrerin: daß Fritz nur so kurze Zeit bettlägrig war, war weitgehend ihr zu verdanken. Denn immer wieder lockte sie ihn zu reizvollen Ausflügen aus dem Haus.

Lady Denning verließ unser Haus bald nach Fritzens Tod. Aus der Beziehung zu den anderen Hausbewohnerinnen erwuchs aber eine echte Hausgemeinschaft, obwohl wir ein völlig getrenntes Leben führen und sehr verschiedene Interessen haben. Die gegenseitige Hilfsbereitschaft, und die Freude, die wir aneinander haben, ist ein großer Gewinn meines Lebens. Offenbar sind Hausgemeinschaften ein so starkes Bedürfnis für mich, daß es mir immer wieder gelingt, mir eine zu schaffen, ungeplant und ohne bewußt danach zu streben.

Kurz nach der Lungenkrebs-Diagnose wurde ich von der World Health Organisation aus Genf in der Tavistock Clinic angerufen, mit der Anfrage, ob ich bereit sei, Ende März 1962 als Beraterin zu einem Kongreß »Mental Health and the Family« nach Athen zu kommen. Obwohl ich damals noch nicht wußte, daß ich als einzige Sozialarbeiterin aus fünfunddreißig Ländern zu dem Kongreß eingeladen worden war, verwunderte mich diese Einladung sehr. Woher wußte die W.H.O. denn von mir? Später stellte sich heraus, daß die Einladung nicht mir persönlich, sondern mir als Vertreterin des Family Discussion Bureaus galt, das damals anfing, internationales Interesse zu erregen. Ich fühlte mich sehr geehrt, erwog aber nicht einmal, die Einladung anzunehmen; Fritz alleine zu lassen, schien ausgeschlossen. Als ich ihm am Abend von dem Anruf erzählte, war er sofort fest entschlossen, mich zu diesem Kongreß zu schicken, und mit ungeheurer Beredsamkeit überzeugte er mich. »Erstens«, sagte er, »habe ich mir mein ganzes Leben gewünscht, nach Griechenland zu fahren. Das habe ich nicht geschafft, und nun mußt du für mich gehen. Zweitens habe ich das Gefühl, daß diese Einladung der wichtigste Schritt in deiner Karriere werden wird, und ich werde ruhiger sterben in dem Bewußtsein, daß du auch ohne mich ein erfülltes Leben haben kannst.« Auch das Problem, wie er zwei Wochen ohne mich leben sollte, löste er. Er war seit der ersten Krebsoperation schon mehrfach in der Bircher-Benner-Klinik in Zürich gewesen, deren Leiterin, Dr. Liechti, ihn sehr schätzte und viel für ihn getan hat. Sie hatte ihn auf eine ausschließlich vegetarische Diät gestellt, die ihm gut bekam; daß er so lange mit diesem Leiden und verhältnismäßig geringen Schmerzen leben konnte, war vielleicht dieser Diät zu verdanken. »Also«, sagte Fritz, »auf dem Wege nach Athen lieferst du mich in Zürich bei Bircher-Benner ab, und wenn der Kongreß vorbei ist, treffen wir uns und machen gemeinsame Ferien.« Ich sagte also zu; wir telefonierten während der Trennung jeden Tag, und viele der Athener Kongreßteilnehmer nahmen an unserem Schicksal teil. Ich bin Fritz unendlich dankbar, daß er mich zwang, zu dem Kongreß zu gehen, denn die Einladungen aus vielen Ländern, von denen ich im nächsten Kapitel erzählen werde, waren fast alle die Folge dieses Kongresses, und sie haben ihrerseits viel zu meiner beruflichen Weiterentwicklung beigetragen.

Schon während der fünf Wochen vor meiner Abreise brachte Griechenland einen neuen Zuwachs meines Lebens. Fritz besorgte an Literatur, was er nur konnte und studierte sie während des Tages; abends besprachen wir dann, was ich mir vor allem anschauen sollte. Ich fuhr eine Woche vor Beginn des Kongresses nach Griechenland, um die große, viertägige klassische Tour zu machen: Delphi, Olympia, Nauplia, Epidaurus, Mykene – alles sorgfältig von Fritz für mich vorbereitet. Ohne diese Vorbereitung wäre mir vieles entgangen – mit ihr wurde Griechenland mein größtes Reiseerlebnis.

Auf dieser vorgebuchten Autobus-Tour saß neben mir eine

ein wenig ältere Amerikanerin, die mir erzählte, daß ihr Mann vor einem Jahr gestorben sei. Sie hatten in ihrem langen gemeinsamen Leben so wunderbare Reisen miteinander gemacht, daß sie sich nie hätte vorstellen können, je ohne ihn reisen zu wollen. »Aber hier bin ich und genieße Griechenland. Natürlich vermisse ich meinen Mann, aber wenn ich ganz ehrlich bin, muß ich gestehen, daß alleine reisen auch seine Entschädigungen bietet.« Als der Bus in Mykene hielt, sagte meine Nachbarin, sie sei entsetzlich müde und ganz unfähig auszusteigen. »Ich werde ein Schläfchen halten, während Sie sich Mykene für mich mit ansehen.« Fritz hatte mir nachdrücklich aufgetragen, mir Mykene besonders sorgfältig anzusehen. Ich gab mir also alle Mühe, die Aufträge von Fritz und meiner Reisegefährtin zu erfüllen, was nicht schwer war, denn ich war sofort von dem Zauber des Ortes gefangen. Als ich zu meiner Reisegefährtin zurückkehrte und ihr berichtete, sagte sie: »Sehen Sie, das ist eine der Entschädigungen. Mit meinem Mann hätte ich nie gewagt, nicht auszusteigen. Aber ohne ihn konnte ich mich nun ausruhen und neue Kräfte sammeln, und durch Sie fühle ich, daß ich Mykene trotzdem erlebt habe.« Diese Begegnung, zu diesem Zeitpunkt, war natürlich für mich von größter Bedeutung.

In den folgenden zehn Kongreßtagen lernte ich viel, besonders über die verschiedene Einstellung zur Sexualität in etwa dreißig europäischen Ländern vom nördlichsten Norden bis zum südlichsten Süden. Ein griechischer Teilnehmer berichtete von einer vaterlosen Familie mit vier Söhnen und einer Tochter. Als die Brüder erfuhren, daß ihre von ihnen sehr geliebte Schwester sexuelle Beziehungen zu einem jungen Mann aus dem Nachbardorf hatte, erforderte es ihre Ehre, sie zu töten. Erst dann konnten sie sich wieder in ihrem Dorf zeigen – so hoch wurde Jungfräulichkeit dort bewertet. Dagegen berichteten Repräsentanten aus Skandinavien, wie bekümmert Eltern seien, wenn ihre etwa zwanzigjährige Tochter noch keine sexuellen Beziehungen habe. In solchen Fällen sei es üblich, den jeweiligen jungen Mann einzuladen, ihn zu ermuntern, die Nacht über zu bleiben, und ein geeignetes Zimmer mit Verhütungsmitteln vorzubereiten. Ein junger Mann, der ein Mädchen dieses Alters heiratet, habe ernsthafte Zweifel an ihrer Normalität, wenn sie noch eine Jungfrau sei.

Auch die Einstellung zur Onanie wechselt stark. In nördlichen Ländern nimmt man keine Notiz davon, in südlichen Ländern werden onanierende Jungen schwer bestraft. Es wurde uns erklärt, daß die mit Onanie verbundenen Inzestphantasien im Keime erstickt werden müßten.

Ich lernte auch viel über Arbeitsmethoden in den verschiedenen Ländern und über die Gruppenbildung innerhalb eines großen internationalen Kongresses mit mehreren hundert Teilnehmern. Die spontane Bildung dieser Gruppen hing weitgehend von unserm Vorsitzenden ab, dem bekannten französischen Psychiater, Dr. Serge Lebovici. Am letzten Tag sprach er für uns alle, als er sagte: »Jetzt geht es mir so wie oft beim Abschied von einem Patienten: Ich frage mich, wie kann ich ohne euch weiterleben.«

Mein eigener Vortrag über Interaktionsprozesse in der Ehe wurde sehr wohlwollend aufgenommen. Schon während des Kongresses wurde ich von einer Reihe von Psychiatern zu Vorträgen in ihren Ländern eingeladen, besonders herzlich in die Türkei.

Unsere griechischen Gastgeber waren von großzügigster Gastfreundschaft und machten es uns möglich, vieles zu erleben und zu sehen, was Touristen sonst nicht zugänglich ist.

Wie mangelhaft auch immer meine Berichte über Griechenland gewesen sein mögen, meine Ergriffenheit über diese Begegnung mit der griechischen Kultur, in der ich fühlte, Wurzeln zu haben, drang zu Fritz durch und beglückte auch ihn. Ich hatte ihm natürlich viel Bildmaterial mitgebracht, besonders aus dem herrlichen Athener National-Museum, das direkt gegenüber unseren Kongreß-Räumen lag, so daß ich es oft besuchen konnte. Ich erzählte ihm von den schönen Vasen, die man den Toten ins Grab mitgegeben hatte, voll der Dinge, die sie im nächsten Leben brauchen würden. Sie waren mit

Abschiedsszenen geschmückt, Abschiede von lächelnden Menschen. Fritz sagte: »Damals war die Sünde noch nicht erfunden.«

Wir hatten verabredet, daß eine der Bircher-Benner-Krankenschwestern Fritz in das Flugzeug nach Mailand setzen sollte, wo ich auf ihn warten würde. Im Jahr zuvor hatten wir sehr schöne Wochen in Sirmione am Gardasee verlebt, und wollten diese wiederholen. Fritz kam aber sehr schlecht aussehend in Mailand an – die Trennung war ihm nicht bekommen, und ich glaube auch, daß er, trotz all seines Realismus', doch irgendwie die leise Hoffnung gehabt hatte, Bircher-Benner könne ihm noch einmal helfen. Sirmione wurde eine große Enttäuschung; das Wetter war miserabel, wir konnten uns kaum am See aufhalten. Fritz hatte von Zürich aus mit mehreren unserer europäischen Freunde verabredet, daß sie uns in Sirmione besuchen sollten. Sie kamen alle: Ilse Schieschke, die Philipsons, Elsa Gindler. Es waren Abschiedsbesuche – Fritz und sie alle wußten, sie würden sich nicht wiedersehen.

Trotz seines sich verschlechternden Befindens bestand Fritz aber auf der Rückfahrt in Mailand, wo wir im Jahre vorher in einem ausgezeichneten Restaurant zu Abend gegessen hatten, auf einem richtigen Abschieds-Diner für mich. Und mit fast übermenschlicher Anstrengung gelang ihm das auch.

Als wir aber nach Hause kamen, war er sehr deprimiert. Wir waren uns beide klar darüber, daß eine neue, letzte Phase seines Lebens begann, und wir wußten nicht recht, wie wir das nun bewältigen würden. Als unser Arzt uns am ersten Tag in England besuchte, sagten wir ihm dies deutlich, und er sagte: »Zwei Dinge sind nun wichtig. Fritz muß zu Hause bleiben – kein Krankenhaus mehr. Und Lily muß weiter arbeiten.« Meine Zweifel, ob das denn möglich sei, ließ er nicht gelten: »Ihr werdet es schon schaffen.« Und wir schafften es mit Hilfe einer nahewohnenden Frau, die etwas Krankenpflege gelernt hatte. Sie kam jeden Morgen, bevor ich zur Arbeit ging, und blieb, bis ich wieder kam. Ein männlicher Bezirks-Krankenhelfer kam im Rahmen des Britischen

Health Service, dem kostenlosen Gesundheitsdienst, um Fritz täglich zu baden und ihm auch sonst behilflich zu sein. Und mit Verenas Hilfe und vielen lieben Besuchern brauchten wir so bis auf die letzten Wochen keine Krankenschwester und konnten die häufig bedrückende Krankenzimmer-Atmosphäre vermeiden.

Aus allem, was ich bisher erzählt habe, wird klar geworden sein, daß Fritz während der langen Jahre seiner Krankheit seine Anteilnahme am Weltgeschehen und an dem Leben seiner Freunde nie verlor (er las bis zum letzten Tag die *Times* mit größtem Interesse). Freunde und Bekannte kamen bis zu seinem allerletzten Tag, ihn um Rat zu fragen, oder Trost zu suchen. An seinem letzten Abend, am Abend des 1. Mai 1963, kam Fritz auf ein Problem der Berufsentscheidung zurück, das unser Freund Timothy Wilkinson einige Tage zuvor mit ihm besprochen hatte; Fritz hatte offensichtlich viel darüber nachgedacht, und beauftragte mich, Timothy das Ergebnis zu übermitteln (es stellte sich dann als sehr nützlich heraus).

Am nächsten Morgen, am 2. Mai bei Tagesanbruch, starb Fritz, friedlich und lächelnd, wie eine meiner lieben Hausgenossinnen sagte, »einen triumphierenden Tod«. Das allerletzte, was er sagte, war eine Botschaft für Paul Tillich. Er bedauerte, sie nicht mehr selber schreiben zu können; er wollte ihm so gerne sagen, er solle sich doch nicht so vor dem Sterben fürchten.

In meinem Buch »Bis daß der Tod euch scheidet ...«, das ich zehn Jahre nach Fritzens Tod schrieb, habe ich über seine lange Krankheit, seinen Tod und meine Trauer geschrieben – und es ist mir sehr schwergefallen, dies nun noch einmal zu tun. Die Zeit hat den Eindruck dieser elf Jahre nicht geschwächt. Daß ich heute mein Leben als ein Leben voller Wunder bezeichnen und voller Vertrauen an meine eigenen letzten Jahre denken kann, verdanke ich sehr weitgehend diesen mit Fritz gemeinsam gelebten Jahren.

Die langen Jahre von Fritzens Krankheit, die Besuche in der Bircher-Benner-Klinik, die teuren Krankenschwestern der letzten Wochen, waren natürlich finanziell sehr schwierig. Nach Fritzens Tod bestand mein Vermögen aus einem Bankkonto, auf dem sich £ 150 befanden – und aus sehr vielen Schulden. Aber in Erinnerung an die weise Miß Purvis machte ich mir keine zu großen Sorgen. Und sie hatte recht behalten – Geld kam »angerollt«: unser Harlecher Freund Kenneth Macaulay starb wenige Tage nach Fritz und hinterließ uns £ 1500. Die einzige Erbschaft, die wir je bekamen, löste alle unmittelbaren Geldprobleme.

Etwa eine Woche nach Fritzens Tod ging ich an einem sonnigen Tag im Mai mit Verenas Kindern in der Heath spazieren. Charlotte war fünf, Guy drei Jahre alt. Die Kinder waren sehr vergnügt, aber plötzlich sagte Charlotte, sie wolle eine Rede halten. Sie stieg auf eine Bank, warf sich in Rednerpositur – ich sehe sie noch vor mir, ein süßes Kind in einem roten Kleid mit weißen Tupfen – und fing mit laut schallender Stimme ihre Rede mit den Worten an: »Menschen sterben, wenn sie sterben wollen.« Sie hätte mir keinen besseren Trost geben können.

Kapitel 10

Arbeitsreisen

Was macht eine kinderlose Witwe nach zweiundvierzig Jahren Ehe mit ihrem Leben? Ich hatte ja viel Zeit gehabt, mich darauf vorzubereiten, aber es fiel mir schwer, mir zu erlauben, eine Trauernde zu sein. Ich arbeitete weiter, sogar mehr als zuvor, und hatte auch gleich Reisepläne, denn ich bekam eine Einladung, im Winter nach Israel zu kommen, um ein paar Vorträge an der Hebräischen Universität und einige Seminare für Sozialarbeiter zu halten, mit dem Thema: Sozialarbeit mit Eheproblemen.

Sehr bald nach Fritzens Tod fing ich also an, Vorbereitungen für diese Reise zu treffen. Obwohl ich ursprünglich nur ein paar Monate fortbleiben wollte, bot mir das Tavistock Institute for Human Relations, das ja mein Arbeitgeber war, einen bezahlten Urlaub für zwei Semester – sechs Monate – an. Mein Plan war, Weihnachten in Israel zu sein; vorher aber wollte ich ein paar Wochen in Zürich verbringen, als Gast von Josy Holsten. Tillich und seine Frau sollten auf ihrem Rückweg von Israel auch um diese Zeit in Zürich sein.

Obwohl ich die ersten Monate nach Fritzens Tod mit Arbeit und Reiseplänen anfüllte, war es mir ein Bedürfnis, Dinge zu tun, von denen ich wußte, daß sie Fritz wichtig gewesen wären. Dazu gehörte auch ein Besuch der neuen Kathedrale in Coventry, deren Bau er mit höchstem Interesse verfolgt hatte. Er hatte sich immer gegen Fernsehen gewehrt, aber die

Möglichkeit, den Fortschritt dieses Baus zu verfolgen, bewegte ihn dazu, einen Fernsehapparat zu leihen. Die alte Kathedrale war von deutschen Bomben 1940 zerstört worden, und die neue wurde mehr oder weniger an die gleiche Stelle gebaut. Für Fritz war das wichtigste an diesem Bau der Gedanke des Neuen aus dem Alten, der Hoffnung, aufgebaut auf der Zerstörung. Im Fernsehen wurde dieser Gedanke deutlich: Dean Howard, der Dekan der alten Kathedrale, der ihr so lange treu gedient hatte, übernahm begeisterte Führungen durch den neuen Bau; viele der begabtesten modernen Künstler Englands arbeiteten an der Kathedrale. Der Bau selbst war von Sir Basil Spence; die große Tapisserie hinter dem Altar von Graham Sutherland; das Hauptportal wird überwacht von Epsteins riesigem heiligen Michael, der das Böse überwindet, die großartigen bunten Glasfenster sind von John Piper. Ralph Beyer, der Sohn unseres Freundes Oscar Beyer vom Dresdener Kunstdienst, schnitzte die schönen Holztafeln mit Worten aus der Bibel. Zu dem Eröffnungsgottesdienst wurden deutsche Pfarrergruppen und Theologiestudenten eingeladen, und eine der Kapellen, bei deren Bau deutsche Studenten geholfen haben, ist der Versöhnung mit Deutschland geweiht.

Fritzens Schwester Else war kurz vor seinem Tod aus Israel nach London gekommen, und ich fuhr also mit ihr und der älteren Schwester Anni nach Coventry. Als wir in die Kathedrale kamen, fand dort zufällig ein Bachkonzert statt, in dem fast alle von Fritzens Lieblingsstücken gespielt wurden – eine ungeplante, schöne Erinnerungsfeier. Ich war froh, sie mit seinen Schwestern teilen zu können.

Ich tat alles, was ich im Zusammenhang mit Fritzens Tod in London noch erledigen mußte, sowie meine Vorbereitungen für Zürich und Israel ordentlich und ruhig. Mitte November starb dann ganz plötzlich die Schwester meiner lieben Nachbarin Brenda, und Marjorie Denning, die Fritz in seinen letzten Monaten eine so große Hilfe gewesen war, bot an, Brenda mit dem Auto nach Chester zu fahren, wo ihre Schwester gelebt hatte. Sie kam, sich von mir zu verabschieden, und brachte mir einen Brief und ein Telegramm. Der Brief war von Josy Holsten, voller Willkommensgrüße und guter Ratschläge: »Bring bloß keine Wintersachen mit, Du kannst ja alles von mir tragen.« Das Telegramm war von ihrem Sohn, mit der Mitteilung, daß sie tot sei: Sie hatte, aus dem Bad steigend, einen elektrischen Schlag erlitten. Die Nachricht zerstörte meine unbewußt aufrecht erhaltene Kontrolle. Ich brach zusammen, und weinte alle Tränen, die ich bei Fritzens Tod nicht geweint hatte. Mein Bruder Max, der die Gabe hat, in schwierigen Momenten da zu sein, kam sofort: Er war ziemlich fassungslos, denn so hatte er seine große Schwester noch nie gesehen.

In der darauffolgenden Nacht wurde das ganze Haus von Telefonanrufen aus Kanada geweckt mit der Nachricht, daß der Mann der einzigen Tochter von Lady Denning bei einem Flugzeugunglück ums Leben gekommen sei. Marjorie selbst hatte ja Brenda am Vormittag nach Chester gefahren, konnte also nicht erreicht werden; man hatte das Gefühl, das ganze Haus sei vom Tod verfolgt, in jedem Stockwerk war ein Trauernder.

Ich war in einem solchen Zustand der Verwirrung und Erschöpfung, daß ich nicht nach Zürich fahren wollte. Max bestand aber darauf, daß ich zunächst einmal Tillich anrufe und das mit ihm bespreche. Der sagte energisch: »Du mußt kommen. Wer weiß, ob ich je noch einmal nach Europa kommen kann.« Es war auch wirklich sein letzter Besuch; er starb zwei Jahre später. Kurz vor meiner Abreise nach Zürich, einige Tage nach dem Gespräch mit Tillich, wurde Kennedy ermordet: ein Tod, der uns alle erschütterte, denn damals schien er für viele von uns eine unserer großen Hoffnungen zu verkörpern.

Mein Entschluß, nach Zürich zu fahren, war auch gut für Finnis Sohn Wolfgang, der als Kind jahrelang bei uns auf dem Küssel gelebt hatte und von dem Tod seiner Mutter aufs tiefste erschüttert war. »Wenn man eine Mutter gehabt hat wie ich, dann kann man eigentlich keine andere Frau richtig lieben«, sagte er mir. Als er mich nach meiner Rückkehr aus Israel mit seiner Frau in London besuchte, erzählte er mir einmal beim gemeinsamen Abwaschen von einem merkwürdigen Traum. »Die Mutter kam plötzlich wieder, aber ich sagte zu ihr: ›Nein, das geht nicht, wenn Du nun schon einmal weg warst, mußt Du auch weg bleiben‹.« Ich fühlte, daß dieser Traum einen Gesundungsprozeß darstellte, der vielleicht durch unser erstes Gespräch in Zürich angeregt worden war.

Als ich Tillich in Zürich traf, war er soeben aus Israel zurückgekehrt und hatte viel zu erzählen. Die ungeheuren Leistungen der Israelis hatten ihn zutiefst beeindruckt, auch die Tatsache, daß die Landschaft Israels, besonders um Nazareth herum, das, was er von der Bibel her wußte, so stark bestätigte. Er war jedoch entsetzt über die Häßlichkeit der meisten christlichen Kirchen, besonders in Nazareth, wo gerade eine neue große Kirche gebaut wurde, die für den Ende des Jahres geplanten Besuch des Papstes Paul fertig sein sollte. Tillich sagte: »Diese Kirche ist so gräßlich, mir ist fast schlecht geworden, als ich auf den Treppen stand.«

Es war Paulus wichtig, mit mir über Fritzens Tod zu sprechen, und ich konnte ihm Fritzens letzte Botschaft nun auch mündlich geben. Gemeinsam erinnerten wir uns an sein letztes Zusammensein mit Fritz, im Sommer 1962 im Regents Park, wo gerade alle Rosen blühten. Die beiden Männer saßen lange zusammen in einer Rosenlaube und sprachen über den Tod. Ich war völlig überflüssig, ging also spazieren, und jedesmal, wenn ich mich dem Platz wieder näherte, winkte mir Tillich ab, denn sie waren noch nicht fertig mit ihrem Gespräch, das, wie ich fühlte, für sie beide ein wichtiges Erlebnis war.

Nach zwei Wochen in Zürich flog ich also nach Israel. Ich bin mir sehr unklar über meine Erwartungen, es waren wohl hauptsächlich Erwartungen in bezug auf die Arbeit.

Israel ist ein Schmelztiegel für Menschen aller Nationen und sozialen Gruppen, die oft, außer der Tatsache ihres Judentums, nichts gemeinsam haben. Die meisten der vor 1948 eingewanderten Israelis kamen aus Europa; die Einwanderer, die nach 1948 die Bevölkerung des Landes verdoppelten, stammten sehr weitgehend aus arabischen Ländern und brachten eine fremde, orientalische Kultur mit sich, so daß man heute von »zwei Israel« sprechen kann: dem europäischen und dem orientalischen. Die Zukunft Israels hängt davon ab, ob es gelingt, die beiden Kulturen zu integrieren, was für die Regierung weitgehend ein Problem der Erziehung ist. Ehen zwischen Juden aus den beiden Kulturen werden von der Regierung unterstützt, aber von den Eltern der jungen Leute meist entmutigt, da besonders die Rolle der Frau in den orientalischen Ländern so grundverschieden ist, daß Schwierigkeiten in solchen gemischten Ehen befürchtet werden – und in der Tat oft entstehen.

Eine ungemein große Anzahl, besonders der europäischen Juden, waren Opfer von Verfolgungen gewesen und hatten oft traumatische Kindheits- und Jugenderlebnisse hinter sich, die in ihren Ehen zum Ausdruck kommen. Die wechselnden Rollen von Mann und Frau durch das Streben der Frauen nach Gleichberechtigung bringen überall Unsicherheit in die gegenseitigen Erwartungen. In Israel, wo dieses Streben nach Gleichheit in den Jahren der Pionierzeit verwirklicht und jahrzehntelang aufrecht erhalten wurde, ist das Problem noch besonders kompliziert durch die widerspruchsvolle Einstellung von Religion und Gesellschaft. Zivilehen werden nicht anerkannt, und im rabbinischen Gesetz sowie in der jüdischen Religion spielen Frauen eine untergeordnete Rolle: dagegen herrscht im wirtschaftlichen und sozialen Leben Gleichheit, zumindest offiziell. In früheren Jahren bewährten sich Fauen auf dem Feld wie hinter dem Gewehr. Heutzutage, mit dem wachsenden Reichtum des Landes und der technischen Entwicklung fühlen viele Frauen in den Kibbuzzim sich wieder in die alten traditionellen Frauenrollen in Küche, Wäscherei und Haushalt zurückgedrängt, und dies wird als besonders erniedrigend empfunden, weil gerade die im Kibbuz höchst geschätzte Arbeit, die Kinderpflege und Kindererziehung, nicht von den Müttern selbst geleistet wird, sondern von Pflegerinnen, den »Metaplot«, speziell dafür ausgebildeten Frauen.

Die Kibbuzzim haben daher ein ausgesprochenes und viel diskutiertes Frauenproblem. Ich war zufällig einmal Zeuge eines Frauenaufstandes. Der Anlaß war ein besonders großer Kürbis, den einer der jungen Männer gezogen hatte und dafür bei der Abendmahlzeit gelobt und gefeiert wurde. Die Frauen waren über dieses »Getue« aufgebracht: »Wenn wir auf unseren weiblichen Gebieten etwas Besonderes leisten, nimmt niemand davon Notiz!«

Wegen solcher und anderer Konflikte waren die meisten Fälle, die zur Besprechung zu unseren Seminaren oder zu mir zur Behandlung gebracht wurden, Leute aus Kibbuzzim, nicht weil es dort so viele Eheprobleme gibt, sondern weil man dort bereit ist, sie zu besprechen und therapeutische Hilfe zu suchen. Kibbuz-Ehepaaren, die mich aufsuchten, oft über große Entfernungen hinweg, wurde nicht nur Zeit, sondern auch Transport und Geld zur Verfügung gestellt.

Ich hatte mich schon immer für Gemeinschaftsleben interessiert und wollte soviel wie möglich über die Kibbuzzim erfahren. Mein Interesse wuchs, als mir ihr großer Einfluß auf die Entwicklung Israels klar wurde, obwohl nur etwa sieben Prozent der Einwohner im Kibbuz leben. Ich besuchte daher viele in den entferntesten Teilen des Landes und von den verschiedensten politischen und religiösen Richtungen, aber am häufigsten Hasorea, einen der wohlhabendsten und erfolgreichsten, dessen Mitbegründer, Menachem Gerson, ich schon durch seine Besuche in der Tavistock Clinic kannte. Er war in Deutschland Führer einer zionistischen Jugendbewegung gewesen, hatte viel mit Martin Buber gearbeitet und war weiter eng mit ihm verbunden. Buber erkannte in der kooperativen Bewegung den Kern einer neuen Gesellschaft, die in den Kibbuzzim ihren fortschrittlichsten Ausdruck fand. Er war, durch seine Beziehung zu Menachem Gerson, sehr an Hasorea interessiert, und Gerson hatte ihm von meiner Arbeit erzählt. Dies führte zu einer Einladung, und ich fuhr nach Jerusalem (es war mein erster Besuch dort) und suchte Buber in dem schönen, im arabischen Viertel gelegenen Haus seiner Enkelin auf. Ich wußte, daß die Beziehungen zwischen Juden und Arabern für Bubers zionistische Tätigkeit ein zentral-politisches moralisches Anliegen waren, und daß er sich damit in Gegensatz zu großen Teilen der zionistischen Bewegung gesetzt hatte. Er war sechsundachtzig Jahre alt, als ich ihn besuchte. Er schien mir noch kleiner geworden zu sein, und sein Bart war noch länger, aber er sah nicht weniger eindrucksvoll aus. Er war bekümmert an dem Tag meines Besuches, denn am nächsten Tag mußte er zu einer Augenoperation ins Krankenhaus gehen. Das war sein erster Besuch im Krankenhaus, und er fürchtete sich sehr davor. Mit Recht, denn er hat sich eigentlich nie von der Operation erholt und starb ein Jahr später.

Obwohl ich Buber besuchte, um mit ihm über meine Arbeit mit Eheproblemen zu sprechen, war der wichtigste Teil dieses Besuches unser Gespräch über unsere beiderseitige Beschäftigung mit Krankheit und Tod. Buber sprach von seiner Frau, die vor fünf Jahren gestorben war. »Sie war so groß, so stark.« Es war klar, wie sehr er sie gerade jetzt entbehrte. Wir sprachen auch über Fritz und seinen Tod, und ich erzählte Buber, daß Paul Tillich, mit dem er ja befreundet war, von Fritz gesagt habe, er sei ein Heiliger gewesen. Buber war anderer Meinung: »Er war doch kein Heiliger, er war ein Held« (er meinte dies im Zusammenhang mit Fritzens Überwindung von Krankheit und Tod). Es wurde ein langer Besuch, und ich fürchtete, Buber zu ermüden und versuchte mehrfach, mich zu verabschieden. Aber er protestierte: »Nein, nein, dies ist eine sehr gute Begegnung, und gute Begegnungen ermüden nicht.«

Als ich sein Haus tief berührt verließ, ging gerade die Sonne unter und Jerusalem leuchtete rosenrot – die Sonnenuntergänge sind eine besondere Schönheit in dieser aus dem

Stein der Landschaft gebauten Stadt. Ich war so überwältigt, daß ich den Weg verlor und eine mir entgegenkommende Frau ansprach, mit der Bitte um Orientierung. Statt mir zu antworten, sah sie mich prüfend von oben bis unten an und fragte dann: »Brauchen Sie vielleicht eine Schneiderin?« Es war aber nicht, wie ich erst dachte, ein Mangel an meiner Kleidung, der diese Frage veranlaßte, sondern ihr Wunsch, mir ihre Dienste anzubieten. Ein typisches Beispiel für häufige Israel-Erlebnisse, in denen das Göttlichste mit dem Profansten oft auf komischste Weise vermischt ist.

Bei diesem ersten Israel-Besuch hatte ich das Glück, eine Gruppe Sozialarbeiter zu treffen, die gerade im Begriff war, eine Beratungsstelle für Eheprobleme aufzubauen. Sie waren alle ausgebildete Sozialarbeiter, die an verschiedenen Arbeitsplätzen angestellt waren – Krankenhäusern, Lehrinstituten, Kliniken usw. –, wo sie festgestellt hatten, daß viele der Probleme, die an sie herangetragen wurden, im Grunde Ehe- und Familienprobleme waren. Sie überzeugten daher ihre Arbeitgeber, daß es notwendig sei, mehr über diese Beziehungsprobleme zu lernen. Das war der Ansporn zur Gründung der Ehe- und Familienberatungsstellen, und meine Erfahrungen aus der Tavistock Clinic waren recht nützlich für den Aufbau dieser neuen Organisation, die kaum Kosten verursachte. Die Sozialarbeiter, die dort Klienten sahen, bezogen Gehälter von den Organisationen, bei denen sie angestellt waren, für die aber die Arbeit mit Familienproblemen so nützlich war, daß sie sie in jeder Weise unterstützten, auch indem sie für Räume sorgten. Mir scheint dies ein gutes Beispiel für die Freiheit eines neuen Landes, das keine Angst vor Präzedenzfällen hat. Überhaupt war meine Arbeit in Israel sehr befriedigend. Die Sozialarbeiter dort sind fast alle verheiratete Frauen mit Kindern und Lebenserfahrung, und die gleiche Intensität, die das ganze Leben in Israel kennzeichnet, zeigt sich auch in der Hingabe an die Aufgaben der Sozialarbeit.

Schon im darauffolgenden Jahr kam ich, weitgehend auf Einladung dieser Organisation, nach Israel zurück, diesmal zusammen mit meiner Kollegin Kathleen Bannister; wir wollten sehen, ob die im Family Discussion Bureau am häufigsten benutzte Arbeitsmethode – die Vierer-Beziehung des Ehepaares und des therapeutischen Paares – auch in Israel von Nutzen wäre.

Ich habe Israel im Laufe der nächsten zwölf Jahre häufig besucht und dabei die Entwicklung dieses Büros verfolgen können, und ich war, besonders bei meinem letzten Besuch im Jahre 1976, beglückt zu sehen, wie viel die Sozialarbeiter dieser Gruppe auf allen für sie wichtigen Gebieten gelernt hatten.

1964 konnte ich das alte Jerusalem nur vom Dach eines Hauses im westlichen Teil sehen, denn damals war die Altstadt noch durch schrecklichen Stacheldrahtverhau abgetrennt. Drei Jahre später wurde Jerusalem eine vereinte Stadt, und seitdem habe ich viele unvergeßliche Stunden und Tage dort, besonders in der Altstadt, verbracht. Der Eindruck des großen Tempelplatzes wie der ganzen alten Stadt, ist schwer mit Worten zu schildern. Er packt alle, selbst überzeugte Agnostiker scheinen in Jerusalem wie auf Wolken zu schweben. Es gab natürlich noch viele andere überwältigende Eindrücke in Israel, zum Beispiel eine Reise durch die ganz unerwartet farbenreiche Wüste. Auch der See Genezareth gehört zu diesen Erlebnissen, sowohl der See selbst wie auch die Landschaft um ihn herum mit ihrer ganz eigenen Atmosphäre – wobei es möglich ist, daß diese Atmosphäre durch unsere Assoziationen mit der Bibel beeinflußt wird.

Für mich wurde Kapernaum, wo Jesus seine ersten Jünger fand und in der Synagoge gepredigt hat, besonders wichtig. Eine Synagoge, die – vielleicht an der gleichen Stelle – im vierten Jahrhundert erbaut worden und etwa im sechsten Jahrhundert fast völlig zerstört worden ist, blieb unter der Erde begraben, bis Franziskaner im neunzehnten Jahrhundert die Ruine ausgruben und die Synagoge so getreu wie möglich nach dem alten Muster wieder aufbauten. Nirgendwo empfand ich die Zusammengehörigkeit von Jüdischem und Christlichem so stark wie hier.

Von Kapernaum bis Nazareth ist es räumlich ein kleiner, aber sonst ein sehr weiter Weg. Der arabische Teil der Stadt, mit seinem farbigen Markt, ist sehr reizvoll; aber als ich auf der Treppe der großen neuen christlichen Kirche stand, war auch ich entsetzt (obwohl ich in diesem Moment nicht an Tillichs Worte dachte). Vielleicht war ich einfach zu müde nach einem anstrengenden Tag – jedenfalls stolperte ich, fiel beinahe hin, und mein Knöchel fing sofort an zu schwellen. Vier Wochen lang versuchte ich keine Notiz davon zu nehmen, und lief munter bergauf und bergab. Aber dann begann das Bein so schlimm auszusehen, daß mich Freunde zu einem Arzt schleppten, dessen Röntgenaufnahme einen Knöchelbruch ergab. Strenge Ruhe wurde anbefohlen, und einer meiner Freunde sagte: »Ich glaube, Sie wollen nach England zurück, vielleicht haben Sie da etwas nachzuholen.« So flog ich, ein paar Wochen verfrüht, nach Hause zurück – zehn Monate nach Fritzens Tod – und fing an, als Witwe zu leben. Daß ich so viel still liegen mußte und dabei Zeit zum Nachdenken und Lesen hatte, half sehr. Als mein Urlaub um war, ging ich wieder an meine Arbeit und hatte ein bißchen etwas gelernt.

Diesem ersten Israel-Besuch folgten jährliche Einladungen, und Israel und die Freunde, die ich dort fand, sind ein wichtiger Teil meines Lebens geworden.

Als ich 1966 wieder eine Israel-Reise plante, schrieb ich an den türkischen Psychiater, der mich auf dem Athener Kongreß nach Ankara eingeladen hatte, und erhielt sofort die Einladung, meine Reise in Ankara zu unterbrechen. Ich hatte keine Ahnung, was dort von mir erwartet wurde und war höchst erstaunt über einen V.I.P-Empfang – das Auto direkt an der Flugzeugtreppe, keinerlei Zoll- oder andere Formalitäten, eine herzliche Begrüßung von meinem Psychiater, der mir erklärte, ich sei nicht sein Gast, sondern der Gast der Regierung. Ein Regierungswagen wurde mir zur Verfügung gestellt, und eine Dozentin der englischen Abteilung der Universität Ankara wurde meine ständige Begleiterin und Dolmetscherin. Große Pläne waren gemacht worden, um mir meinen Zehn-Tage-Aufenthalt so erinnerungswürdig wie möglich zu machen. Ich meinerseits hatte zwei Vorlesungen zu halten, eine in der Medizinischen Fakultät, wo ich zu meinem Erstaunen viele Frauen traf, die Medizin studierten, und die andere in der sozialwissenschaftlichen Fakultät, wo zu meinem noch größeren Erstaunen ausschließlich Männer waren. Mir wurde erkärt, das sei so, weil Frauen – es sei denn, sie haben einen Titel wie zum Beispiel den Doktor – so wenig Autorität in der Türkei haben, daß sie als Sozialarbeiter nicht akzeptiert werden. Eingeführt wurde ich in der sozialwissenschaftlichen Schule von meinem Psychiater. Er sagte, was für eine große Ehre und was für ein Glück es sei, daß ich aus England gekommen sei, denn die Studenten hätten gar keinen Begriff davon, was ein Sozialarbeiter eigentlich sei: »Und hier seht ihr nun einmal einen.« All das war im Jahre 1966 – inzwischen hat sich vieles in der Türkei geändert.

Meine beiden Vorlesungen waren nicht sehr bemerkenswert. Da kaum einer der Zuhörer englisch verstand, und ich nicht darauf vorbereitet war, daß jeder meiner weisen Sätze ins Türkische übersetzt werden mußte, was viel Zeit – die beschränkt war – kostete, konnte ich nur ein Viertel meines Vortrags halten. Es kann also für niemand lohnend gewesen sein. Sonst wurden mir in Ankara alle möglichen sozialen Institutionen gezeigt, Krankenhäuser, Kinderheime und Waisenhäuser, was es überhaupt nur gab, immer mit dem Regierungswagen und meiner Dolmetscherin, und immer war es ein königlicher Empfang. Wenn ich ankam, stand das ganze Personal auf den Treppen. Im Kinderheim war das ganze wöchentliche Menü für den Tag meines Besuches gekocht worden, damit ich es probieren und mich überzeugen konnte, wie gut die Kinder ernährt werden. In der Türkei gibt es unendlich viele Waisen, die in Kinderheimen untergebracht sind. Das Personal bestand damals fast ausschließlich aus früheren Insassen solcher Kinderheime, die als Waisen keine Erfahrung mit einer Familie und keine Mutter-Beziehung hatten. Es war daher eine große Hilfe, daß viele Damen der internationalen Gesellschaft in Ankara, meistens Frauen aus den verschiedenen Konsulaten und Gesandtschaften, die Kinderheime regelmäßig besuchten und jeweils mehrere dieser Kinder sozusagen »adoptierten«. Mit diesen beschäftigten sie sich dann ausschließlich bei ihren Besuchen im Kinderheim, und nahmen sie auch oft zu sich nach Hause, führten sie aus und beschenkten sie zu Geburtstagen; das glich den Mangel an ausgebildetem Personal etwas aus, und viele der Kinder erfuhren so eine direktere menschliche Beziehung als sie es in den Heimen je hätten erwarten können.

Die zehn Tage in Ankara vergingen für mich sehr schnell und sehr erfreulich. Ich war entschlossen, nicht von dort aus direkt nach Israel zu fahren, sondern mir Istanbul anzusehen, und hatte mir drei Tage dafür freigehalten. Einen Tag vor meiner Abreise merkte ich mit Erstaunen, daß meine Dolmetscherin es als selbstverständlich ansah, mich auch nach Istanbul zu begleiten, weil Frauen in der Türkei eben nicht alleine reisen. Ich wies ihr Angebot zu ihrem Entsetzen entschieden ab, und so brachte sie mich nur zum Flugplatz und überreichte mir zum Abschied eine kleine Mappe. In dieser waren fix und fertig geschrieben und frankiert alle Dankbriefe, die ich an die unzähligen Menschen zu schreiben hatte, die irgend etwas für mich in Ankara getan hatten. Ich hätte keine Ahnung gehabt, wem welcher Dank gebührte. Wie leicht wäre das Leben, wenn man immer und überall so eine Sekretärin zur Verfügung hätte! Dann hatte ich alleine drei wunderbare Tage in Istanbul.

Auch nach Skandinavien wurde ich mehrfach eingeladen und genoß sowohl die schönen Länder wie auch die Arbeit. Mir bleibt besonders eine Reise nach Schweden, in das schöne, am Meer gelegene Ferienhaus der Philipsons, in Erinnerung, die ursprünglich als reine Ferienreise geplant war. Zu dieser Zeit war ich gerade Mitglied der von der englischen Regierung eingerichteten Studiengruppe für Familien mit nur einem Elternteil. Als ich bei einer der Komitee-Sitzungen erwähnte, daß ich nach Schweden fahre, wurde ich gebeten, Erkundigungen über die schwedische Fürsorge für Ein-Eltern-Familien zu machen. Es war ein herrlicher Sommer. Die Philipsons waren nicht geneigt, meinetwegen nach Stockholm zu fahren, aber da Ivar weitreichende Beziehungen hat, machte er es mir möglich, lange Telefongespräche mit mehreren Beamten von ministerialem Rang zu führen, die mir auch alle sehr höflich und ausführlich Auskunft gaben. Ich erfuhr, daß es in Schweden eine sehr große Anzahl von Familien mit nur einem Elternteil gibt, für die die Regierung durch besonders für sie eingerichtete Häuser sorgt. Die Kinder halten sich in Kindergruppen auf, bis Vater oder Mutter nach Hause kommen, haben ihre Mahlzeiten dort und ihre Spielräume, und dem Vater oder der Mutter wird in jeder Beziehung geholfen, ihr eigenes Leben zu leben, ohne daß die Kinder vernachlässigt werden. Alle die Beamten, mit denen ich sprach, sagten, diese Häuser seien nötig, da »Ehen auf Lebensdauer der Vergangenheit angehören«. Ich hörte mir das alles schweigend und interessiert an, nur einmal sagte ich, fast gegen meinen Willen: »Das ist doch eigentlich sehr schade.« Darauf antwortete mein Gesprächspartner: »Frau Pincus, das ist ein Werturteil, das wir uns nicht erlauben dürfen. Unsere Aufgabe ist es, der Realität gerecht zu werden.«

Nach Kopenhagen wurde ich nie eingeladen, aber der Psychiater, den ich beim Athener Kongreß kennengelernt hatte, war Leiter der Mutterhilfe für uneheliche Mütter. Er und mehrere seiner Sozialarbeiter besuchten das Family Discussion Bureau in London und erzählten uns, daß sie in Dänemark ähnliche Arbeitsmethoden mit Familien mit nur einem Elternteil hätten wie in Schweden – nur in kleinerem Umfang.

Eine Gelegenheit, ohne weitere Reisen etwas über Menschen anderer Kulturen zu lernen, bot sich mir durch Seminare mit anglikanischen Missionaren. Der Leiter der kirchlichen Missionsgesellschaft, John Taylor, hatte die Erfahrung gemacht, daß die Weiterbildungskurse für seine Missionare, die man für sie während ihres Urlaubs in der Heimat organisiert hatte, und die hauptsächlich aus Vorträgen bestanden, ihnen nicht mehr genügend bei ihren Arbeitsproblemen halfen. Die Entwicklungen in der Dritten Welt, in der die Missionare arbeiteten, hatten sie zu Fragen über ihre Beziehungen zu den Menschen, denen sie zu helfen suchten, gezwungen, wie auch über ihre Beziehungen zueinander, besonders die zwischen der älteren und der jüngeren Generation von Missionaren. John Taylor hatte sich selber diese Fragen gestellt, und hatte Fallbesprechungs-Seminare mit zwei meiner Family Discussion Bureau-Kolleginnen als sehr hilfreich empfunden. Er schlug also vor, die nächsten Weiterbildungskurse auf der Basis von Fallbesprechungen zu organisieren, mit drei Gruppen-Führern des Family Discussion Bureaus für dreißig geladene Missionare. Zu den schon bewährten beiden Kolleginnen wurde ich als dritte hinzugezogen, und kurz vor Weihnachten 1966 trafen wir uns zum ersten Mal zu einem Wochenkurs in einem englischen Landhaus.

Die erste Sitzung meiner Gruppe war so bemerkenswert, daß ich von ihr als Beispiel für viele andere berichten möchte. Die Gruppe bestand aus zehn Missionaren, sechs Männern und vier Frauen. Ich schlug vor, wir sollten uns zunächst einander vorstellen und versuchen zu erklären, warum uns solche Fall-Diskussionen interessierten. Es stellte sich heraus, daß bis auf eine Frau, die in Singapur war, alle Gruppenteilnehmer in Afrika arbeiteten. Der erste Missionar nannte seinen Namen, sein Alter, seinen Arbeitsplatz und fuhr dann ohne Unterbrechung fort: »An meiner Arbeitsstelle haben alle die verheirateten afrikanischen Geistlichen entweder gar keine Kinder oder nur ein Kind. Das ist in Afrika so ungewöhnlich, daß ich mich frage, was ich ihrer Sexualität angetan habe?« Dieses Problem wurde von der Gruppe mit beträchtlicher Besorgnis aufgenommen und führte zu der Frage: »Ist es möglich, daß unsere christliche Lehre die natürliche Libido dieser Menschen beeinträchtigt?« Der zweite Missionar berichtete von einem sehr begabten jungen Afrikaner, der eine angesehene Stellung bei Unilever hatte, die ihn zur Fortbildung für ein paar Monate nach England geschickt hatten. Er war verheiratet, hatte zwei Kinder, war Christ und spielte eine wichtige Rolle in seiner Kirche; er hatte in jeder Beziehung eine gute Karriere vor sich. Einige Zeit nach seiner Rückkehr aus England heiratete er ein zweites Mal, eine Frau, die auch studiert hatte und seine sich entfaltenden Interessen teilen konnte. Da in Nigeria, wo er lebte, Ehen mit bis zur vier Frauen durchaus üblich sind, war diese zweite Ehe gesellschaftlich völlig anerkannt; aber dieser junge Nigerianer fand es so schwer, sie mit seinem Christentum zu vereinigen, daß er nie mehr zum Abendmahl kam und sichtlich litt. Nach einem Jahr hatte er einen schweren Nervenzusammenbruch und verlor seine Stellung!

Obwohl die christlichen Kirchen Afrikas eine große Anziehungskraft auf die Bevölkerung ausüben und die Zahl der Getauften ständig zunimmt, geht die Anzahl kirchlicher Heiraten zurück. Der Grund dafür ist die Schwierigkeit, die in Afrika selbstverständliche und als notwendig empfundene Polygamie mit dem christlichen Gebot der Monogamie zu vereinen.

Die Missionarin, die in China arbeitete, hatte andere Probleme. Sie hatte Schwierigkeiten mit den Aggressionsgefühlen, die die zu Christen konvertierten Chinesen völlig verleugneten, bis sie sich dann in fast mörderischer Aggression äußerten. Bei einem Besuch hatte sie eine der treuesten Kirchenanhängerinnen dabei erwischt, wie sie ihren sechsjährigen Jungen fast zu Tode prügelte.

In unseren Fallbesprechungen im Family Discussion Bureau hatte Michael Balint immer betont, wie wichtig es sei, sich auf die Gefühle unserer Klienten zu konzentrieren, die ihnen die stärkste emotionelle Belastung verursachen. Es war erstaunlich, daß die Missionare, denen unsere Arbeitsmethode völlig unbekannt war, uns schon in der ersten Sitzung zwangen, gerade das zu tun. Und nicht nur die erste Sitzung, die ganze Lehrwoche war von Ängsten und Schuldgefühlen erfüllt. Die vielleicht wichtigsten wurden nicht in den Gruppen, sondern in Privatgesprächen mit den Gruppenführern erwogen. Zum Beispiel die immer wiederkehrende Sorge, inwieweit, in unserer sich ständig ändernden Welt, die Missionsarbeit noch berechtigt sei. Darauf folgte meist die Frage: »Warum fahren wir, warum fahre ich fort mit dieser Arbeit, trotz aller Zweifel und Gewissensängste? Ist das mein persönlicher Ehrgeiz, die Tatsache, daß ich als Missionar eine geachtetere Rolle habe als wenn ich in England als Gemeindepfarrer in halbleeren Kirchen vor hauptsächlich älteren Damen predige?« Solche Fragen, die in diesen Weiterbildungskursen in den sechziger Jahren immer wieder auftauchten, haben seitdem dazu geführt, daß die Missionsarbeit in der Dritten Welt als immer problematischer empfunden wird.

Aber die Kurse bestanden nicht nur aus Angst und Zweifeln. Die Missionare waren fast alle besonders lebendige extrovertierte Menschen mit schauspielerischer Begabung. Sie konnten singen und tanzen, und gaben sich die größte Mühe, uns während dieser Woche zu amüsieren. Ihr Leiter, John Taylor, ein in jeder Beziehung hochbegabter Mann, hätte Kabarettist sein können. Er sang uns mit Vergnügen seine sich selbst persiflierenden Lieder vor, deren Texte er auch selber gedichtet hatte. Jetzt ist er Bischof von Winchester, einem der bedeutendsten Bischofssitze Englands.

Ich war vier Jahre lang ein Mitglied dieser Weiterbildungskurse für Missionare und habe viel dabei gelernt. Und es war interessant, in der Arbeit mit Menschen anderer Glaubensbekenntnisse dieselben Probleme auftauchen zu sehen.

Einmal ging ich direkt von einem der Kurse für Missionare zu einem zweitägigen Seminar in einer römisch-katholischen Heilstätte für gestörte Kinder, um dort mit den Lehrern und Ärzten zu arbeiten. Die ängstlichen Fragen betrafen die Beziehungen zu den Eltern der Kinder: Geben wir uns genug Mühe, diese Beziehungen zu fördern, oder versuchen wir an die Stelle der Eltern zu treten, um die Liebe der Kinder zu gewinnen?

Unmittelbar nach diesem Seminar fuhr ich dann nach

Israel und arbeitete mit jüdischen Sozialarbeitern. Durch diese Arbeit wurde mir klar, daß trotz aller kulturellen Unterschiede, das, was Mann und Frau und ihre Kinder fundamental voneinander brauchen, überall das gleiche ist und daß das Interesse an Menschen religiöse und dogmatische Unterschiede auslöscht oder zumindest soweit überwindet, daß sie die Beziehung nicht beeinflussen.

Kapitel 11

Ein neuer Beruf und ein gutes Alter

Als mein fünfundsiebzigster Geburtstag nahte, schien es mir richtig, mit meiner regelmäßigen Arbeit aufzuhören, und etwa drei Monate vor diesem Datum reichte ich mein Abschiedsgesuch beim Tavistock Institute und ein paar anderen Stellen ein, für die ich oft Seminare gehalten hatte. Obwohl ich von der Notwendigkeit dieses Schrittes überzeugt war, war ich tief deprimiert, nachdem ich ihn getan hatte. Was sollte ich bloß mit meinem Leben anfangen? In meinem Freundes- und Bekanntenkreis gab es zwar Menschen, die allerlei Hilfeleistungen von mir brauchten, und ich hatte auch Interesse an mehreren Bewegungen, bei denen ich mich vielleicht nützlich machen konnte, aber nach dreißig Jahren intensiver Arbeit auf einem mir wichtigen Arbeitsgebiet schien das alles nicht sehr lebensfüllend.

Die Depression dauerte aber nur drei Tage, denn dann kam ein Brief von Pantheon Books, New York, von deren Existenz ich noch nie zuvor gehört hatte. Sie fragten an, ob ich bereit sei, für sie zu arbeiten – in jeder mir passenden Form: Artikel, Aufsätze oder Bücher. Es wäre mir nie im Traum eingefallen, mich als Autorin zu fühlen, obwohl ich im Family Discussion Bureau mit Kollegen gemeinsam größere und kleinere Bücher über die Arbeit mit Eheproblemen veröffentlicht hatte. Eines davon, »Shared Phantasy in Maital Problems«, das ich zusammen mit Kathleen Bannister geschrieben hatte, war in die Hände von Pantheon Books gekommen und hatte ihnen offenbar gefallen. Daß sie sich an mich wandten, obwohl Kathleen Bannisters Name dem Alphabet entsprechend an erster Stelle stand, ist eines der vielen Wunder meines Lebens. Ein weiteres war, daß die Londoner Agentin des Verlags, Juliet Mitchell, eine junge, begabte und mich in jeder Weise ansprechende Frau, mich besuchen kam, um meine Arbeit für Pantheon mit mir zu besprechen, und dann bald vom Verlag zu meiner Lektorin bestimmt wurde. Wir haben über ein Jahr intensiv und konstruktiv zusammen an dem Buch »Death and the Family« (»Bis daß der Tod euch scheidet...«) gearbeitet. Denn ich wollte über Tod und Trauer schreiben. Sehr zu Juliets Erstaunen, denn als sie zu mir geschickt wurde, erwartete sie, eine englische Autorin um die vierzig zu treffen, die ein Buch über Ehe schreiben würde.

Bei dem von mir gewählten Thema mit einer jungen, auf das intensivste dem Leben zugewandten Frau arbeiten zu können, war eine große Hilfe. Wahrscheinlich war es diese Erfahrung mit Juliet, die mich veranlaßte, für meine späteren literarischen Arbeiten immer wieder Helfer aus der jüngeren Generation zu wählen.

Zunächst aber wurde ich fünfundsiebzig und feierte meinen Geburtstag mit großer Freude. Mein Neffe Stefan, der ein großes Haus hatte, stellte mir dies für die Feier zur Verfügung, und er und seine Frau verwandelten es in ein wahres Festhaus. Ich lud siebzig Gäste ein, darunter eine ganze Reihe Kinder, und da Stefan einen langen Bartisch besaß, baute er darauf fünfundsiebzig große Kerzen auf – von denen jeder erwachsene Gast eine, und jedes Kind zwei für mich mit einem guten Wunsch anzünden sollte. Denn Reden wollte ich keine.

Vor dem großen Tag hatte mich jemand in Gegenwart von Julian und Tanya, Stefans Kindern, gefragt, warum ich eigentlich so viele Leute einladen wolle. Meine Antwort war ganz spontan: »Das ist doch ein besonderer Geburtstag, und ich finde es auch gut, daß meine Freunde sich vor meiner

Beerdigung kennenlernen.« Wenige Tage nach dieser Bemerkung fragte die sechsjährige Tanya, zärtlich auf meinem Schoß sitzend: »Lily, willst du nun eigentlich vor oder nach deinem Geburtstag sterben?« Julian, acht Jahre alt, hatte sich seinen eigenen Beitrag zu der Feier ausgedacht. Er hatte eine damals populäre Popmusik-Platte entdeckt, mit dem Refrain: »And we drink and drink and drink, to Lily the pink, the pink, the pink, the saviour of the human race.« Er war überzeugt, daß diese Platte extra für mich gemacht worden war und bestand darauf, sie an dem Festtag zu spielen. Ich wurde in die Mitte des Zimmers gestellt, und die zwölf Kinder und einige der sich jugendlich fühlenden Erwachsenen tanzten zu der Popmusik, den Refrain singend, um mich herum. Julian fand diese Huldigung so schön, daß er strahlend vorschlug, die Platte müßte auch bei meiner Beerdigung gespielt werden. Offenbar hatte ich die beiden Kinder mit meinem Interesse am Tod angesteckt, sonst aber herrschte keine Todesstimmung: es war ein frohes Fest. Unter meinen alten Freunden vermißte ich zwar die Löwenfelds. Claire war sehr krank – sie starb nicht viel später – und Günther pflegte sie; aber ihre Kinder und Enkel kamen.

Seit der Veröffentlichung von »Death and the Family«, erst in Amerika, dann in England und vielen anderen Ländern und Sprachen, ist mein Leben von diesem Thema weitgehend beherrscht worden. Durch eine Reihe anderer Publikationen zur selben Zeit hat in England das Todes-Tabu erheblich abgenommen, und die Beschäftigung mit Tod und Trauer ist entsprechend gestiegen.

Viele Sozialarbeiter-Organisationen, Ärztegruppen, Krankenhäuser, Kirchen, haben Trauer-Beratungsstellen *(bereavement services)* eingerichtet. Die *cruse clubs* für kürzlich Verwitwete, die mit Trauernden in Gruppensitzungen arbeiten, breiten sich im ganzen Lande aus, und da ich nun mal auf der Liste der »Spezialisten« stehe, werde ich ständig gebeten, für diese Organisationen Seminare zu halten.

So dankbar ich bin, daß mein Buch etwas dazu beigetragen

hat, das Todes-Tabu zu vermindern, und Sterbenden und Trauernden ein wenig mehr gerecht zu werden, möchte ich ungern zu einer Trauerspezialistin werden. Es war wohl ein wenig aus diesem Gefühl, daß ich 1976 anfing, mich an von mir gesammelte Fallbesprechungen zu erinnern, die die Grundlage für ein neues Buch über den Lebenskreis der Familie werden sollten und wurden. Bei näherer Besichtigung fand ich aber, daß viele dieser Fälle mit Inzest-Phantasien verbunden waren. Da zur Behandlung eines so emotional geladenen Themas meine theoretischen Kenntnisse nicht ausreichend sind, suchte ich einen wissenschaftlich besser qualifizierten Kollgen als Co-Autor, und habe das Glück, ihn in Christopher Dare, einem Kinderpsychiater mit großem Interesse an Familientherapie, auch wieder einem Partner aus der jungen Generation, gefunden zu haben. Unsere gemeinsame Hoffnung ist, daß das Buch »Geheimnisse in der Familie« helfen möge, für das Inzest-Tabu ein wenig von dem zu erreichen, was für das Todes-Tabu geschehen ist. Das wird schwerer sein, denn Inzest erregt allgemeines Entsetzen und ist seit Anfang der menschlichen Geschichte in allen Gesellschaften von einem starken Tabu umgeben, während das Todes-Tabu verhältnismäßig neu ist und nur für die höher entwickelten westlichen Stadtzivilisationen gilt. Aber wenn es uns wenigstens gelingt, etwas offener über das Inzest-Thema zu sprechen, wäre es möglich, daß sich manche Ängste verringern.

Schon bevor »Bis daß der Tod euch scheidet . . .« veröffentlicht war, bin ich durch die Vermittlung eines jungen deutschen Priesters, eines Freundes von Freunden, der in Deutschland in der Sterbehilfe arbeitet, zu Vorträgen und Radiosendungen eingeladen worden. In den letzten vier Jahren haben sich daraus viele berufliche Verpflichtungen und Deutschland-Reisen ergeben, die ich zunächst mit gemischten Gefühlen unternahm. Ich war mir lange unklar, ob diese Einladungen aus Wiedergutmachungsgefühlen entstanden waren oder meiner Arbeit galten, aber so langsam habe ich mich von dem letzteren überzeugen lassen und fange an, mich in Deutschland wohler zu fühlen.

Die Arbeit dort führte auch zu der Einladung, über mein Leben zu schreiben. Inzwischen war ich achtzig Jahre alt geworden und konnte mich nur schwer entschließen, ein neues Buch anzufangen, und noch dazu eines, das erhebliche emotionale Belastung bringen würde. Aber Dr. Bernd H. Stappert, einer der Redakteure des Süddeutschen Rundfunks, mit dem ich in den letzten Jahren an allerlei Rundfunkprogrammen gearbeitet hatte, bot an, für zwei oder drei Wochen nach England zu kommen, um für den Rundfunk Gespräche über mein Leben aufzunehmen – in der Hoffnung, mir damit die Arbeit für das Buch zu erleichtern.

Für diese gemeinsame Arbeit fuhren wir für mehrere Wochen nach St. Julians, einem schönen friedlichen Haus auf dem Lande, das von einer Gemeinschaft von Frauen geführt wird, die versuchen, christliches Leben in die Realität umzusetzen. Während der letzten zwanzig Jahre ist mir St. Julians immer wieder eine Quelle körperlicher und geistiger Erfrischung geworden. Auch Fritz liebte dieses Haus tief im ländlichen Sussex, mit seinem umwachsenen See, seinen schönen Bäumen, Gärten und Feldern, und war während seiner letzten Jahre oft in St. Julians, wo die Frauen der Gemeinschaft ihn hegten und pflegten, wenn ich ihn manchmal zwischen zwei gemeinsam verbrachten Wochenenden einige Tage allein dort lassen mußte.

St. Julians war ursprünglich für Missionare gegründet worden, die jedes dritte Jahr für lange Urlaube nach England kommen, wo die meisten kein Zuhause haben. Um ihnen Ruhe, Erholung und geistige Anregung zu geben, hat St. Julians, außer all dem anderen Schönen, eine große, vielseitige Bibliothek und ein separates Haus, in dem die Missionarskinder versorgt werden können, ohne den Frieden des Hauses zu stören. Auch die Weiterbildungskurse für Missionare, von denen ich erzählt habe, fanden meist dort statt. Heute wird St. Julians nicht nur von Missionaren besucht, sondern von vielen Menschen, die in helfenden Berufen arbeiten, wie Lehrern, Ärzten, Sozialarbeitern und Psychotherapeuten. Ich weiß, daß der mir so spät im Leben zugefallene Autorenberuf ohne St. Julians mich sehr viel mehr belastet hätte. Nicht nur die liebevolle Fürsorge dort, sondern auch die warme Anteilnahme und aktive Unterstützung meiner Arbeit hilft mir immer wieder, wenn ich erschöpft oder verzweifelt dort Zuflucht suche.

Ich brauche wohl kaum zu erwähnen, daß auch Dr. Stappert der jungen Generation angehört. Eine zweite junge Hilfe, Carla Wartenberg, hat mir nicht nur stilistisch und technisch das Schreiben dieses Buches sehr erleichtert, sondern mir auch durch ihr unermüdliches Verständnis über manche Zweifel hinweggeholfen. Mein Verleger, die Deutsche Verlags-Anstalt, hatte mir in Ursel Locke eine junge Lektorin zugewiesen, durch deren Interesse, besonders an meinen Lebenserinnerungen, ich mich sehr ermutigt fühle. Ich bin all diesen jungen Helfern zutiefst dankbar, da ich überzeugt bin von der Wichtigkeit, das Leben einer so alten Frau auch durch junge Augen zu sehen.

Diese Überzeugung umfaßt für mich alle Lebensgebiete, denn ich empfinde Absonderung, ob durch Klasse, Rasse, Geschlecht, Religion oder Alter, als schädlich sowohl für die Abgesonderten wie auch für die Absondernden.

Andererseits ist Verbundenheit nur möglich, wenn die verschiedenen Gruppen sich trotz Andersartigkeit gegenseitig schätzen und einander genügend Unabhängigkeit erlauben. Das gilt für alle menschlichen Beziehungen, ist aber besonders wichtig für die, die auf starken emotionalen Bindungen beruhen. Selbst bei körperlicher Behinderung können lebendige Beziehungen zwischen Menschen verschiedenen Alters weiterbestehen, solange der Behinderte nicht ausschließlich abhängig gemacht wird und solange er fühlen darf, daß er selber noch etwas zu geben hat.

In diesem Zusammenhang möchte ich von einer alten Tante von mir erzählen, die in einem Heim für Überlebende aus

Konzentrationslagern in Vevey am Genfer See lebte, und die von all ihren jungen Verwandten mit viel Freude und so oft wie nur möglich besucht wurde. Sie war jahrelang im Theresienstadter Lager gewesen, wo man ihr die Aufsicht über die Blinden übergeben hatte, da sie Braille lesen und schreiben konnte. Mir ist oft erzählt worden, daß die Blinden-Abteilung in Theresienstadt die einzige Abteilung war, in der durch Tante Flörchens Hingabe und unerschütterliche Heiterkeit, die sie sich trotz ihres eigenen schweren Lebens bewahrt hatte, etwas wie Freude zu finden gewesen ist. Sie war eine entzückende, winzige Person, und ist beinahe hundert Jahre alt geworden. Bis zum Schluß war sie die Freude ihrer jungen Verwandten und Freunde, und obwol sie fast nichts besaß, war sie immer entschlossen, sie zu beschenken.

Das ganze Heim war schon mit Vorbereitungen für ihren hundertsten Geburtstag beschäftigt, als ein paar Tage vorher ein Neffe aus Amerika sie besuchte. Er war bei Nestlé im Aufsichtsrat – und kam mit einer Schachtel an, die fünf Pfund Cognac-Kirschen enthielt. Die waren Flörchens Schwäche, sie konnte gar nicht genug davon kriegen. In der folgenden Nacht ging es ihr schlecht, und sie starb in wenigen Stunden, zum größten Entsetzen des ganzen Heims. Aber vielleicht ist es nicht so schlimm, mit fast hundert Jahren an Cognac-Kirschen zu sterben, besonders wenn man, wie sie, bis zum Schluß in beglückenden menschlichen Beziehungen leben kann.

Mit senilen Alten werden solche Beziehungen viel problematischer, denn der senile Mensch ist ja meist nicht mit der Realität verbunden. Für Angehörige und Freunde ist das besonders dann schwer zu akzeptieren, wenn es sich um früher intelligente, gebildete Menschen handelt. Ich war – und bin noch immer – mit mehreren solcher Kranken verbunden, und es scheint mir, daß besonders Menschen, die ihr ganzes Leben lang versucht haben, schwierige oder schmerzliche Erfahrungen zu verdrängen, häufig dieser Art von Senilität verfallen. Sie selbst mögen glücklich und unbekümmert erscheinen, aber für die Menschen, die sich für sie verantwortlich fühlen, ist dieses unwirkliche Glück, in dem gefährliche und gefährdende Situationen nicht erkannt werden, eine große Sorge und Belastung.

Eine Bekannte von mir, Hanna, ist ein solcher Fall. Sie ist die einzige in einer großen Familie, die nicht geheiratet hat und eine akademische Karriere machte. Sie ließ ihre Familie immer fühlen, daß sie ihnen geistig überlegen sei. Mit zunehmendem Alter übertrug sie das Gefühl, etwas Besonderes zu sein, auch auf ihre Bekannten, von denen sie sprach, als ob sie berühmte, einflußreiche, überragende Menschen seien, alles, um die eigene Wichtigkeit zu betonen. Oft erzählte sie Geschichten, in denen sie selbst sich als eine »Auserwählte«, mit Ehrungen ausgezeichnete Person, beschrieb. Jede Kleinigkeit ihres Lebens, zum Beispiel der Erwerb von ein Paar Schuhen, wurde zu einem solchen Ereignis: Sie erzählte, die Verkäuferin hätte auf der Straße auf sie gewartet und hätte extra ein Paar ganz besonderer Schuhe nur für sie entworfen. Da Hanna unfähig war, ihren Haushalt (sie hatte eine kleine Wohnung) zu führen, oder mit Geld umzugehen, wurde ihr alles abgenommen. Aber selbst Situationen, die demütigend hätten sein können, umgab sie mit gloriosen Phantasien. Körperlich war sie für ihr Alter erstaunlich gesund, beklagte sich nie über Unbequemlichkeiten, strahlte meist, der Himmel war für sie immer blau. Durch die ständige Unterstützung der für sie verantwortlichen sozialen Stelle und das Verständnis ihrer Nachbarn war es bisher möglich, Hanna die Illusion ihres Glückes nicht zu zerstören, und sie in ihrer kleinen Wohnung zu lassen.

Im Grunde hat sich die alte senile Hanna, wie auch andere senile Menschen mit ähnlichen Symptomen, die ich kenne, nicht sehr verändert. Die lebenslange Verleugnung alles Negativen hat nur groteskere Formen angenommen.

Überhaupt behalten alte Menschen im großen und ganzen immer die gleichen Charakteristiken, die ihrer früheren Persönlichkeit entsprechen. Nur meist in verstärktem Ausmaß. Negative Eigenschaften treten durch Schwäche und andere

Alterserscheinungen deutlicher hervor, aber auch Güte und Gelassenheit können bemerkenswerter werden. Trotzdem kann ein »gutes« Alter selbst von den nettesten Menschen nicht als selbstverständlich erwartet werden. Schwierigkeiten des alternden Körpers zu überwinden bringt immer wieder Siege oder Versagung; aber für einen weiter am Leben und an anderen Menschen interessierten und so viel wie möglich beschäftigten Menschen, brauchen solche Lästigkeiten keine überwältigende Bedeutung zu haben.

Im englischen Gesundheitsdienst wird man bis achtzig als alt, und danach als sehr alt bezeichnet, und dann wird die Pension um fünfundzwanzig Pfund erhöht. Aber obwohl ich nun zu den sehr Alten gehöre, hoffe ich auch weiterhin, mein Leben in gegenseitigen hilfreichen Beziehungen zu jungen und alten Menschen zu verbringen, und ein wenig dazu beitragen zu können, für beide die irrationale und unvernünftige Angst vor dem Alter und vor alten Leuten etwas zu vermindern.

Ein wichtiger Teil dieser Angst ist verbunden mit der Angst vor dem Tod, die wohl nur überwunden werden kann, wenn auch er nicht als abgesondert, sondern, wie das Geborenwerden, als ein natürlicher Teil des Lebens empfunden werden kann.

Dr. Rosemary Gordon spricht in ihrem schönen Essay über »Death and Creativity« von den »Menschen, die lernen, denken und ausprobieren können, und Kontrolle und Verantwortung übernehmen, aber auch all das aufgeben können, und Zweifel, Chaos, Nichtwissen ertragen können, ohne von Schmerz, Panik oder Ressentiment überwältigt zu werden«.

Kürzlich fragte mich der jetzt vierzehnjährige Julian: »Hast Du Angst vor dem Tod?« »Nicht, soviel ich weiß«, war meine Antwort, »ich freue mich beinahe darauf.« Der Junge war verwirrt, und je mehr ich über meine Antwort nachdenke, desto verwirrter werde auch ich. Kann es wirklich sein, daß ich mich auf den Tod freue? Ich lebe noch sehr voll und sehr gern, obwohl ich meine sich vermindernden Kräfte vorsichtig rationieren muß. Wenn ich an den Tod denke, so ist das mit dem Wunsch verbunden, bis zum Schluß lebendig und bewußt zu bleiben, selbst wenn physische Schwierigkeiten dies erschweren sollten. Ich hoffe, daß das Lebensvertrauen, das es mir ermöglicht hat, schwere Zeiten ohne zu große Angst zu bewältigen, mir auch die Kraft zu einem vertrauensvollen Sterben geben wird.

Alltag – Gegenwart – Wirklichkeit

Sommer 1940. Zwei Menschen sitzen auf einer Gartenmauer in Wales: Ein Moment nur in der Lebensgeschichte von Lily und Fritz Pincus und doch so etwas wie ein Wendepunkt in der inneren und äußeren Entwicklung beider. Eine Existenz liegt hinter ihnen: Kindheit und Jugend in ihren jeweils so verschiedenen Familien während der Zeit des Kaiserregiments und des Krieges, der Beginn eines gemeinsamen Lebens, der Kreis von Freunden im Haus auf dem Küssel und schließlich die Jahre des Schreckens in einem »Vaterland«, das ihnen in seinem wirren Taumel Schlag um Schlag versetzte. Vor dem nahezu sicheren Tod sind sie in ein fremdes Land entkommen, das sie jetzt schon ein Jahr beherbergte, das ihnen in Freundschaft eine neue zweite Existenz zusagt.

Was kann einen damals noch nicht Geborenen an einer solchen Lebensgeschichte interessieren, was steckt in diesen Erinnerungen an Allgemeingültigem, das über das rein Private hinausreicht? Für mich – und das meine ich nicht nur persönlich, sondern es gilt für eine ganze Generation, die mit einem Erbe zurückgelassen wurde, das sie anzutreten hat, ohne es verantworten zu können – für uns Nachgeborene ist es die Zeitgeschichte, die sich in den Lebensgeschichten von Lily und Fritz Pincus spiegelt. Fasziniert beginnen wir zu verstehen, daß die historischen Daten dieses Jahrhunderts aus dem Leben des Einzelnen entstanden sind, wir beginnen zu verstehen, was die Zeit aus den Fugen geraten ließ.

Da ist – um nur einige dieser zeitgeschichtlichen Perspektiven des Lebensalltags zu nennen – Lilys Familie mütterlicherseits, die Onkel, Tanten und Cousinen in Karlsbad. Voll in den königlich-kaiserlichen Vorurteilen der Jahrhundertwende verhaftet, blicken diese Angehörigen eines aufsteigenden Mittelstandes auf Juden tschechischer Herkunft hinab. Als Elsa, eine Cousine Lilys, einen tschechischen Juden heiraten will, bekommt sie Schwierigkeiten mit ihrer deutsch-böhmischen Familie. Nicht die gemeinsame jüdische Tradition, die die beiden jungen Leute verbinden könnte, zählt, sondern die unterschiedliche Nationalität. Man versteht sich als deutsch, und der Tscheche ist als Schwiegersohn nicht erwünscht. Und noch ein weiteres Moment aus dieser Karlsbader Familie zeigt den Grad der Assimilation: Onkel Gustav ist ein begeisterter deutscher Turner, und das mit all der Romantik von Nation und gesundem Körper, die die Bewegung des Turnvaters Jahn prägte. Wie wenig sich deutsche und jüdische Ideologie störten, und welche erstaunlichen Verbindungen sie eingehen konnten, mag vielleicht noch folgendes verdeutlichen: Auf den zionistischen Kongressen, die ja damals häufig in Karlsbad stattfanden, und auf denen Theodor Herzl einen Staat für Juden in Palästina propagierte, waren Vorführungen von Turnerriegen Teil der Tagesordnung. Die künstlichen, nur auf einem Wahn begründeten Grenzen und Kategorisierungen, wie sie die Rassenvorstellungen des aufsteigenden deutschen Nationalismus vorgaben und mehr und mehr den Hirnen einpeitschten, bestanden im Alltag so nicht. Der beste Beweis dafür sind eben auch hier Lebensgeschichten wie die von Fritz Pincus, der als junger Jurist in Freiburg vor Beginn des Ersten Weltkrieges nicht nur aktives Verbindungsmitglied war, sondern auch als begeisterter Deutschnationaler in diesen ersten katastrophalen Krieg des zwanzigsten Jahrhunderts zog: Sein »Eisernes Kreuz Erster Klasse« ist nur ein Ausdruck dieser vollen Identifizierung als

Deutscher. Er ist, wie viele andere, lebendiger Gegenbeweis für die bald nach dem Ende des Ersten Weltkrieges einsetzende Verleumdung, Deutsche jüdischer Herkunft hätten sich bei den Frontkämpfen gedrückt und dem Feind in die Hand gearbeitet. Die Diskriminierung beruhte nicht auf einer Absetzbewegung deutscher Juden vom nationalen Interesse, sondern auf einer willkürlichen Aussonderung von Menschen jüdischer Herkunft, etwa durch Statistiken der Obersten Heeresleitung bereits während des Ersten Weltkrieges: Deutsche machten andere deutsche Staatsbürger erst zu »Juden«.

Aber ohnedies – und hier komme ich zu einem zweiten Punkt – wäre in Menschen wie Fritz und Lily Pincus die Kritik an der Gesellschaft, ihr beginnendes sozialistisches Engagement gewachsen. Die sozialen Widersprüche, die dem kleinen Mädchen bei seinen sommerlichen Besuchen in Karlsbad bewußt wurden, die Kriegserfahrungen des jungen Juristen im Feld, die Not der letzten Kriegsjahre in den eigenen Familien und etwa in dem Kinderheim am Alexanderplatz mußten den Blick schärfen und sie weckten die Hoffnung, in übernationalen Verbindungen und Einrichtungen, wie zum Beispiel dem Völkerbund oder den sozialistischen Parteien, zu gesellschaftlichen Veränderungen und Problemlösungen zu kommen. Die Auseinandersetzung, die Oskar Lazarus mit seinem Schuldirektor hatte, ist dabei nur ein alltägliches Beispiel für den beginnenden innerdeutschen Grabenkrieg: Die Hoffnung eines Abiturienten, daß nationale Grenzen nun, nach den Erfahrungen mit dem Aberwitz eines überspannten Nationalismus, immer geringere Bedeutung erhalten würden, machten ihn zum »Juden«, der eben nicht wie ein Deutscher nationale Oberhoheit schätzen könne. Daß ein junger Mann daraus Konsequenzen zieht, die sein Leben bestimmen, daß er sich zum Beispiel eine Richterlaufbahn in Deutschland aus dem Kopf schlägt, zeugt von einer Wachheit, die vielleicht nur auf dem Hintergrund eines Erlebnisses verständlich ist, das den damals erst Zwölfjährigen prägt: sein Freund mußte ihn von einer Geburtstagsfeier wieder ausladen, da die Eltern keinen Juden im Hause wünschten.

Sicherlich, indirekt mag die sozialistische Idee bei Lily und Fritz Pincus auch aus der alten Tradition des Gerechtigkeitsgedankens herrühren, der seit biblischen Zeiten Israel und seine Gläubigen immer wieder prophetisch aufgerüttelt hatte. Aber hier und jetzt waren es die tagtäglichen Erfahrungen der Kriegs- und Nachkriegsgesellschaft, die sie bestärkten, die nationalen Grenzen in der konsequenten Verfolgung einer Idee zu übersteigen. Doch so wie beide unreflektiert an der Kriegsbegeisterung von 1914 teilhatten, so gehörten sie in den zwanziger Jahren zu jenen sozialistisch orientierten Intellektuellen, die von der Lebenssituation derer, für die sie sich engagierten, nur wenig Ahnung hatten. Vielleicht war es u. a. deshalb für den totalitären Staat des Nationalsozialismus möglich, den Sozialismus zu verteufeln und zu zerschlagen. Lily Pincus schildert eindrücklich, wie das Bewußtsein – daß die Aufteilungen von oben und unten ihrer Grundüberzeugung widersprach – in ihr persönlich wuchs: Ihr wachsendes Engagement während der Verfolgungsjahre machen das deutlich, aber auch die Tatsache, daß die vier Angestellten aus dem Haus auf dem Küssel nach der Emigration ihrer »Arbeitgeber« im Februar 1939 zusammenblieben und gemeinsam einen kleinen Wäschereibetrieb eröffneten.

Auf drei weitere zeitgeschichtliche Perspektiven möchte ich nur kurz verweisen: da ist einmal die Entwicklung des Selbstbewußtseins der Frau während des zwanzigsten Jahrhunderts, die an Lily Pincus deutlich wird. Ihre Schwiegermutter blieb trotz der Erschütterungen in Kriegs- und Nachkriegsjahren die Dame des gehobenen Bürgertums, der die meisten Alltäglichkeiten fremd waren und von der man jede Belastung und Beängstigung fernhielt. Daß diese Frau dennoch ihre Schwiegertochter herzlich liebte, obwohl diese ihr ständig in großer Ehrlichkeit alle Unannehmlichkeiten mitteilte, weist darauf hin, daß sich hier bereits etwas zu wandeln beginnt. Der Generationenbruch aber läuft durch Frauen wie Lily Pincus selbst hindurch: Zwar fügt sie sich noch ungefragt dem Modell der Zeit, daß eine jung verheiratete Frau keiner beruflichen Arbeit nachgeht und trotzdem ein Hausmädchen hat, aber sie hat bereits begonnen, ihren eigenen beruflichen Weg einzuschlagen. In der Schule waren romantische Freundschaften unter den Mädchen gefördert worden; Lilys heitere und liebevolle Beschreibungen ihrer Jungmädchenzeit am Anfang dieses Jahrhunderts lassen Beziehungen lebendig werden, deren Gefühlswelt noch stark vom neunzehnten Jahrhundert geprägt ist, und doch kündigt sich auch hier etwas Neues an: Lily weint untröstlich, als die Schulzeit zu Ende ist, als ob sie ahnte, welche Zerrüttungen und Unsicherheiten einer unendlich schwierigen Zeit sie durchstehen muß, um die Frau zu werden, die sie dann geworden ist. Das Vertrauen zu schwesterlicher Verbundenheit mit Frauen, das in der Schulzeit entstand, wurde durch Erfahrungen mit der eigenen Mutter verstärkt, die, als sie in Zeiten schwerster wirtschaftlicher Sorgen den Mann verlor, Kräfte entwickelte, die ihre Kinder ihr kaum zugetraut hatten. Sicher ist der Beitrag der Frauen während der großen Notzeiten dieses Jahrhunderts zur Selbstbewußtwerdung der einen Hälfte der Menschheit in unseren Jahren noch viel zu wenig beachtet worden.

Eine zweite Perspektive, auf die ich hinweisen will, ist die Situation in den Tagen unmittelbar vor Kriegsausbruch 1914: Lily Pincus berichtet, wie sie mit ihrer Familie und australischen Verwandten draußen vor einem Café sitzen und wie die Mitteilung ihres Vaters, er habe den Kaiser vorbeifahren sehen, dessen Miene sehr ernst gewesen sei, diese Verwandten veranlaßt habe, sofort abzureisen.

Instinktiv reagieren die Menschen in einer Stimmung von Ungewißheit und Bedrohung auf das noch unbestimmte Kommende. Manches davon mag rückwärts gewandte Interpretation sein: Aber bei vielen Zeitgenossen, die dieses Jahrhundert bewußt miterlebt haben, stieß ich bei Gesprächen während der vergangenen Jahre auf Schlüsselerlebnisse aus diesen Tagen des Sommers 1914: Bei dem Maler Richard Seewald etwa auf seine frühmorgendliche Phantasmagorie eines

Friedhofs voller Totenköpfe, als er nach durchwachter Nacht mit Gesprächen über das Kommende den Kreis der Münchner Freunde verließ, ans Fenster trat und auf den angrenzenden Kirchhof hinausblickte. Oder das Erlebnis einer anderen Künstlerin, Margit Buschmann-Terry, die in jenen Tagen über den Chiemsee rudernd plötzlich die gesamte Oberfläche des Wassers voller sterbender weißer Falter sah. Sicherlich sind dies alles Intuitionen, Stimmungen, die aber dennoch etwas über das Lebensgefühl dieser Menschen vor dem Ausbruch der Katastrophe mitteilen.

Und ähnlich auf ein Lebensgefühl bezogen ist die letzte Perspektive, nämlich die Stimmung während der Zwischenkriegsjahre in Berlin, dieses Gemisch aus »Verzweiflung und größter Vergnügungssucht«, oft beschrieben und in seinen Facetten immer wieder voll Faszination. Lily Pincus berichtet von den Kostümfesten und den Theaterereignissen, von dem kulturellen Leben im Küsselhaus und dem abrupten Ende alles dessen, was mit Kabaretts und Nachtlokalen, Max Reinhardt und Käthe Kollwitz zusammenhing, als Anfang Februar 1933 der Vorhang zerriß: Denn die Uniformierten, die da die kostümierten Tänzer aus den Ateliers der Kunstakademie rüde hinauswarfen, waren kein übler Scherz, sondern über Nacht die neue, rauhe Wirklichkeit. Die oft traumtänzerische Ungewißheit und Verspieltheit der oft einseitig positiv gezeichneten »Goldenen zwanziger Jahre« wich der Tatsächlichkeit des Terrors und der Despotie. Diese Wochen um die »Machtergreifung« gewinnen in den persönlichen Erlebnissen von Lily Pincus Gestalt, machen überdeutlich, was historische Tabellen nie vermitteln können: Da ist der Anblick des marschierenden Nazi-Trupps über die Glienicker Brücke und der verzweifelte Versuch des Freundes Paul Tillich, mit seinem Vortrag »Ist Sozialismus heute möglich?« die öffentliche Diskussion noch einmal zur Tagesordnung zu rufen. Spätestens der Juden-Boykott am 1. April 1933 macht dann aber die Marschrichtung des deutschen Volkes deutlich, und der Freund Saul, der nun bald die volle Unbarmherzig-

keit des neuen Regimes kennenlernen sollte, handelt am Abend dieses Tages konsequent: Er nimmt in väterlich-freundschaftlicher Manier den zitternden Pastor Winterhagen vom nahegelegenen Hermannswerder auf den Schoß, um ihn zum Essen zu ermuntern: »Denn jetzt muß man gut essen, um Widerstand leisten zu können!«
Vielleicht hätten Steuerverweigerung, wie sie Paul Tillich Lily Pincus wutentbrannt vorschlug, oder andere breit angelegte Protestaktionen 1933 wenigstens die öffentliche Meinung noch beeinflussen können: Aber Lily wußte nur zu gut, daß nun ein ganz anderes Leben begann, in dem es vor allem galt, Einzelnen immer da zu helfen, wo es die Notlage gebot. Denn seit dem von den Nazis fingierten Reichstagsbrand Ende Februar 1933 begannen die Besuche der Polizei, suchten mehr und mehr der jungen kommunistischen Freunde von Traute und Max Hodann Zuflucht auf dem Küssel und entwickelte sich das Haus zu einem Zentrum der Ermutigung und Information: zugefallene Aufgaben ohne vorherige systematische Planung. Die soziale Struktur von Potsdam war dabei sicher ein gewisser Schutz vor deutlichem Antisemitismus, der nun in aller Öffentlichkeit sichtbar und akzeptabel wurde: Das uns Nachfahren so häufig entgegengehaltene »Wir haben nichts gewußt!« widerlegt der 1. April, widerlegt die Entlassung der Privatsekretärin Else Pincus 1933 nach zehnjähriger Tätigkeit in dieser Position durch die Berliner Grammophon, widerlegt die Inhaftierung des hohen Staatsbeamten Richard Joachim, widerlegt die öffentlich verfügte Gehaltssperrung für Werner Rüdenberg in China durch die Mutterfirma im Deutschen Reich. Und so ließe sich fortfahren!

Denn vieles, was Lily Pincus in den gemeinsamen Gesprächen über diese Monate berichtete, ist in diesen »Erinnerungen« nicht enthalten oder nur andeutend erwähnt: Der hingenommene Einzug von Fahnenabordnungen der »Bewegung« in die Kirche von Hermannswerder beim Erntedankfest 1933, der Paul Tillich bewog, protestierend mit Fritz und ihr den Kirchenraum zu verlassen; das Verhalten mancher Freunde, die zwar jetzt dem Haus nicht fernblieben, aber doch begannen, »sich ein bißchen zu verteidigen, daß ihre Kinder in der Hitlerjugend waren oder daß sie nicht daran dachten auszuwandern, und sogar Leute wie Paul Tillich sehr angriffen, da er ausgerückt sei, statt zu helfen!«. Die Argumente der Selbstverteidigung wegen eines rechtmäßig schlechten Gewissens setzten eben schon damals ein, obwohl zum Beispiel diese Freunde des Hauses auf dem Küssel nur zu gut wußten, wie schwer es Tillich gefallen war, Deutschland zu verlassen. Anfang 1934 schrieb er Lily Pincus aus den USA: »Es ist der zweite Tod, den ich hier erlebe.« Er vergleicht seine innere Situation als Flüchtling in einem fremden Land mit der Erfahrung der Champagne-Schlacht des Jahres 1915, als die »Tatsache des Stehens im Tode, in der Notwendigkeit, die Vergangenheit durchzuleben und durchzuleiden und die völlige Unfähigkeit, für mich selbst einen neuen Sinn zu finden. Doch das ist unser aller Schicksal, die wir abgeschnitten sind und zwischen ›nicht mehr‹ und ›noch nicht‹ stehen.«

Lily Pincus macht in ihren »Erinnerungen« an mehreren Stellen deutlich, daß es in diesen Jahren der Verfolgung kaum Zeit und Gelegenheit gab, zu reflektieren, was man da tat. Aber daß das dennoch geschah, zeigt manches Gespräch und auch eine Stelle aus einem anderen Brief Paul Tillichs, geschrieben am 29. November 1935 in New York: »Ich finde, so lange es irgend geht, wirklich fortsetzen, das bleiben, was Ihr wart, ein Ort, der vielen etwas bedeutet. Und wenn es nicht mehr möglich ist, radikal neu anzufangen, in ›einem Land, das ich Dir zeigen will‹, wie es zu Abraham gesagt war.« Der Theologe Tillich hebt damit auf eine seiner Überzeugungen ab, die Lily Pincus auch in ihrem Bericht über den Wirtshausbesuch in Kampen wiedergibt, wo er verkürzt sagte, daß »heute die richtigen Christen nur noch die Juden seien«, weil nur sie noch wüßten, was der Geist des Aufbruches in ein neues Land, eine offene Zukunft bedeute und nur noch sie dies als Schicksal erfahren würden. Und so fährt

Tillich in seinem Brief vom November 1935 fort: »Die wenigen auf beiden Seiten, die einen, denen Schicksal Geist wird und den anderen, denen Geist Schicksal wird, sollen zusammenstehen und wissen, daß sie der Zeit und nicht dem Raum verantwortlich sind« – ein Thema, das Tillich bereits bei seiner Einweihungsrede zum Neubau auf dem Küssel 1931 bewegt hatte und gemeinsamer Grund des Handelns war: seiner Emigration, als es lebensbedrohend gewesen wäre zu bleiben, und Lilys und Fritzens Bleiben bis zum letztmöglichen Moment. Denn die beidseits gestellte Frage war: »Wo kann ich am wirksamsten im Sinne der Grundentscheidung arbeiten? Ich finde«, so Tillich, »daß die wenigen, denen die Augen für die Welt-Stunde geöffnet sind, ihr Verhalten nur nach diesem Gesichtspunkt zu orientieren haben. Ich meine das gar nicht schwärmerisch, schon deswegen nicht, weil diese ›Stunde‹ ein oder mehrere Jahrhunderte währen kann und die Menschheit erst seit zwanzig Jahren die Wüstenwanderung des Übergangszeitalters begonnen hat. Aber ich meine es darum nicht weniger radikal als Wegziel, das durch den ›Kairos‹ bestimmt ist.«

Das alltägliche Handeln auf dem Küssel während dieser Jahre als »Zeugenschaft« zu kennzeichnen, würde Lily Pincus als zu hoch gegriffen ansehen, als unangemessen, und vielleicht steht es auch keinem zu, so zu urteilen, wenn nicht einem Freund wie Paul Tillich.

Aber in diesem Novemberbrief des Jahres 1935 geht Paul Tillich nicht nur im Verweis auf seine »Kairos«-Lehre vom Persönlichen ins Allgemeine, sondern schreibt, nachdem er auf die Haltung eines der Küssel-Freunde eingegangen ist, der gegenüber dem Nationalsozialismus zwischen Widerstand und Ergebung schwankte, folgende allgemeine Sätze an Lily Pincus: »Das Unglück des europäisch-christlichen Denkens ist, daß es überall zugleich Ja und Nein sagt, und darum nirgends ist und nichts sagt. Nein darf erst gesagt werden, *nachdem* die Entscheidung getroffen ist, die nicht den Charakter eines sich Fügens ›qua cum ita sint‹ (›so wie die Dinge einmal liegen‹) haben darf, auch nicht im Weltlichen, sondern einer Ent-scheidung, die Menschen trennt und Märtyrer macht. Erst *nachher* ist das dialektische Nein erlaubt. Aber die Kirche und viele, besonders auch pietistische Christen, sind dialektisch *vor* der Entscheidung und glauben dadurch, um sie herum zu kommen. In Wirklichkeit entscheiden sie sich für die Dämonie des Gegebenen.«

Das sind harte aber klare Worte auf die damalige Situation hin gesagt und den wetterwendischen Freund. Aber es wäre eine rhetorische Frage, ob denn die damalige Situation so anders war als die heutige. Denn denen, die die Erbschaft der Greuel anzutreten hatten, ist heute zu deutlich, daß die, die vorgeben, von nichts gewußt zu haben, schon damals die Ent-scheidung scheuten und sich in ihrem »sowohl als auch« der Dämonie des Gegebenen verschrieben. Insofern hat sich bis heute nichts verändert: Auch nicht bei den Erben, der nachgewachsenen Generation, der vor Entscheidungen in der »Wüstenwanderung des Übergangszeitalters«, das mit dem Ende des letzten Weltkrieges ja noch nicht aufhörte, graut wie ihren Vätern.

Ich will damit nicht in Anlehnung an Reflexionen über lebensgeschichtliche Momente eines Menschen zeitgeschichtliche Verunglimpfungen verbreiten, sondern Linien auch persönlicher Motivation ausziehen, ein wenig versuchen, aus der Geschichte, oder vielmehr mit der Geschichte zu lernen. Und deshalb gehört hierher noch ein Satz Paul Tillichs, den er in diesen Jahren schrieb, öffentlich an einen sich im Nazi-Deutschland anpassenden Theologen, ein Satz, der in gleicher Weise wie die bereits zitierten, allgemeine, also auch heute geltende Bedeutung besitzt: »Ich behaupte im Gegensatz zu manchen Liberalen, daß Unsicherheit, Verfolgung, Heimatlosigkeit, Gefängnis und Todesdrohung dem wirklichen Geist nie haben schaden können und ihm auch jetzt dienen werden. Aber es gibt hier eine Grenze. Um bedroht und verfolgt zu werden, muß der Geist erst einmal da sein; und um da zu sein, muß er einen Raum haben, in dem er durch Nein-sagen zum Ja-sagen kommen kann. Es ist der erste Schritt alles Geistes, nein zu sagen zum unmittelbar Gegebenen.« (in: Theologie des Kairos und die gegenwärtige geistige Lage. Ein offener Brief an Emanuel Hirsch, Theologische Blätter, 13. Jahrgang, Nummer II, November 1934).

Einen »solchen Raum des Geistes« konnten sich Lily und Fritz Pincus nur erhalten, so lange es ihnen noch möglich war, den »Ort, der vielen etwas bedeutet«, zu halten.

Und dieser »Raum« sah für Lily so aus: »Wir diskutierten immer wieder Politik und immer wieder, ob man was tun kann und wie man was tun kann; immer wieder, wie man gefährdeten Menschen helfen kann. Und dann wurden Rollen verteilt, was man tun konnte.«

Aber Ende 1938 lief diese Zeit ab. Zwar konnten sich beide »nicht vorstellen, wie man weggehen konnte, so viel war zu tun!«; doch nun, nach dem November-Pogrom, der »Reichskristallnacht« war die Alternative nur noch Auswanderung oder Konzentrationslager: Der Flaschenhals wurde von Monat zu Monat enger. Dabei waren Lily und Fritz Pincus in Berlin ebensowenig ein Sonderfall wie ihre beiden Brüder in Prag. Die Amtsstellen des Deutschen Reiches behinderten dort wie hier Menschen, die nur noch ihr Leben retten wollten, mit allen erdenklichen Schikanen. In Prag konnten die Brüder Lazarus in den letzten Wochen ihres Aufenthaltes dort nur unentdeckt bleiben, indem sie lautlos mit fünf Personen sich in einer kleinen Kammer versteckt hielten: und einer dieser fünf war ein argloser noch nicht zweijähriger Junge. Fritz Pincus war versteckt für Wochen, bis das ersehnte Visum kam, auch er kein Sonderfal. Bei all der persönlichen Freundlichkeit des Zollbeamten Georg, die Lily in ihren Erinnerungen so ausdrücklich schildert, blieb mir ein Satz aus unseren Gesprächen in Erinnerung, den dieser Mann zu ihr sagte: »Nein, daß Sie Jüdin sind, kann ich mir gar nicht vorstellen!« Daß Juden in Deutschland nichts zu suchen hatten, ist damit akzeptiert, nur nicht, daß dieser Mensch, der da vor einem steht, diese so offensichtlich liebenswerte, so deutsch wirkende Mitbürgerin wegzugehen habe, das ist bedrückend. Ich habe während der voraussehbar nur wenigen Wochen, in denen das individuelle Schicksal einer deutschen Arztfamilie aus der Filmserie »Holocaust« die Gemüter erregte, oft an diesen Satz denken müssen. Denn so wie Georg die vor ihm stehende Lily Pincus nicht in die totalitäre Rassenideologie einzupassen vermochte, so konnten viele der deutschen Fernseher das Schicksal der Familie Weiß nicht auf die Abermillionen von Einzelopfern zurückübersetzen, vermochten nicht das Geschehene in ihren Geschichtshorizont aufzunehmen, weigerten sich den millionenfachen Mord, die millionenfache Vertreibung und Verfolgung als Tun eigener Hände oder der Hände von Verwandten und Bekannten anzuerkennen. Tröstlich bleiben da für Nachgeborene Menschen wie Else Gindler, oder wie ihr namenloser Schüler, ein Lehrer, der sein eigenes Bett für Fritz Pincus räumte und auf dem Boden schlief, als das Versteck bei Else Gindler für Fritz zu unsicher wurde. Und eindrücklich bleibt das, was Lily und Fritz Pincus selbst noch während der Wochen seines Untertauchens wagten: nämlich einem gefährdeten Freund, der von einem Versteck zum nächsten gehen mußte, auf einige Entfernung hin als »Liebespaar« Geleitschutz zu geben, um im Notfall noch schnell etwas Hilfreiches zu inszenieren.

An den Schilderungen von Lily Pincus aus den dreißiger Jahren lassen sich, wie wir gesehen haben, reichlich Perspektiven gewinnen, die fakten- und datenmäßig Erlerntes persönlich werden lassen. Drei dieser »historischen Schichtenschnitte« seien noch als Ergänzung erwähnt: In den Diskussionen um Möglichkeiten eines Widerstandes seitens der Verfolgten werden auch immer wieder einmal die sogenannten »Judenräte« erwähnt, die erzwungenen Selbstverwaltungsorgane, die auch die Transporte in die KZs zusammenstellen mußten. Ohne Detailkenntnisse werden in solchen Diskussionen gelegentlich Urteile über Mitglieder dieser Organe gefällt. Das Schicksal eines Richard Joachim, der sich freiwillig als Geisel für einen Familienvater stellte, der zu einer solchen Deportierung nicht erschienen war, dieses Eintreten für einen anderen mit dem eigenen Leben war bei Mitgliedern von »Judenräten« kein Einzelfall. Hier bleibt noch vieles an historischem Wissen aufzuarbeiten, und abfällige Urteile stehen dieser drängenden Forschung nur im Wege.

Ebensowenig ist festgehalten, was an übermenschlichem Einsatz in den Verfolgungs- und Vernichtungslagern Leben bis zum Sterben oder vielleicht sogar Überleben möglich machte. Tante Flörchen und ihre Blindenabteilung in Theresienstadt vermitteln hier einen Durchblick auf das zeitgeschichtliche Geschehen und darauf, was eine Frau, die lange Jahre als Gouvernante in Australien gearbeitet hatte, in lebensbedrohender Situation zu leisten in der Lage war.

Und schließlich noch ein Blick auf die Zeit nach 1945: Lily Pincus schilderte mir in unseren Gesprächen, was sie damals an Nachrichten erhielt über Freunde und Bekannte. Da war die Todesnachricht über Saul und viele andere, fast alle Verwandte mütterlicher- und väterlicherseits; da war die frohe Mitteilung über Tante Flörchen; und da war ein Detail von Freunden, Ärzten, die in den Monaten nach ihrer Entlassung sich im Hause der Eltern, bei denen sie wohnten, Nahrungsmittel »zusammenstahlen«: So waren sie geprägt von den jahrelangen Entbehrungen und der entpersönlichenden Knechtung. Aber dieses Wissen um die Erfahrungen in den Lagern des Dritten Reiches und ihre Nachwirkungen ist kaum erfaßt und wenig verbreitet.

Und auch die Traumata der aus dem nationalsozialistischen Deutschland Fliehenden werden im Rückblick heute zumeist vergessen: Für Lily und Fritz Pincus war der Einschnitt in ihr Leben zu stark, trotz ihrer Fähigkeit zu lernen zu groß, um sich einer bloßen Gefühlswallung zu überlassen. Das heißt aber nicht, daß es ihnen nicht schwergefallen wäre, nach einem solchen Wendepunkt in ihrem Leben neu zu beginnen. Da kamen zum Beispiel noch während ihres Londoner Aufenthaltes Schweizer Freunde zu Besuch. In die unwirtliche Atmosphäre des boarding house brachten sie einen wohlgemeinten, aber völlig deplazierten riesigen Rosenstrauß und luden die soeben Geflohenen in teure Restaurants ein. »Wir kamen aus einer anderen Welt und sie konnten überhaupt nicht verstehen, wie wir fühlten und wie unmöglich es war, irgendwelche Pläne zu machen« – meinte dazu im Rückblick Lily Pincus.

Diese Blindheit gegenüber der Wirklichkeit – daß nicht sein kann, was nicht sein darf – wird an einem solchen Detail deutlich und auch die fatale Wirkung dieser Haltung im geschichtlichen Kontext: Wie sollte das Ausland die ausweglose Situation der Verfolgten in Deutschland im vollen Ausmaß erkennen, wenn schon in Deutschland bis zum offenkundigsten Beweis des Gegenteils bei der Öffnung der Lager nach 1945 – und lange darüber hinaus – nicht anerkannt wurde, was geschehen war und geschah. Und die perfide Krönung dieser Haltung taucht auch heute in Gesprächen über die Verfolgung im Dritten Reich noch immer wieder auf: Hätte das Ausland es nicht bloß privater Initiative überlassen, aus Deutschland Flüchtende aufzunehmen, dann wären nicht so viele von ihnen in Konzentrationslagern umgekommen. Hier werden bis auf den heutigen Tag Ursache und Wirkung miteinander verwechselt, wird das erpresserische Taktieren Hitlers im Nachhinein als Mittel der Politik gutgeheißen und obendrein die menschliche Situation der Geflüchteten und der Gemordeten total verkannt.

Wie anders sich die Gastnationen verhielten, zeigt nicht nur der Strauß roter Nelken in Paris, sondern vor allem die Schilderung von Lily Pincus aus den Tagen der Internierung: Jedenfalls gab es in den von Deutschland besetzten Gebieten oder im Deutschen Reich im Dezember 1941 wohl keinen Kommandanten eines Lagers, der die Frau eines Insassen im strömenden Regen am Bus abholte, ihr seinen Mantel umhängte, ihr half das Gepäck zu tragen und dem Internierten und seiner Frau die Privatheit persönlicher Begegnung ermöglichte:

Auf die zeitgeschichtliche Ebene gehoben, will ich damit nicht die Schwierigkeiten und Probleme verdecken, die den aus Deutschland Flüchtenden in ihren neuen Gastländern ebenfalls entstanden. Aber die können und dürfen nicht im gleichen Atemzug genannt werden, ebensowenig wie die Greuel der KZs und die Greuel der Vertreibung nach Ende des Krieges: Diese waren Folge der Schmach von deutschen Kriegsverbrechen in Polen, Rußland, der Tschechoslowakei, den Balkanstaaten und anderswo. Für die Verfolgung und Ermordung von Millionen im Auftrag der deutschen Behörden zwischen 1933 und 1945 gibt es keinen Vergleich!

Die Auflistung Zeitgeschichte erhellender Momente in der Lebensgeschichte von Lily Pincus ließe sich fortsetzen. Aber vielleicht ist hier der geeignetste Moment, auf ihre berufliche Entwicklung einzugehen, die ihre zweite Lebenshälfte so entscheidend prägte. Denn dieser entdeckerische Zugang auf das gesamte Feld sozialer Arbeit ist ein zweiter Punkt, der mich als den so bedeutend jüngeren Gesprächspartner an Lily Pincus fasziniert hat: Da ist einmal die Entdeckung des Prinzips der Gemeinwesenarbeit bei der anfänglichen Tätigkeit mit der Family Welfare Association, nämlich über möglichst intensive Kontakte mit allen Bevölkerungsschichten in häufigen kleinen Versammlungen ein Arbeitsmodell zu entwickeln, eine Gemeinwesenarbeit ohne vorherige Theoriebildung. Dieselbe Einheit von Handeln und Wirklichkeit, von Einsicht und Tat begegnet wieder bei der Arbeit mit Michael Balint: Hier entwickelt sich aus den Fallbesprechungsdiskussionen des Family Discussion Bureau das Modell der später weitverbreiteten Balint-Gruppen im therapeutischen und medizinischen Bereich.* Ebenso entwickelt sich das heute breit akzeptierte Interaktionsmodell der Eheberatung aus den Erfahrungen der konkreten Arbeit, angeregt sicher auch durch das »Gefühl für wirkliche menschliche Beziehungen«, das in

* Nachzulesen in: Michael Balint, Der Arzt, sein Patient und die Krankheit. Klett-Cotta, 4. Aufl., Stuttgart 1976.

der Begegnung mit Fritz seinen Ursprung nahm und durch den Austausch mit Buber und Tillich (um nur zwei der allgemeiner bekannten Freunde zu nennen) verstärkt worden war. Aber auch die nahezu inspirationshafte Institutionalisierung einer Ausbildung »on the job« mit den Bewährungshelfern im Jahr 1950 ist ein Beispiel für das Lernen durch Erfahrung und eine ursprüngliche Begabung, die mit der Kennzeichnung »nichtakademischer Zugang«, wie sie Lily Pincus gern verwendet, weit im äußeren Rand des eigentlichen Geschehens verweilt.

Lily bleibt in ihren Äußerungen zu diesem Teil ihres Lebens in ihren »Erinnerungen« knapp, andeutend, verhalten: Einmal weisen Veröffentlichungen aus diesen Jahren intensivsten beruflichen Engagements die Inhalte deutlich auf, zum anderen grenzt hier das Biographische zu nahe an Lebens- und Werkinterpretation.

Da aber diese Phase wohl nicht allein für den unmittelbaren Gesprächspartner interessant ist, habe ich die engsten Mitarbeiterinnen der Jahre 1948 bis 1973 gebeten, die Erfahrungen dieser Zeit ein wenig zu schildern:

Kathleen Bannister stand die schwierige Zeit der Überleitung der begonnenen Neuansätze im sozialen Feld in ein Institut der Tavistock Clinic gemeinsam mit Lily durch; was Lily damals leistete, machte mir Kathleen am Beispiel von Buchpublikationen des Instituts deutlich: »In einem Team zu schreiben, ist stets schwierig, aber keiner von uns hätte auch wohl nur eine Zeile geschrieben ohne Lilys unermüdliche Schmeichelei und Ermutigung oder ohne die Unterstützung ihres Vertrauens darauf, daß die Aufgabe die Mühe lohnt. Und doch hat sie uns nicht beherrscht oder sich auf irgendeine Weise über die Meinungen oder Einstellungen ihrer Kollegen hinweggesetzt. Ihre Ermutigung befähigte jeden von uns, auf seine Art Dinge zu tun, die er andernfalls nicht hätte tun können, und lockte aus jedem von uns, seien es Sekretärinnen oder Sachbearbeiter, den größtmöglichen Arbeitseinsatz von solch hohem Standard, wie wir ihn zu leisten in der Lage waren. Und, was am allerbesten war, sie achtete aufrichtig unsere verschiedenen Widerstände, unsere Negativität, unsere Depression, unsere Kritik als ein notwendiges Gegengewicht zu ihrem mehr zuversichtlichen Temperament und als wichtigen Beitrag zur Arbeit selbst.« Und Alison Lyons fügte den Ausführungen von Kathleen Bannister hinzu: »Lily bemühte sich ständig, wir nannten es unerbittlich, darum, uns dazu zu bringen, in uns unsere eigenen Fähigkeiten zu finden und sie dann zum Ausdruck zu bringen. Auf die verschiedenen Ideen, die sie hervorrief, antwortete Lily immer mit sehr überlegendem Zuhören, nur manchmal mit Zustimmung und sehr oft damit, die Idee aufzunehmen und sie auf erregende Weise weiter zu entwickeln.«

Die letzte der drei engsten Kolleginnen, die ich um Auskunft bat, ist Mary Welch, heute als Frau eines anglikanischen Bischofs Mary Phipps. Sie stieß zu einer Zeit zu der Arbeitsgruppe, als die Eingliederung in die Tavistock Clinic gerade vollzogen war: »Für den Neuankömmling wie mich schienen sie alle ein hochgeschätztes und professionelles Team, bemerkenswert dafür, wie verschieden sie voneinander waren und doch wie einig. Und obwohl manche unsichere Stimmen laut wurden, darunter die von Lily, die befürchteten, daß unter dem großen, alles überdeckenden Dach des ›Instituts für menschliche Beziehungen‹ der Tavistock Clinic die eigene Identität verlorengehen könnte, brauchte eigentlich niemand etwas zu befürchten. Denn die ursprüngliche und leidenschaftliche Neugierde, die Lilys spezielle Begabung war, prägte weiterhin das ›Institute of Marital Studies‹. Einige ihrer unermüdlichen Antworten auf Anfragen um Hilfe, nicht nur von seiten der Ehepaare in Not, sondern auch seitens der Gemeinwesenarbeiter, die begierig waren, mehr über die Fertigkeiten zu erfahren, die sie entwickelt hatte, färbten auf uns ab: Mitarbeiter des Instituts fanden sich nun verstärkt für geraume Zeit außerhalb Londons verwickelt in Ausbildungsprojekte, die auf ihren Grundlagen aufbauten und das in Zusammenarbeit mit Fachleuten anscheinend so unterschiedlicher Herkunft wie dem Recht, den Kirchen und der Medizin. Anfragen aus dem Ausland – Amerika, Israel, Schweden –, ausgewählte Studenten für eine Zeit intensiven Trainings in das I.M.S. zu entsenden, konnten durch Stipendien verwirklicht werden. Und im Institut selber hielten uns die wöchentlichen Fallbesprechungen mit Geoffrey Thompson in einer besonderen Mischung aus Wärme und Forschung, sodaß die anfängliche Prägung durch Lily und die Balints nicht nur nicht verlorenging, sondern in der sich entwickelnden Arbeit neuerer Mitglieder des Teams wieder auftauchte, wie gute elterliche Merkmale es eben tun können.

Für jemanden, der wie ich später in Lilys Leben trat, zu einer Zeit, als ihre Zeiten im I.M.S. kürzer und die letzten Lebensjahre von Fritz eine Abschiedswirklichkeit wurden, ist es unmöglich, etwas über Lily zu sagen, ohne auch direkt an Fritz zu denken. Diejenigen, die beide kennenlernten, wissen um die Mischung von Gelehrsamkeit und Fröhlichkeit, von Reflexion und Intensität, die ihre Ehe für ihre Freunde zu einer so reichen Mischung machten. Ich sehe sie da in der Sonne von St. Julians in Sussex sitzen, einer religiösen Gemeinschaft, wo Fritz fühlte, daß Ferien noch möglich seien, als seine Krankheit zu schwer wurde, um noch Reisen nach Europa zu unternehmen, die sie beide so geliebt hatten. Seine Gedanken, während er auf die Wasservögel im See blickte und die Bäume am Horizont, gaben Lily den Raum, den sie brauchte, um über einen neuen Aspekt der Ehe zu sprechen, den sie gerade entdeckt hatte. Später dann, als er nicht mehr in der Lage war, seinen Raum in London zu verlassen, fanden seine Liebe zu Europa und zu schönen Plätzen ihr Echo in Lilys Mut und Verständnis, so daß sie bei den seltenen Gelegenheiten zu Reisen, die ihre Arbeit erforderten, für alle beide fuhr im wirklichen Sinne des Wortes: Sie brachte die Welt über den Kanal mit sich zurück, mit Postkarten und Photographien ohne Ende und den inhaltsvollen Chroniken über Freund und Feind. Ihr Mut entsprang, so denke ich, aus einer gemeinsamen, einer geteilten Fähigkeit,

Verlust vieler Art zu erleiden: von Heimat, Familie, Geld, Position, Freunden. Als ein Ehepaar waren sie furchtlos. Und manchmal denke ich, daß ihr gemeinsames Ertragen seines Todes nur eine weitere natürliche Begegnung mit einer unbekannten Zukunft war.«

Hier ist eine, wie ich meine, grundlegende Fähigkeit von Lily Pincus angesprochen, die der aufmerksame Leser der »Erinnerungen« bemerkt haben wird: Ihr ins persönliche Leben verwobene Fähigkeit, mit Verlusten zu leben. Schon früh in ihrer Kindheit ist sie angezogen durch die junge sterbende Diabetikerin in einem der Kurhäuser der Tanten in Karlsbad. Der so bewußt erlebte Tod des Vaters, der geprägt war von einer entspannten Atmosphäre rund um den Sterbenden, bringt dann ihr »intuitives Reagieren auf Not« zum Erwachen. Und spätestens seit dem Tod der nahen Freundin Lotte Ginsburg und des Lehrers Sorg ist der Tod »ein wichtiger Teil des Lebens« von Lily. Und hier beginnt für mich als den Außenstehenden die beeindruckende Kette eines lebendigen Wirklichkeitsbezuges, in beeindruckender Einheit von intuitivem Verständnis und wachsendem Bewußtwerden: Da ist erst das Kinderheim am Alexanderplatz, dann die Bankarbeit für Kriegsgefangene, da ist die Pflege der Schwiegermutter und das Engagement in Hermannswerder. Als nächste Kettenglieder folgen der Küssel als Zufluchtsort und die »Suppenküche« bei dem Röntgenologen. Kaum hat sie das eigene »Kinderheim« im Potsdamer Zuhause verlassen, beginnt in Harlech mit den aus Liverpool evakuierten Kindern die direkte Fortsetzung einer Arbeit, die dann in der Charity Organisation und den Nachfolgeorganisationen bis heute anhält. Und selbst ihre tiefste persönliche Bindung zu Fritz entstand aus einer Begegnung bei der Bestattung seines Vaters: »Es war dieser tiefe Schmerz, der mich zuerst so zu ihm gezogen hat«; nicht in der Form einer erschütternden Verliebtheit, sondern, wie Lily mir einmal sagte, wegen des sehr schnell entstehenden »Gefühls der Zusammengehörigkeit und des Wunsches, gemeinsam zu leben«. Diese Grundlegung hat dann im persönlichen Leben durchgehalten bis zum bewußten Abschied voneinander, der in der Begegnung mit Buber dann auch zum Anstoß für ihr erstes Alterswerk wurde. Sie schildert dies dort im ersten Kapitel.

Daß diese Thematik sie – wenn auch vielleicht nicht explizit – schon sehr früh bestimmte, zeigt nicht nur die oben angeführte Kette persönlichen Engagements, sondern auch die in den »Erinnerungen« geschilderte erste Begegnung mit Buber in Dresden, als er unter dem Eindruck des Selbstmordes eines Ratsuchenden sich nach klärenden Gesprächen, eines davon mit Lily, von der Mythologie abkehrte und zu seiner Du-Ich-Thematik fand.

Auch das spezielle Interesse an den Interrelationen von Tod und Sexualität, das in ihren Beratungsarbeiten und so in dem bereits erwähnten Buch zum Ausdruck kommt, weist auf frühes Aufmerken zurück, so auf den Tod der Cousine Paula: »Die Geschichte mit ihr rumorte in meinem Leben herum.« Letztendlich nur ein weiterer Beweis für einen wichtigen Satz im ersten Kapitel ihrer Erinnerungen: »Vergangenes spukt in Zukünftigem herum, und späte Erlebnisse machen nicht nur manche früheren lebendig, sondern sind von diesen beeinflußt.«

Was, so habe ich mich über die Jahre unseres Kennens häufig gefragt, hat Lily Pincus diese Integrität ihres Lebens ermöglicht? Drei Hinweise haben sich mir dabei ergeben: Da ist einmal die uneingeschränkte Liebe ihrer Eltern, die sie nach eigener Aussage aufgeschlossen machte für alles Neue im Leben und damit befähigte, auch in Verlusten Gewinn zu finden. Hand in Hand damit geht aber auch die Einsicht des heranwachsenden Mädchens, daß ihre Eltern nicht das ihnen mögliche Glück beieinander finden konnten: Hier entsteht ihr eigener Wunsch nach Selbsterfüllung. Das Zweite ist ihr Leben ohne jeden Ehrgeiz, schon als Schülerin und als Freundin von Lotte Ginsburg, wie auch später als treibende Kraft neuer Therapiemodelle. Gegenseitiges Vertrauen und nicht Konkurrenz haben sie geprägt und das Bewußtsein, schon als kleines Kind sich nie auch nur eine Sekunde gelangweilt zu haben. Eindruck machten ihr damals schon eher die unverstellten Hausbediensteten in den Kurhäusern der Verwandten in Karlsbad und auch später zählt mitmenschliche Behaglichkeit ihr mehr als etwa eine soziale Stellung. Vielleicht war das alles mit ein Grund für ihre protestlose Hinnahme eines Spottnamens auf dem Küssel, bis die so beeindruckende Else Gindler ihr bei einer Übung deutlich macht, daß Dummheit nur eine Bezeichnung für ein momentanes Verhalten, nicht für einen Zustand sein kann.

Und ein dritter Hinweis auf die Grundlagen für diese offensichtliche Stimmigkeit ihres Lebens ist die Balance von Stärke und Schwäche, die sich in Perioden ihres Lebens, aber auch in augenblicklichen Situationen zeigt: Da übernimmt sie gemeinsam mit ihren Brüdern die Sorge für die Mutter, als sich nach dem Tod des Vaters das Eltern-Kind-Verhältnis langsam umkehrt. Aber auch ihre Fähigkeit, um den toten Fritz zu trauern, oder »den größten Schmerz unserer Ehe, keine Kinder zu haben« so in Stärke umzuwandeln, daß nicht nur ein kleiner Junge zu Fritz und ihr einmal sagte: »Ihr seid so eine Art von Großeltern, und das ist beinahe noch besser!« – das alles zeugt von einer beeindruckenden Balance zwischen stark sein können und schwach sein dürfen. Lily hat es so nicht nötig, wie viele heute, das Negative zu verleugnen, etwa auch die Beschwernisse des eigenen Alters oder den ihr nahe bevorstehenden eigenen Tod, so daß sie eine ungemeine Jugendlichkeit, eine Frische ausstrahlt, die, wie ich häufig feststellen konnte, spontan auf Menschen übergeht, die sie zum ersten Mal treffen. Zu dieser Frische trägt aber auch ihre Fähigkeit bei, aus Erfahrungen zu lernen, bis heute. »Unsere Klienten wurden unsere Lehrbücher« – so schreibt sie selbst in den »Erinnerungen« an ihre Aufbauarbeit in den Beratungsinstituten. Abschließend aber ist wohl das Faszinierendste an ihr für mich ihr sehr persönliches Talent, aus ihrer Vergangenheit gegenwärtig lebend offen auf die Zukunft und so auf jeden neuen Menschen zuzugehen:

Dieses im eigenen Leben fundierte Interesse am Menschen »löscht alle religiösen und dogmatischen Unterschiede aus«. Absonderungen sind für sie nach all den traumatischen Erfahrungen des Abgesondertwerdens nicht möglich. Für Lily Pincus gibt es so auch keine Trennung zwischen Religiösem und Säkularem, weil dem für sie nur wieder ein aussondernder Religionsbegriff zugrunde läge. Wohl deshalb hat sie die Rede von Paul Tillich am 10. November 1930 zur Eröffnung der Ausstellung des Kunstdienstes in Berlin so beeindruckt. Er sagte dort einleitend: »Religion ist unbedingtes, unausweichliches Ergriffensein von dem, was unseres Daseins tragender Grund und verzehrender Abgrund ist. Religion ist erschütterndes und umwandelndes Hervorheben dessen, was mehr ist als unser Sein und was darum allein imstande ist, unserem Sein Tiefe, Ernst, Gewicht und Sinn zu geben.«

In den Begegnungen mit Lily Pincus und den langen Gesprächen über ihre Lebensgeschichte ist mir häufig deutlich geworden, wie dieses Verständnis von Religion für sie formend ist, nicht in Gestalt eines Bekenntnisses, das schon Reflexion über das Tun als solches ist. Entscheidender ist es, wie Tillich damals sagte, daß »Dinge und Handlungen so geformt sind, daß durch sie hindurch etwas von dem fordernden, tragenden und verzehrenden Grund des Seins hindurchschwingt ... Je stärker ein Mensch ergriffen ist von dem fordernden und tragenden Sinn seines Lebens, desto weniger bedarf er des Feiertags«, oder anders ausgedrückt des religiösen Etiketts, das um der Unterscheidung willen geprägt wird.

Der Alltag, – das sind Lilys Erfahrungen ohne vorschnelle Unterscheidung ihrer Wertigkeit, – die Gegenwart, – das ist Lilys Offenheit für Begegnungen im Gewerbe von Vergangenheit und Zukunft – und die Wirklichkeit, – das ist der existenztragende Sinn – dies sind für mich die entscheidenden und über das bloß Private hinausreichenden Momente im Leben der Lily Pincus, wie ich sie kenne.

Herbst 1979 *Bernd H. Stappert*